“十二五”国家重点图书出版规划项目

俄罗斯汉学文库

汉学文库

俄罗斯汉学文库
БИБЛИОТЕКА РУССКОГО КИТАЕВЕДЕНИЯ

见证中国近代史变迁
——齐赫文斯基汉学论集

〔俄罗斯〕齐赫文斯基　著
孙玉华　编选

北京大学出版社
PEKING UNIVERSITY PRESS

图书在版编目 (CIP) 数据

见证中国近代史变迁：齐赫文斯基汉学论集 /(俄罗斯) С. Л. 齐赫文斯基著；孙玉华编选 . —北京：北京大学出版社，2018.3

（俄罗斯汉学文库）

ISBN 978-7-301-28622-7

Ⅰ . ①见… Ⅱ . ① С… ②孙… Ⅲ . ①革命史 – 中国 – 现代 – 文集 Ⅳ . ① K260.1–53

中国版本图书馆 CIP 数据核字 (2017) 第 199261 号

本著作为大连外国语大学“一带一路”人文交流机制协同创新中心科研成果，得到大连外国语大学科研出版基金资助

书　　名	见证中国近代史变迁——齐赫文斯基汉学论集 JIANZHENG ZHONGGUO JINDAISHI BIANQIAN
著作责任者	〔俄罗斯〕齐赫文斯基　著　孙玉华　编选
责任编辑	朱丽娜
标准书号	ISBN 978-7-301-28622-7
出版发行	北京大学出版社
地　　址	北京市海淀区成府路 205 号　100871
网　　址	http://www.pup.cn　　新浪微博：@ 北京大学出版社
电子信箱	zln0120@163.com
电　　话	邮购部 62752015　发行部 62750672　编辑部 62759634
印 刷 者	三河市北燕印装有限公司
经 销 者	新华书店
	650 毫米 ×980 毫米　16 开本　17.25 印张　450 千字
	2018 年 3 月第 1 版　2018 年 3 月第 1 次印刷
定　　价	48.00 元

齐赫文斯基(Сергей Леонидович Тихвинский,1918.9.1—2018.2.24),俄罗斯著名汉学家,历史学博士,教授,苏联科学院(现俄罗斯科学院)院士(1981年)。师承俄罗斯著名汉学家、俄罗斯汉学研究彼得堡流派奠基人B.M.阿列克谢耶夫,并在此基础上形成具有自己特色的中国学研究流派。齐赫文斯基在20世纪60年代曾担任苏联科学院中国学研究所所长,撰写10多部专著、500多篇论文,对汉学研究和传播以及中俄两国关系的发展做出了杰出贡献,在俄罗斯和国际汉学界具有深远影响,被公认为当前俄罗斯汉学界的泰斗。齐赫文斯基还是资深外交家,1968—1974年任联合国教科文组织执行委员会委员,1981年后任苏中友好协会主席、荣誉主席。曾多次作为外交官来华工作,亲眼目睹或参与了中国近现代许多重大历史事件。他一生不遗余力研究和传播中国历史和文化,同时也致力于发展中俄(苏)友好关系。2013年3月23日,齐赫文斯基被授予"世界中国学贡献奖"。

总　序

俄罗斯汉学成就与汉学文库的编纂

李明滨

一、18—19世纪汉学的酝酿形成

俄罗斯汉学在18世纪初萌芽(从1715年东正教使团来京常驻起),初期发展缓慢,大体经过一百年左右才日臻成熟。从19世纪上半叶到20世纪初在俄国汉学史上先后出现三位划时代的人物:比丘林、瓦西里耶夫和阿列克谢耶夫。前两位分别代表19世纪上半叶和19世纪下半叶两个时期。后一位代表20世纪上半叶,开启苏联汉学时期,并促进下半叶的进一步发展。

比丘林以编辞书、译古籍和办学培养人才的工作而成为俄罗斯汉学奠基人,于1828年当选俄国科学院通讯院士。瓦西里耶夫以儒、释、道三方面的研究成绩,和写出世界第一部中国文学史书(《中国文学史纲要》,1880年)而成为俄国汉学领域首位科学院院士(1886年)。

此段学科史料我国国内稀缺,有许多译作和论著仅存于俄国档案馆而未及公开出版。幸有苏联汉学家 П. Е. 斯卡奇科夫著成《俄国汉学史纲要(迄于1917年)》一书,经过后学 B. C. 米亚斯尼科夫订定,于1977年出版。它以丰富翔实的史料和严谨科学的论述而成为其后继者的指导,也成为缺乏原始资料的中

国学者了解和研究的依据。目前，该书已有中译本出版，书名为《俄国汉学史》[①]，令我国学界方便。

二、20世纪上半叶汉学全面发展

（一）出现代表人物阿列克谢耶夫

曾被郭沫若先生尊称为“阿翰林”和“苏联首屈一指的汉学家”的瓦·阿列克谢耶夫（1881—1951），于1929年当选为苏联科学院院士。同年，他接到北京图书馆的前身北平图书馆副馆长袁同礼（馆长为蔡元培）签署的公函，正式特聘为北京图书馆“通讯员”（这是给外籍学者英、德、法、俄、美、日各一名的荣誉职衔，阿氏为该馆同期聘任的六位外籍学者之一）。这表明，阿氏的成就同时得到俄中两国的承认。如今北京国家图书馆还珍藏有阿氏的成名作——1916年出版的专著《中国论诗人的长诗·司空图〈诗品〉》，已属中国国内唯一的该书俄文原著初版本。

1. 中西比较诗学研究的先驱

阿氏潜心研究唐诗十年，尤其是古代诗学。他完成的巨著（大开本790页）《中国论诗人的长诗·司空图〈诗品〉》（1916），不但用花品、茶品、鱼品、书品、画品来对照，藉以阐明《诗品》的成就和价值，还确定了它在中国文学上的地位，而且从诗学的高度来与欧洲的诗论作对比，包括古罗马诗人贺拉斯、法国诗人布瓦洛等等，从而确认“司空图的长诗在世界文学上应当占有一个极其荣耀的地位”，进而反对“东方就是东方，西方就是西方”，二者无可对比的观点，开了中西比较诗学的先河。

2. 拥有古典文学、文化和文学研究多方面成果

阿氏编选和翻译古典诗歌，并写成注释与论析，译介《聊斋志异》，搜集和研究民间年画，就中国古典文学、现代文学以及俄文译作写了一系列文章，在生前和身后陆续发表。先后成文集的有：《聊斋志异》（译作，1937）、《中国文学》（1978）、《中国民间年画——民间绘画中所反映的旧中国的精神生活》（1966）和《东方学》（1982），几部文集反映了他在汉学各个领域的拓展：语文学、民族学、史学、诗学、民间文学、美文学以及翻译理论

---

① 中译本《俄国汉学史，柳若梅译，北京：东方出版社，2013年。

和实践。

3. 毕生从事汉学教学

阿列克谢耶夫一生从事教育工作。1908 年起即在中东铁路学院工作，1910—1951 年在彼得堡—列宁格勒大学任教达 40 年，先后在地理学院和俄国艺术史学院(1919—1924)、东西方语言和文学比较学院(1924—1927)、列宁格勒东方学院(1928—1938)、列宁格勒历史语言研究所(后更名为列宁格勒文史哲研究所，1930—1938)、莫斯科东方学院(1937—1941)任教。其间，1933—1951 年还担任亚洲博物馆(后为苏联科学院东方学研究所)中国部主任。除在中东铁路学院教授俄语外，在其他各院所均从事汉学教学。在 40 多年的教学生涯中，他提出和推行一系列全新的汉语教学法，造就了一大批汉学家。

4. 造就俄国汉学学派

阿列克谢耶夫对俄国汉学的特殊贡献，在于对汉学学科提出了系统的理论，孜孜不倦地建设汉学学科和认真严格地培养汉学人才，形成了"阿列克谢耶夫学派"。

在阿列克谢耶夫身后，齐赫文斯基院士(1918—2018)成了这个学派的主导人物，据他的界定，该学派的主要成员有：研究哲学的休茨基、阿·彼得罗夫，研究文学的鲍·瓦西里耶夫(王希礼)、什图金、费德林、艾德林、费什曼、齐别罗维奇、克立夫佐夫、瓦·彼得罗夫、孟列夫、谢列布里亚科夫，研究语言的龙果夫、鄂山荫、施普林钦、雅洪托夫，研究汉字的鲁多夫，中、日关系的聂历山、康拉德、孟泽勒，研究图书资料的费卢格、布纳科夫，研究艺术的卡津、拉祖莫夫斯基，研究经济的施泰因，研究历史文化的杜曼、齐赫文斯基、维尔古斯、李福清。①

这份名单实际上还应该包括推动 20 世纪下半叶汉学走向繁荣的一批骨干，他们已不是阿列克谢耶夫的嫡传，而是再传弟子了。例如，曾是齐赫文斯基的学生，目前任职科学院东方学研究所的史学家米亚斯尼科夫院士(1934—　)，和远东所所长的季塔连科院士(1934—2016)。

---

① 齐赫文斯基：《瓦西里·米哈依洛维奇·阿列克谢耶夫》，"序：科研和教学活动简介"，莫斯科：科学出版社，1991；中译文见李明滨：《俄国汉学史提纲》，载阎纯德主编《汉学研究》第四集，北京：中华书局，2000 年，第 63 页。

(二)汉学多方面的开拓

在苏俄立国的初期,有两代学者参与新汉学的创建工作。老一代的汉学家以瓦·米·阿列克谢耶夫、谢·费·鄂登堡(1863—1934)、尼·瓦·屈纳(1877—1955)以及曾任海参崴东方学院第二任院长的德·马·波兹涅耶夫(1865—1942)为代表。

新一代的汉学家彼时也异军突起,在创建苏联新汉学中显示了异常的活力。早期有以着重研究中国人民的革命斗争,宣传中国民族民主解放运动的意义著称的康·安·哈尔恩斯基(1884—1943)、阿·伊文(笔名[①],1885—1942)、弗·维连斯基—西比里雅科夫和阿·叶·霍多罗夫(1886—1949)等。像霍多罗夫就以在中国工作的亲身经历,加深了对中国的研究,在20年代发表一系列论述世界无产阶级革命时代的中国解放斗争的文章,如《世界帝国主义与中国》(1922)、《同世界帝国主义斗争的中国与摩洛哥》(1925)、《中国革命的初期阶段》(1927)、《中国的民族资本与外国资本》(1927)。同样,伊文则写出《中国解放斗争的第一阶段》(1926)、《红缨枪(中国农民运功)》(1927)、《1927—1930年中国游击队活动概况》(1930)、《苏维埃中国》(1931)等著作。

新一代的汉学家不但以马克思主义的观点阐述中国革命,而且有不少人亲身经历了中国的革命斗争:或参加我国的北伐战争,担任来华的苏联军事顾问团的翻译,或担任孙中山领导的国民政府的顾问,或在苏俄政府派来驻华的外交机构工作,或当共产国际驻中国的代表。他们在协助孙中山执行联俄联共扶助农工三大政策、改组国民党以及北伐战争中都发挥了重要作用。像当年闻名中国的巴·亚·米夫(1901—1939)曾于1927年到达广州、上海、武汉等地,并列席中共第五次全国代表大会,1928年在莫斯科参加中共第六次代表大会的筹备工作。米夫虽然曾在1930年到达上海支持过王明错误路线,但在长期担任(莫斯科)中国劳动者共产主义大学副、正校长(1926—1929)、中国学研究所所长(1929年起)、共产国际东方部书记处副书记(1928—1935)的工作中对于宣传和支持中国革命斗争、培训中国革命人才无疑起过很好的作用,他本人也以研究中国新民主主义革命史而闻名于世,先后发表过著作五十余种。

---

① 原名为阿历克谢·阿历克谢耶维奇·伊万诺夫,主要研究中国近代史,曾于1917—1927年在北京大学任教,有著作一百余种。

这些从事过与中国革命直接相关工作的人物，后来在汉学研究中都比较有成就。像担任过共产国际执委会远东部主任的格·纳·沃伊京斯基(1893—1953)，曾在革命时期被派到驻中国的外交机构(1926—1928)接着又担任共产国际东方部书记处副主任(1929—1934)的柳·伊·马季亚尔(旧译马扎尔或马加尔，1891—1940)，都成了研究中国革命运动和封建社会问题的学者。

在这个时期，中国古典文学和书籍的翻译工作也大有进展。曾于后来完成《诗经》全本俄译工作的阿·阿·什图金(1904—1964)就是在这时开始崭露头角的。其他著名文学翻译家还有尤·康·休茨基(1897—1941)和王希礼等。同时，还出现了一批语文学家，如研究甲骨文的尤·弗·布纳科夫(1908—1942)，研究西夏文的尼·亚·涅夫斯基(涅历山，1892—1945)和卢多夫。早已闻名我国的汉学家龙果夫(亚·亚·德拉古诺夫，1900—1955)则开辟了研究现代汉语语法的新领域，并同亚·格·施普林钦(1907—1974)等苏联汉学家一起探索汉字拉丁化的问题。在他们之前已有叶·德·波利瓦诺夫(1891—1938)进行了汉语语音语法研究的实践。符·谢·科洛科洛夫(1896—1979)编成了新的《汉俄辞典》(1927，1935)。而康·康·弗卢格(1893—1942)甚至已从事中国图书版本学的研究，写出中国印刷史。彼·叶·斯卡奇科夫(1892—1964)别出心裁，花了大量劳动编成《中国书目》(1932)一书，把1730年至1930年俄国和苏联所搜集到的有关中国的书籍、论文及资料(已发表的)尽数编列出来，为研究汉学史提供了线索。当然，有多方面成效的还是阿列克谢耶夫，他对汉字、汉语语音和词汇，中国的文学、美学、民间文学和戏剧等都有进一步的研究，其成果是苏联汉学新发展的标志。

据不完全统计，在1917年到1949年短短的三十多年里，苏联出版的汉学成果就有约一百部书，大大超过19世纪俄国的汉学成果。[①] 在下个阶段，情况还要好得多。

概括苏联汉学成果，可分为以下三类。

其一，对当代中国的国情研究占有日益显著的地位。研究新中国经济问题的有曾任莫斯科国际关系学院副院长，1957—1958年来北京国际关系学院任教的维·亚·马斯连尼科夫(1894—1968)，他发表《中国政治经济概况》(1946)、《中华人民共和国的社会主义改造》(1956)、《中华人民

① 据彼·斯卡奇科夫《中国书目》1960年版统计。

共和国的经济制度》(1958)等著作100多种。还有多次来华,1945—1948年长时间在中国东北工作,曾任苏联驻华商务代表的米·约·斯拉德科夫斯基(1906—1985),他发表《中国对外经济关系发展概论》(1953)、《苏中经济关系概述》(1957)、《苏中经济合作》(1959)等著述60余种。还有1951—1954年曾在苏联驻华使馆工作过的叶·亚·科诺瓦洛夫(1928—)则侧重研究中国现代经济,主要的文著有《中国的农业合作化问题》(1956)、《中华人民共和国人口问题的社会经济方面》(1970)、《现代中国的社会经济问题》(1974)。

以研究中国社会政治问题知名的有维·格·格利布拉斯(1930—)和利·沙·屈沙强(1932—)。前者着重注意中国的国民收入、劳动和工资等问题,著有《中华人民共和国的社会政治结构(50—60年代)》(1980)等。后者曾任《真理报》驻华记者(1962—1965),著有《中华人民共和国的思想运动(1949—1966)》(1970)等。而曾任苏联外交部副部长的贾丕才(又译米·斯·卡皮察,1921—1995)则侧重对外政策,著有《苏中关系》等书。此外,还有奥·鲍利索夫的著作。

有一批学者继续研讨中国革命和中国共产党的历史,如米·符·尤里耶夫(1918—1990)、弗·伊·格卢宁(1924—)、列·彼·杰柳辛(1923—)、叶·符·卡瓦廖夫和尼·帕·维诺格拉多夫(1923—1967)。他们有的曾任苏联报刊的驻华记者,有的来华进修过,都分别写出数量可观的历史著作。有的学者则在帝国主义侵华史的问题上下功夫,如根·瓦·阿斯塔菲耶夫(1908—1991)和鲍·格·萨波斯尼科夫(1907—1986)。

其二,史学领域的成绩更为突出。中国悠久的历史、丰富的史料以及纷繁复杂的历史现象、亟待解决的学术问题吸引了大批苏联汉学家的兴趣,他们在这个方面下的功夫最多。在史学领域的汉学家,研究的范围相当广泛,既有通史,也有断代史(古代、中古、近现代),还有类别史(社会史、思想史、文化史,甚至史学史)。如阿·瓦·梅利克谢托夫(1930—2006)和格·德·苏哈尔丘克(1927—)主要研究中国近代史和现代史。米·瓦·克留科夫(1932—),卢·费·伊茨(1928—1990)、拉·伊·杜曼(1907—1979)、列·谢·佩列洛莫夫(1928—)、列·谢·瓦西里耶夫(1930—)重点研究中国古代史,包括中国文明、种族和民族的起源,民族社会和阶级社会的产生与发展等。研究中世纪史的尼·伊·康拉德(1891—1970)、埃·巴·斯图仁娜(1931—1974)、格·雅·斯莫林

(1930—　)和拉·瓦·西蒙诺夫斯卡娅(1902—1972)也做出很大的成绩。特别突出的是康拉德院士,其涉猎范围已不限于史学,而是扩大到语文学以及东方学的其他领域,主要论文汇集成《康拉德选集·历史》(1974)和《康拉德选集·中国学》(1977),一向为苏联的汉学家们所推崇。而出生于哈尔滨的西蒙诺夫斯卡娅则对中国的农民起义有着深刻的研究,她的《中国伟大的农民战争(1628—1645)》(1958)和《17世纪中国农民的反封建斗争》(1966)颇有影响。此外还有研究中国古代外交史的维·莫·施泰因(1890—1964)、研究西夏史的叶·伊·克恰诺夫(1932—　)和研究女真族历史的米·瓦·沃罗比约夫(1922—1995)。

在近现代史方面也有几个著名的学者,如格·瓦·叶非莫夫(1906—1980)发表过《中国近现代史纲要》(出过不止一版)等著作100余种。还有瓦·巴·伊柳舍奇金(1915—1996)和罗·米·布罗茨基(1907—1992)等。出生于中国浙江省农民家庭的郭绍棠(阿·加·克雷莫夫,1905—1988)成就突出,他多次会见瞿秋白,有生动的回忆资料。齐赫文(谢·列·齐赫文斯基)院士尤为著名。他1935年就读于列宁格勒大学,1941年毕业于莫斯科东方学院,曾于1939—1940、1946—1949、1949—1950年数次来华,先后担任驻乌鲁木齐副领事、驻北京总领事和驻华使馆参赞,著有《孙中山——苏联人民的朋友》(1966)、《19世纪末中国的维新运动》(1953)等作品约200种。齐赫文于1964年起任东方学研究所所长,1968年当选科学院通讯院士,后为院士,苏中友协副主席。

尼·策·蒙库耶夫(1922—1985)在翻译中国历史文献、考证和发现历史资料上有突出的贡献。他翻译的《蒙鞑备录》(1975)、《13世纪蒙古历史的若干重要的中国文献资料》(1962),以及《耶律楚材墓志铭》(1965)都为苏联汉学界所重视。

此外,研究中国哲学史的有出生于浙江宁波的杨兴顺(1904—1989)和尼·格·谢宁(1936—　)。研究中国社会思想史的有郭绍棠(克雷莫夫)等。从事史料学工作的有阿·阿·别辽兹内(1915—　)、弗·尼·尼基福罗夫(1920—1990)和彼·叶·斯卡奇科夫(1892—1964)。

其三,语文学是汉学家最集中的领域之一,成果显著。从龙果夫开始就注意对汉语的研究,他发表《方块字文献和古代官话》(1930)、《汉语词类》(1937)、《古藏语音系特点》(1939)、《现代汉语语法研究·词类》(1952)、《现代汉语口语语法体系》(1962)等约50种。汉学界还进一步以汉语材料为依据论述普通语言学问题。瓦·米·宋采夫(1928—2000)、尼·尼·科罗特科夫(1908—1993)、尤·弗·罗日杰斯特文斯基(1926—1999)、谢·叶·雅洪托夫(1926—)对汉语结构问题很有研究。雅洪托夫研究汉语史的成果得到我国汉语学家的好评[1]。米·库·鲁缅采夫(1922—),弗·伊·戈列洛夫(1911—1994)、尼·瓦·索恩采娃(1926—)、塔·芭·扎多延科(1924—)、安·费·科托娃(1927—)、纳·伊·佳普金娜(1928—)、叶·伊·舒托娃(1927—)、西·苞·杨基苇尔(1925—)等对汉语语音学、词法学和句法学很有研究。米·维·索罗诺夫(1929—)、伊·季·佐格拉芙(1931—)和伊·谢·古列维奇等则探讨中世纪的汉语结构,包括西夏语的研究等。索弗罗诺夫和佐格拉芙就分别写出分析《水浒》和《京本通俗小说》的语言现象的论著。1962 年毕业于北京大学的刘克甫(米·瓦·克留科夫,1932—)则在殷文的研究上取得进展,有许多论析殷代铭文和殷代文明的文著(1960、1962、1964、1967、1970、1973、1974 等)。尤·弗·诺夫戈罗茨基(1928—1977)和索科洛夫在汉语方言研究上颇为突出。亚·格·施普林钦在汉语的社会语言学,雅洪托夫在古汉语语法,阿·阿·兹沃诺夫和弗·伊·热列宾在汉字的机器翻译问题上大有进展。同时在工具书方面,鄂山荫(伊·米·奥山宁,1900—1982)主编的《华俄辞典》从 1952 年问世以来,曾一版再版,颇具权威性。鲍·斯·伊萨延科(1914—1965)的《汉俄发音词典(试编)》(1957)也很有影响。总之,苏联语言学家在中国语法、语音学、音韵学、社会语言学、语言地理学,包括古代和现代汉语等方面的研究都有成就。此外,他们在汉学的某些特殊的领域如敦煌变文方面也有研究,出现了知名的敦煌学专家孟列夫(又译缅希科夫)和 1960 年毕业于北大中文系、现已知名的佛教经典"宝卷"的专家吉·谢·斯图洛娃(1934—1993)。后者翻译的《普明宝卷》已于 1979 年出版。

在文学领域工作的汉学家为数更多,须要辟专文加以介绍。岂止文学,即使艺术也有不少人涉猎。如专门研究历史的埃·巴·斯图任娜也兼及中国的民族艺术。而曾于 60 年代来北大进修,从宗白华先生治中国书画史,后来一直从事中国古典艺术研究的哲学博士叶·符·查瓦茨卡娅(1930—2002)已写出《米芾》《齐白石》等论著 8 部,其主要论著《中国古

---

① 雅洪托夫:《汉语史论集》,唐作藩、胡双宝选编,北京:北京大学出版社,1986,第 1—7 页。

代绘画美学问题》也已出了中译本[1]。

（三）为20世纪后半世纪培养了一代文学名家

在这个时期中费德林（1912—2002）、艾德林（1909—1985）、索罗金（1927—　）、波兹涅耶娃（1908—1974）发表了文学史著作，康拉德（1891—1970）在比较研究，费什曼（1919—1986）、谢曼诺夫（1933—2010）、沃斯克列辛斯基（1926—　）在古典小说，艾德林、谢列布里亚科夫（1928—2013）在古典诗歌，李福清（1932—2012）、斯别施涅夫（1931—2011）在民间文学和俗文学，李谢维奇（1932—2000）、戈雷金娜（1935—2009）在古代文艺思想和文论，孟列夫（1926—2005）、索罗金（1927—2014）在古典戏剧，切尔卡斯基（1925—1998）、彼得罗夫（1929—1986）、施奈德（1921—1981）、苏霍鲁科夫（1929—　）、热洛霍夫采夫（1933—　）、谢曼诺夫在现代文学，盖达（1926—　）、谢罗娃（1933—　）在戏剧领域都有研究成果。帕纳秀克（1924—1990）、罗加乔夫（1900—1981）、科洛利洛夫（1896—1979）、什图金（1904—1964）等则在翻译文学名著方面有突出成绩。在这三十多年里，俄国有大批的中国古典文学和现代文学译作出版。

三、20世纪下半叶汉学趋向繁荣

50年代以来苏联汉学大发展，20世纪后期研究机构数量剧增，以科学院系统的三大研究所——莫斯科的远东研究所（ИДВ РАН）、东方学研究所（СИВ РАН）和圣彼得堡的东方文献研究所（СПб ИВР РАН），以及莫斯大学亚非学院（ИСАА МГУ）、圣彼得堡大学东方系（ВФ СПб ГУ）"五强"为主，新增乌拉尔、新西伯利亚和海参崴的远东大学（ДВГУ）等高校，也已各自建成汉学中心。

其中以海参崴远东大学东方学院汉学系为中心，聚合海参崴工大东方学院、经济大学东方学院、哈巴罗夫斯克（伯力）师大东方系、布拉戈维申斯克（海兰泡）师院东语系，以及科学院远东分院东方历史民族学研究所的相关人员，形成了远东的一大汉学重镇。

---

① 查瓦茨卡娅：《中国古代绘画美学问题》，陈训明译，长沙：湖南美术出版社，1987。

汉学队伍改变了20世纪前期仅有一位院士阿翰林为整个汉学界领袖的局面,阿氏的门生、后辈已有四人当选为院士,分别成为汉学各分支学科的奠基人,即文、史、哲学科的领军人物。史学为齐赫文和米亚斯尼科夫,哲学为季塔连科,文学为李福清。

还有几位通讯院士和大批具有博士、副博士以上高级学衔的汉学家。其数量据统计,至2008年已有612人,比90年代初的505人,增加了一百多位。至于中级学衔以下和大批刚毕业的汉学专业学生,那是更大的一个数字了。

其中,50年代以后出生的一批汉学家开始崭露头角,如著有《中国古典哲学方法论》的科勃泽夫,《孔子传》的作者马良文,《高僧传》的译者叶尔马科夫,研究佛教文化的托尔琴诺夫,《中国文化史》的作者克拉芙佐娃,写成专著《王维创作中的禅佛思想》的达革丹诺夫,研究冯友兰《中国哲学史》的罗曼诺夫,东方文献所所长波波娃,以及莫斯科大学的卡尔波夫、刘华夏,圣彼得堡大学的罗季奥诺夫,远东大学的列别捷娃副教授、赤塔的科罗文娜副教授,以及汉学书籍出版家阿里莫夫等,均已在80、90年代成名。他们给俄国汉学带来了新成果,新气象。

80年初,中苏恢复了停止20年的交往之后,引起汉学家们重新勃发的热情,他们经历了50年代高昂的交流热潮,60—70年代的相对沉寂之后,竭力要找回逝去的20年代时光。这一时期顺着50年代的潮流,以更大的热情推进,竟致80—90年代兴起了"中国传统文化热",直到21世纪初。

(一) 产生文史哲研究四杰

哲学家季塔连科(1934—2016)

汉学家们尤其重视考察传统文化思想在当代中国的运用。他们在80年代跟踪探索中国的改革开放的成就、困难和问题,着眼于中国经验能否为俄国的改革提供借鉴。

季塔连科的成就特别引人瞩目,他自从1985年接掌远东所,便主动开展国际文化交流活动,几乎每年都应邀来华参加学术会议或讲学。他是北大教授冯友兰先生唯一的外国弟子,非常重视两国之间的情谊,充当了中俄文化交流的桥梁,知名度高,广受中国学界欢迎。

季塔连科1957年在莫斯科大学毕业,随即来华进修,于1957—1959年和1959—1961年先后在北京大学和复旦大学学习。他在北大期间受业于冯友兰教授，不但学哲学史，而且有跟随冯师深入农村经历与农民同吃同住同劳动的生活实践，对中国社会与农民有了更为深切的了解。他在清华大学纪念冯友兰 100 周年诞辰会议的报告中提到，那段经历使他终生难忘、永久受益，从此更深刻了解冯友兰的哲学思想。他早期以论文《古代中国的墨家及其学说》获副博士学位，又于 1979 年晋升博士。该文于 1985 年以《古代中国哲学家墨子及其学派与学说》出书后，曾被译成日文在东京出版。此后，他主编《中国哲学史》(1989)、《中国哲学百科辞典》，均有较大的影响。

近年来，季氏在中国政治和现实问题上陆续推出几部著作：《中国：文明与改革》《中国的现代化与改革》(1999)和《中国社会政治与政治文化的传统》(1994，与佩列洛莫夫合著)。同时，他在研究俄国与亚太国家包括中国的关系上，则有下列著作：《亚太和远东地区的和平、安全与合作问题》(1989)、《俄罗斯和东亚：国际与文明之间的关系问题》(1994)、《俄罗斯面向亚洲》(1998)、《俄罗斯：通过合作求安全·东亚的向量》(2003)以及主编论文集《中国在现代化和改革的征途上(1949—1999)》。他主编的六卷本大型的《中国精神文化大典》自 2006 年起至 2010 年陆续出版。

季塔连科正是由于在学术研究上广泛涉及哲学、现实政治和俄中及亚太国家关系，广有建树，同时在对外交流的实践上成效卓著，影响广泛，颇孚众望，而于 1997 年当选俄国科学院通讯院士，2003 年晋升为院士，并被推选担任俄中友协主席等多项重要职务。

史学家齐赫文斯基(1918—2018)

谢尔盖·列昂尼德维奇·齐赫文斯基，中文名齐赫文，史学博士(1953)、教授(1959)、通讯院士(1968)和院士(1981)。曾任苏联科学院中国学研究所所长，现为俄罗斯科学院主席团顾问，长期在外交部任职，领特命全权大使衔(1966 年起)。

他主要研究中国近、现代史并以此成名。当他在 40—50 年代先后以副博士论文《孙中山的民族主义原则及其对外政策》(1945)和博士论文《19 世纪末中国的维新运动》(1953)走进学术界时，立刻在苏联史学界显得卓尔不群，也引起中国的史学同行之注意，尤其在两文修订成专著出版之后(《19世纪末中国维新运动与康有为》〈1959〉[①]和《孙中山的外交政策观点与实践》〈1964〉)。

它们与后来发表的专著《周恩来与中国的独立和统一》[②]构成齐赫文中国近现代史研究成果的"三部曲"。同时,他还围绕着康有为、孙中山、周恩来这三位重要历史人物编辑出版了一系列历史资料和人物传记资料,包括专著,极为珍贵。如《孙中山选集》《1898—1949年中国的统一与独立之路(据周恩来生平资料)》(1996)。

齐赫文对中国社会有亲身的体验,有亲自参与或见证重大事变的经历,见证了新中国诞生这样的历史大事。在参加开国大典之后,他立即将周恩来总理兼外长的公函快速传递莫斯科,促成了苏联政府在次日,即10月2日发表声明公开承认并与中华人民共和国建交。他随即被任命为大使馆临时代办,成为首任驻新中国的使节。他的名字已经和两国关系史联系在一起了,这是他外交生涯中最为荣耀的经历。更为详细的,还有齐赫文本人描述他在中国的经历和友谊的两本著作:《我的一生与中国(20世纪30—90年代)》(1992)[③]和《回到天安门》(2002)[④]。

我国《人民日报》(海外版)2001年9月7日头版以"世界著名汉学家聚会在北京研讨汉学"为题的报导特别指出:"从马可·波罗、利玛窦、雷慕沙、费正清、李约瑟,到齐赫文斯基等,这一连串名字,连接成'西学东渐'和'东学西渐'的桥梁",给予齐赫文院士极高的评价。

史学家米亚斯尼科夫(1931—)

米亚斯尼科夫主要研究中国近代史和中俄关系史,1955年毕业于外交部莫斯科国际关系学院,1964年曾来人民大学进修,1964和1978年先后获副博士和博士学位,1990年即当选为科学院通讯院士,1997年晋升院士。他长期在远东所任职,曾任副所长,至2003年调东方学研究所,为科学院顾问。现为俄国汉学家协会主席。

---

① Движение за реформы в Китае в конце XIX века и Кан Ю-вэй. М. 1959. 419с.
《19世纪末中国维新运动与康有为》,莫斯科,1959年,第419页。

② 见中译本,北京:中央文献出版社,2000年,第604页。

③ Китай в моей жизни (30—90 годы). М. 1992. 159с.
《我的一生与中国》(1930—1990年代),莫斯科,1992年,第159页。

④ Возвращение к Воротам Небесного Спокойствия. М. 2002. 387с.
《回到天安门》,莫斯科,2002年,共387页。

米氏长期致力于历史档案的挖掘与整理，主持编辑组连续出版了以《17—20世纪俄中关系（文献与资料）》为题的文集，计已出有17世纪两卷，18世纪两卷，19世纪两卷，20世纪五卷（其中有些卷册系与齐赫文院士或立多夫斯基联合主编的），还有关于两国人员来往、边界问题等类文件汇编。此项工作为进行研究提供很好的基础。

同时，米氏发表了研究清代两国关系的力作《17世纪的清帝国和俄国》（1980）。此外，他还整理完成了斯卡奇科夫编著的《俄国汉学史纲要》（所叙史事迄于1917年），实现了俄国汉学同人的夙愿。

文学家李福清（1932—2012）

2008年5月29日晋升院士的李福清，早在2003年12月22日便接受了我国政府教育部授予的"中国语言文化友谊奖"。这是我国授予国外最为杰出的汉语教育工作者和汉语语言文化研究者的专门奖项。李福清是俄罗斯第一位获此殊荣的人。

李福清从民间文学开始，逐步扩展研究领域至俗文学、古典文学，进而中国传统文化。他发表过一系列文著，其中主要的著作《万里长城的传说与中国民间文学的体裁问题》《中国的讲史演义与民间文学传统——论三国故事的口头和书面异体》《从神话到章回小说》，也已全译或部分译成中文。还有直接出版的中文著作《中国神话故事论集》《李福清论中国古典小说》《关公传说与三国演义》。

在专著以外，当然还有数量巨大的文章。近期出版的中文本《古典小说与传说（李福清汉学论集）》（中华书局，2003年）则是从他的文章和著作选编出来的篇目并经作者亲自审定，可说是他的著作代表。

李福清主要的贡献可以概括为四个方面：

其一，研究涉及中国文学的各个领域，从古典文学到现当代文学，乃至整个中国文学的研究，都广有建树。

其二，中国民间文学和俗文学，始终是他研究的一个重点，为不断探索和阐明的对象，其成就尤显突出。

其三，对台湾原住民文化的研究，把它同大陆各族文化作比较分析。

其四，中国民间艺术研究。其所编《苏联藏中国民间年画珍品集》[①]

① 李福清、王树村、刘玉山编选：《苏联藏中国民间年画珍品集》，北京：人民美术出版社，1990年。

汇集了从5000多幅旧年画中挑选出来的200幅在我国已失传的珍品，最能说明他在年画研究上的功力。

(二) 两次翻译文学热潮(50年代和80年代)

1. 50年代译介中国文学的洪流

在这十年里出版了什图金的《诗经》首次全译本(1957)。还有郭沫若、费德林主编的四卷本《中国诗歌集》(1957—1958)，所选诗歌上起古代下迄20世纪50年代。第一卷收入《诗经》的“风”“雅”“颂”(选)，《楚辞》，曹操、曹丕、曹植五言诗，陶渊明诗和汉乐府。第二卷为唐诗，有李白、杜甫、白居易、元稹、王维、孟浩然、韩愈等名诗人之作品。第三卷包括宋、明、清三个朝代，有苏东坡、欧阳修、柳永、陆游、李清照、辛弃疾直至近代林则徐、黄遵宪的名诗。第四卷为1949—1957年的新诗，入选的有郭沫若、萧三、田间、臧克家等众多诗人的诗作。这部由两国学者合作编选的集子，第一次向苏联读者展示了中国诗歌全貌，其选择之精和全，迄今仍为中国国外所仅见，也是后来苏联汉学家编辑中国诗选和选择单个重要诗人作研究对象或出单行本的依据。它的出版是苏联汉学界乃至文学界在50年代的一大盛事。其他的诗集还有一些著名诗人的单行本，如艾德林译的《白居易诗集》(1958)，奇托维奇译的《杜甫诗集》(1955)、《李白抒情诗集》(1956)和《王维诗集》(1959)，阿列克谢耶夫等译的《屈原诗集》(1954)等。同时，中国几部重要的古典小说也都有了俄译本：帕纳秀克译的《三国演义》(1954)和《红楼梦》(1958)，罗加乔夫译的《水浒传》(1955)以及他同科洛科洛夫合译的《西游记》(1959)，沃斯克列辛斯基(华克生)译的《儒林外史》(1959)，还有费什曼等译的《镜花缘》(1959)。有些甚至在西方都不大译介的清末章回小说也出了俄译本，如谢曼诺夫译的《老残游记》(1958)和《孽海花》(1960)等。至于现代作家的作品，不但一些著名的大作家如鲁迅、郭沫若、巴金、茅盾、老舍、叶圣陶、丁玲等的作品都有了俄译本，如四卷本的《鲁迅选集》(1954—1955)、两卷本的《老舍选集》(1957)、一卷本的《郭沫若选集》(1955)、三卷本的《茅盾选集》(1956)以及丁玲的《太阳照在桑干河上》(1949)等，而且一些在西方还很少介绍的作家如马烽、李准、周立波、杨朔、艾芜、陈登科、秦兆阳、冯德英等在苏联也都得到译介。像苏联如此规模宏大、时间集中的中国文学译介工作，在世界汉学史上怕是少有的。诚如一位汉学家所说，“这证明苏联学者和全体人民对中国命运的深刻关注以及他们同中国人民扩大文化交流的强烈愿望”①。

反过来，中国这块友好的土地也给汉学家们以慷慨的滋养。如果说当年费德林有机会来华被视为“特别幸运”的话，那么如今这种幸运已降临一代汉学家身上。今日活跃在苏联汉学界的中年以上的学者，大部分人都时间或长或短地在中国生活过。他们在资料和指导上都深深得益。即以我们所知的到过北大进修的人为例，先不说师从的导师都是一流的，如契尔卡斯基接受王瑶、施奈德接受曹靖华、查瓦茨卡娅接受宗白华的指导，单说资料就有取之不竭的源泉，例如李福清至今还很怀念1965年在北大进修时每天到北大图书馆查资料、每周一两次进城逛书店和到天桥听说书的日子。况且，提供资料方便的何止北大。李福清说过他开始研究孟姜女的故事。那是50年代中期，他缺乏资料，就给中国各省的文联写信，请代为搜集。不多久，几乎每个省都给他寄去了有关孟姜女的资料：民歌、传说、地方戏、宝卷直至古迹的照片。当1958年郑振铎访苏时，看到李拥有这么多资料（包括有刻本、抄本），很是吃惊，说即使他以文化部副部长的名义向各省文联要，他们也不一定寄。因为李是苏联的学者，他们就很热心。时隔三十多年，李福清还由衷地说：“中国朋友的关心和帮助，使我非常感动，永生难忘。”

苏联汉学家也拿出了相应的成果，特别是一批研究性的论著。综合性的文学史书有费德林的《中国当代文学概观》(1953)、《中国文学·中国文学史纲要》(1956)、艾德林的《论今日中国文学》(1955)。作家专论有波兹涅耶娃的《鲁迅》(1957)和《鲁迅的生平与创作(1881—1936)》(1959)，索罗金的《鲁迅世界观的形成·早期的政论作品和〈呐喊〉》(1958)，谢列布里亚科夫的《杜甫评传》(1958)，费什曼的《李白的生平和创作》(1958)，彼得罗夫的《艾青评传》(1954)。

2. 60—70年代扩大翻译的范围

进入60年代中期以后，由于中苏关系变冷淡，两国的文化交流大受影响，其主要表现之一是汉学人才的培养上数量锐减，缺乏年轻的后备力量。

---

① 沃斯克列辛斯基：《苏联对中国文学的翻译和研究》，《远东问题》，1981年第4期，第174页。

不过，由于有一代中年以上的汉学家的努力，从60年代初到80年代初，中国文学的翻译和研究工作仍有了长足的进展。

在翻译方面，这二十多年中逐步扩展到各种体裁的作品，可以说是在50年代的基础上做了"填平补齐"的工作。古典诗词仍然是翻译的重点。陆续出版的大诗人作品有：《白居易抒情诗集》(1965)和《白居易诗集》(1978)，《陶渊明抒情诗集》(1964)和《陶渊明诗集》(1975，以上均艾德林译)，曹植《七哀诗集》(1973，切尔卡斯基译)，《陆游诗集》(1960)和《苏东坡诗词集》(1975，均戈鲁别夫译)，李清照《漱玉词》(1974)和《辛弃疾诗词集》(1961，均巴斯马诺夫译)。也有多人合集的诗选，如《中国古典诗歌集》(1975，艾德林译)和《梅花开(中国历代词选)》(1979，巴斯马诺夫译)。在"世界文学丛书"中的《古代东方诗歌小说集》(1973)和《印中朝越日古典诗歌集》(1977)这两卷里收入的中国诗人最多，计有曹植、阮籍、嵇康、汤显祖、陈子昂等78人。同时，一些不常被人注意的近代诗人之作也有人翻译，如苏曼殊的《断鸿零雁记》(1971，谢曼诺夫译)。由此可见翻译工作涉及范围之广。值得注意的是有一些诗人参加了翻译，使译诗增色不少。例如50年代有著名女诗人阿赫马托娃译屈原的《离骚》(1956)，如今有诗人吉托维奇译《杜甫抒情诗集》(1967)，巴德尔金译谢灵运、鲍照的诗等。

在翻译小说方面，既有(古文小说)旧小说和笔记，如六朝小说干宝的《搜神记》(1977，吉什科夫译)，《紫玉》(中国1—6世纪小说集)》(1980，李福清等译)，《唐代传奇》(1960，费什曼、吉什科夫译)和《浪子与术士》(又名《枕中记》，1970，紫科洛娃译)；沈复的《浮生六记》(1979)、瞿佑的《剪灯新话》(1979，均戈雷金娜译)和纪昀的《阅微草堂笔记》(1974，费什曼译)；也有通俗小说(白话小说)，如钱采的《说岳全传》(1963)和石玉昆的《三侠五义》(1974，均帕纳秀克译)，《今古奇观》(1962，维尔古斯、齐别罗维奇译)、《十五贯(中国中世纪短篇小说集)》(1962，左格拉芙译)和《碾玉观音》(1972，罗加乔夫译)，罗贯中、冯梦龙的《平妖传》(1983，帕纳秀克译)。此外，《金瓶梅》(马努辛译)已在1977年出了经删节的俄译本。有趣的是在苏联也同在我国一样，为了在少年儿童中推广文学名著，在70—80年代出版了《水浒传》(1978)、《西游记》(1982)和《三国演义》(1984)的节译本或缩写本(在50年代已有全译本的基础上缩改)。

同时，还有不少散文作品翻译出版，如《山海经》(1977，杨希娜译)，司马迁《史记》(1972、1975，维亚特金、塔斯金译)，《韩愈柳宗元文选》(1979，索科洛娃译)，陆游《入蜀记》(1968，谢列布里亚科夫译)等。有一部《中国古代诗歌与散文集》译本(1979)，除收入诗经、楚辞、古诗十九首、汉乐府的选译外，还有司马迁、伶玄、贾谊、赵晔等人的散文作品。

在翻译戏曲和民间文学创作方面，重要的有王实甫的《西厢记》(1960，孟列夫译)；《元曲》(1966，彼得罗夫编，由斯别斯涅夫、马里诺夫斯卡娅、谢列布里亚科夫、孟列夫、费什曼等人翻译)共计收入关汉卿的《窦娥冤》《望江亭》和《单刀会》，白朴的《墙头马上》和《梧桐雨》，康进之的《李逵负荆》，马致远的《汉宫秋》，李好古的《张生煮海》，郑光祖的《倩女离魂》，张国宾的《合汗衫》，石君宝的《秋胡戏妻》等。在"世界文学丛书"的《东方古典戏剧》卷(1976，索罗金、雅罗斯拉夫采夫、戈鲁别夫等译)中则收入关汉卿的《窦娥冤》，洪昇的《长生殿》(片断)，孔尚任的《桃花扇》(片断)，汤显祖的《牡丹亭》(片断)，郑廷玉的《忍字记》，作者不详的《劝狗杀夫》。民间文学方面有李福清辑译的《中国民间故事》(1972)和《东干民间故事与传说》(1977)。而袁珂《中国古代神话》的译本(1965，鲁波—列斯尼琴科、普济斯基译)和李福清为《世界各民族的神话》(1980)编写的200余则中国神话则使苏联读者有可能了解中国神话的全貌。

还有一种通俗文学的形式，即变文，吸引了汉学家的注意。孟列夫就列宁格勒珍藏的敦煌文献资料，作细心的整理和研究，从60年代起陆续出版其整理译注的"变文"成果：《维摩诘经变文·十吉祥变文(敦煌写本)》(1963，译注)，《影印敦煌赞文附宣讲》(1963，整理、作序)，《双恩记变文(敦煌写本)》(1972，译注)，《妙法莲花经变文》(1984，译注)。此外，还有"宝卷"的译本，继《普明宝卷》(两卷本，1979，斯图洛娃译)之后，又出了《百喻经》(1985，古列维奇译)。

现当代文学作品的翻译要比古典文学少得多，但在某些方面也有突出的进展。由于切尔卡斯基持续不断的劳作，他编译出版的几本诗集恰好组成了一个介绍近70年中国诗歌的完整系列：《雨巷(20—30年代中国抒情诗)》(1969)、《五更天(30—40年代中国抒情诗)》(1975)、《40位诗人(20—40年代的中国抒情诗)》(1978)和《蜀道难(50—80年代的中国诗歌)》(1987)。入选的诗人有100多人，规模相当可观。新译的小说也不少，有茅盾的《幻灭》(1972，伊万科译)，老舍的《猫城记》(1969)和《赵子曰》(1979，均谢曼诺夫译)，张天翼的《鬼土日记》(1972，切尔卡斯基译)，赵树理的《李有才板话》和《小二黑结婚》(1974，罗果夫、克里夫佐夫译)，钱钟书的《围城》(1980，索罗金译)，以及几本短篇小说集(分别选入鲁迅、茅盾、巴金、叶圣陶、丁玲、王鲁彦、王统照、谢冰心、吴组缃、许地山、老舍等人的小说)。此外,还有《瞿秋白选集》(1975,施奈德译)和邓拓的《燕山夜话》(1974,热洛霍夫采夫译)。

70多年来苏联翻译的中国文学作品已为数不少,目前已将俄译本系列化,于20世纪80年代出版了规模宏大的40卷本"中国文学丛书"。

3. 60—70年代出现一批研究成果

60、70年代的研究已扩大范围,并有向纵深发展之势。阿历克谢耶夫和康拉德的论文集可算是研究中外文学关系包括比较研究的得意之作。前者有《中国文学·论文选》(1978)和《中国民间绘画》(1966),后者有《西方和东方》(1966)及《康拉德论文选·中国学》(1977)。

文学史书有:索罗金和艾德林合著的《中国文学》(史略,1962)和波兹涅耶娃主编的大学教材《东方文学史》(四卷五本,1971—1977),其中有中国文学史部分占700多页。《世界文学史》(九卷本,苏联科学院世界文学研究所编)也有大量篇幅写中国文学史。

一批从20世纪50年代崭露头角的汉学家,在60—70年代纷纷发表专著。属于论述各类体裁的有李福清的《万里长城的传说与中国民间文学的体裁问题》(1961)、《中国的讲史演义与民间文学传统》(1970)和《从神话到章回小说》(1979),热洛霍夫采夫的《话本——中国中世纪的市民小说》(1969),费什曼的《中国长篇讽刺小说(启蒙时期)》(1966),谢曼诺夫的《中国章回小说的演变》(1970),谢列布里亚科夫的《中国10—11世纪的诗词》(1979),索罗金的《中国13—14世纪的古典戏曲》(1979),戈雷金娜的《中国中世纪的短篇小说:题材渊源及其演化》(1980)和《中国中世纪前的散文》(1983)。

属于文学理论和美学问题的有戈雷金娜的《中国的美文学理论》(1971)和李谢维奇的《中国古代与中古之交的文学思想》(1979)。还有论述文学和美学思想的几部论著虽系编译,但其序言及译注也值得一提,如:《中国古代的无神论者、唯物论者、辩证法家——杨朱、列子、庄子》(1967,波兹涅耶娃编译注),《晚期道家论自然、社会和艺术》(1979,波梅兰采娃编注),《圣贤文选·中国古代散文》(1987,李谢维奇编注)。

如若谈到综合性的研究论著,当然首先应当提到费德林的三部著作:《中国文学研究问题》(1974)、《中国古典文学名著》(1978)和《中国文学遗产与现时代》(1981)。此外,还有施奈德的《俄国古典作品在中国》(1979)

以及几部集体撰写的论文集,重要的如《中国古典文学论文集》(1969)、《中国和朝鲜的文学体裁与风格》(1969)、《中国文学与文化》(1972,纪念阿列克谢耶夫九十周年诞辰文集)、《苏联对中国文学的研究》(1973,庆祝费德林七十寿辰文集)等。散见于各汉学刊物、其他报刊和文集中的论文则不计其数,无法一一列举。

研究单个作家的专著数量相当可观。古典文学方面重要的有:艾德林的《陶渊明及其诗歌》(1969),切尔卡斯基的《曹植的诗》(1963),谢列布里亚科夫的《陆游传论》(1973),马里亚温的《阮籍》(1978),别任(列·叶·巴迪尔金)的《谢灵运》(1980),费什曼的《中国17—18世纪的3位小说作家:蒲松龄、纪昀、袁枚》(1980)。

现代文学方面有施奈德的《瞿秋白的创作道路(1899—1935)》(1964),索罗金的《茅盾的创作道路》(1962),谢曼诺夫的《鲁迅和他的前驱》(1967),安季波夫斯基的《老舍的早期创作:主题、人物、形象》(1967),马特科夫的《殷夫——中国革命的歌手》(1962),阿直马穆多娃的《郁达夫和"创造社"》(1971),苏霍鲁科夫的《闻一多的生平与创作》(1968),齐宾娜的《1937—1945年抗日战争时期郭沫若的剧作》(1961),鲍洛金娜的《老舍在战争年代(1937—1949)的创作》(1983),尼古利斯卡娅的《巴金创作概论》(1976)等。

4. **80年代的中国当代文学热**

从70年代末起苏联各报刊就陆续译载反映我国改革开放的作品,80年代逐渐形成热潮。

一是翻译作品数量越来越多。仅以汇编的成书为例,已出版中国的中短篇小说集有7部,收入小说近60篇,诗集1部,收入22位诗人的30余首诗(这些小说和诗在收入选集以前有不少已在报刊发表过)。其中1982、1983、1984年各出版1部,1985、1986年各出版2部,1987年是小说和诗集各1部。还有中、长篇小说3部。

小说集有:热洛霍夫采夫、索罗金编选短篇小说集《人妖之间》(1982年版),收入王蒙的《夜的眼》、刘心武的《班主任》和《我爱每一片绿叶》、王亚平的《神圣的使命》、李陀的《愿你听到这支歌》、韩少功的《月兰》、韶华的《舌头》和《上书》、刘宾雁的《人妖之间》、李准的《芒果》等① 10篇。

---

① 尚有王蒙的《组织部来了个年轻人》、陈翔鹤的《陶渊明唱挽歌》等非新时期的创作2篇。

热洛霍夫采夫编选中篇小说集《一个人和他的影子》(1983 年出版)，收入刘宾雁的《一个人和他的影子》、刘心武的《如意》、王蒙的《蝴蝶》、陈淼的《稀有作家庄重别传》等 4 篇。

索罗金编选的《当代中国小说·王蒙、谌容、冯骥才》(1984 年出版)，收入王蒙的《春之声》和《海的梦》、谌容的《人到中年》、冯骥才的《高女人和她的矮丈夫》等 5 篇。

索罗金编选的短篇小说集《纪念》(1985 年出版)，收入王蒙的《春之声》、李准的《芒果》、冯骥才的《高女人和她的矮丈夫》、高晓声的《陈奂生上城》、蒋子龙的《一个工厂秘书的日记》、刘绍棠的《蛾眉》等① 6 篇。

李福清编选中短篇小说集《人到中年》(1985 年出版)，收入冯骥才的《啊!》、王蒙的《杂色》、张一弓的《犯人李铜钟的故事》、鲁彦周的《天云山传奇》、谌容的《人到中年》、刘心武的《立体交叉桥》、蒋子龙的《乔厂长上任记》等 7 篇。

李福清编选《冯骥才中短篇小说集》(1986 年出版)，收入《啊!》《铺花的歧路》《感谢生活》《神鞭》《高女人和她的矮丈夫》《三十七度正常》《意大利小提琴》《匈牙利脚踏车》《在两个问号之间》《在早春的日子里》《老夫老妻》等 11 篇。

热洛霍夫采夫编选短篇小说集《相会在兰州》(1987 年出版)，收入韩少功的《西望茅草地》、秦兆阳的《觉醒》、张弦的《被爱情遗忘的角落》、周克芹的《勿忘草》、张贤亮的《苦泉》、温小钰的《我的小太阳》、张抗抗的《夏天》、冯骥才的《酒的魔力》、陆文夫的《临街的窗》、刘心武的《相会在兰州》等 13 篇。

同时，还有中、长篇小说的单行本如古华的《芙蓉镇》等多部作品，以及发表在杂志上的小说如张抗抗的《北极光》(《外国文学》1985 年第 6 期)和谌容的《太子村的秘密》(《莫斯科》1987 年第 8 期)等。

诗歌有切尔卡斯基编选的《蜀道难》诗选(1987 年出版)，其中在“70 年代末至 80 年代初的诗”一编中选入艾青、公刘、浪波、李发模、骆耕野、刘祖慈、吕剑、寥寥、苏叔阳、吴力军、方冰、方殷、方敬、傅天琳，韩瀚、胡笳、黄永玉、赵恺、朱健等 22 位诗人近年写的 30 首诗。

二是加强作品的评介工作。所有选集和单行本都有前言或后记，同时报刊还发表书评，有的书评文章还不止一篇，像长篇小说《芙蓉镇》俄译

① 尚有钱锺书的《纪念》等非新时期的创作 6 篇。

本1986年出版1年多之后，已经有4篇书评。这些评介文字几乎都一致肯定我国新时期文学的成就，索罗金认为“当代中国文学中的现实主义和人道主义传统到70年代末开始恢复”[①]。李福清肯定“自1979年当代中国文学开始了一个新的阶段”[②]。他们还进一步概括出当代文学的特点，热洛霍夫采夫指出：“当代中国文学生活的中心，是所谓的‘暴露文学’流派……它的批判力量大大超过以前的同类作品。”[③]李福清则指出了另一个特点，说“乔厂长”的成功，证明“蒋子龙准确地抓住了时代的要求：现在中国正需要这种熟悉业务而不是空喊口号、精力充沛、行动果断的人来领导经济工作和工业”。[④] 索罗金指出了再一个特点，说张抗抗的《北极光》“是一位艺术家的诚实和激动的叙述……描写了新人和新的思想感情”[⑤]。此外，书评几乎都一致肯定我国当代文学反映当前的改革和朝着艺术形式及艺术风格多样化发展这两大特色。

汉学家们对当代倾注了极大的精力，把工作重点移到当代也是一股潮流。即便以前不是重点研究当代的人，也开始注重当代。莫斯科大学教授谢曼诺夫对我说，他的主要工作就是继续培养青年汉学家和翻译中国当代的小说，他认为“这是当前最主要的事(由于这类小说非常多)”，因而几年来他一本接一本地翻译出版。除了《芙蓉镇》(1986)、谌容的中篇小说《太子村的秘密》(1987)、路遥的长篇小说《人生》(1988)，还有1989年出版的他所译张洁的长篇小说《沉重的翅膀》及其另外一部中篇小说。谢曼诺夫还译有蒋子龙的中篇小说《赤橙黄绿青蓝紫》和谌容的中篇小说《结婚进行曲》。同时，汉学家沃斯克列辛斯基也译有王蒙的长篇小说《活动变人形》。

不过，此番热潮已于上世纪末衰减，新译寥寥，乃经济条件严峻使然。至新千年始，有热洛霍采夫译的蔡骏两部长篇《病毒》(2002)和《诅咒》(2002)，均出版于2006年。阿格耶夫译姜戎的《狼图腾》(2008)，叶戈罗夫译苏童《我的帝王生涯》(2008)。此外，库德里亚切娃从英译本转译卫慧的《上海宝贝》和《我的禅》，均出版于2006年。日丹诺娃也从英译本转译棉棉的《糖》(2005)。长篇小说之外，短篇小说集则以扎哈罗娃和谢曼

---

① 《纪念》小说集的“前言”。

② 《中国当代文学中的传统成分》，《文艺报》，1986年11月29日。

③ 小说集《人妖之间》“前言”，莫斯科，1982年。

④ 《论当代中国中篇小说及其作者》，中译文见《文学自由谈》，1986年。

⑤ 《北极光》“前言”，见苏联《外国文学》，1985年第6期。

诺夫合编并翻译的《孔雀开屏》(1995年,收入陆文夫等13人各1篇小说)为著名。其他尚有短篇集或诗集若干种,属于罕见之列。

四、俄罗斯汉学文库编纂规划

为了全面系统又具体鲜明地呈现俄罗斯汉学成就,我们拟编纂“俄罗斯汉学文库”中译本,计30种左右,内含三类。

1. **汉学家论文选集**

以人为卷,选入俄罗斯科学院院士、通讯院士和大学教授16人,其中:

院士、通讯院士7人:B. M. 阿列克谢耶夫(《〈二十四诗品〉研究》)、B. П. 瓦西里耶夫(《儒释道与古典文学》)、B. C. 米亚斯尼科夫(《俄中关系的文化因素》)、Б. Л. 李福清(《神话与民间文学》)、M. Л. 季塔连科(《汉学传统与东亚文明关系论》)、C. Л. 齐赫文斯基(《见证中国近代史变迁》)、H. T. 费德林(《〈诗经〉与古代文学史》)。

资深汉学家,莫斯科大学和圣彼得堡大学等校教授10人:A. A. 龙果夫(《现代汉语语法研究》)、И. C. 李谢维奇(《中国古典文论》)、Л. C. 佩列洛莫夫(《孔子与儒学古今》)、Л. Д. 波兹涅耶娃(《苏联时代的中国文学研究》)、B. И. 谢曼诺夫(《鲁迅与章回小说》)、E. A. 谢列布里亚科夫(《中国古典诗词论》)、Ю. Л. 克罗尔(《司马迁〈史记〉》)、B. Ф. 索罗金(《元曲与传统戏剧》)、谭傲霜(《汉语隐性语法》)、C. E. 雅洪托夫(《汉语史论集》)、

2. **作品研究论集**

介绍古典和现代名著作品在俄国的翻译、研究与传播,内容包括作品俄译版本和译者介绍、译本评析、俄国论者观点摘编。以作品为中心,按每部名著一卷,计11卷。有:《论语》在俄罗斯的传播、《孟子》在俄罗斯的传播、《道德经》在俄罗斯的传播、《孙子兵法》在俄罗斯的传播、《庄子》在俄罗斯的传播、《易经》在俄罗斯的传播、《西游记》在俄罗斯的传播、《水浒传》在俄罗斯的传播、《三国演义》在俄罗斯的传播、《红楼梦》在俄罗斯的传播、《金瓶梅》在俄罗斯的传播。

3. **资料工具书**

设若干专题。有:《国图藏俄罗斯汉学著作目录》《东正教驻京使团遗

存文献书目》《俄国对西域的探险考察及所获文物的收藏整理》《汉文古籍流传俄国分类书目》《俄罗斯汉学家词典》等。

"文库"已筹划有年，早在1999年9月编者就会同出版社编辑进行了一次"俄国之旅"，到朔方去搜寻文宝，同相关汉学家商讨编选的书目。此后，又与国内同行学者反复商议，确定选题，始成规模。

以俄罗斯一国之汉学编立文库，属国内首成，意义重大。唯文库内容既丰，预计费用亦巨，须待筹足资金保障出版，力求稳妥，故迟迟未予启动。

如今，承时任大连外国语大学校长孙玉华教授慨然答应，由该校资助先期出版《国图藏俄罗斯汉学著作目录》，以带动后续。鉴于文库之学术价值，有长远意义，孙教授并允诺将文库出版事宜作为该校国际汉学推广基地的一项工作纳入计划，继续筹措经费，支持出版。

故此，文库将尽快编定付梓，以飨读者，从"十二五"规划期间开始，将随经费到位程度，分期分批出版。

李明滨
北京大学外文楼110
2016年11月7日修订

目 录

编者序

齐赫文斯基院士是俄罗斯著名汉学家，在中国学研究领域享有极高的威望。我曾拜读他的几部著作，被他的深厚学识和学术底蕴所折服，极想编辑一部他的汉学论集。在梳理俄罗斯汉学资料的过程中，我对这位俄罗斯东方学泰斗有了进一步的了解，益发对他不凡的经历和卓越的学术成就肃然起敬。

谢尔盖·列奥尼多维奇·齐赫文斯基，1918年9月出生于俄罗斯，是历史学博士，教授，俄罗斯科学院院士。历任俄罗斯科学院主席团顾问，俄罗斯历史学家全国委员会主席，俄中友好、和平和发展委员会俄方委员，俄中友好协会名誉主席和俄罗斯汉学家协会名誉主席。齐赫文斯基曾在中国生活和工作近七年之久。1943年12月来华担任苏联驻重庆大使馆二等秘书，1944年出任苏联驻北平总领事，1949年被任命为苏联驻中华人民共和国大使馆临时代办，后任参赞。在华期间，齐赫文斯基参与或见证了中国发生的许多重大历史事件，用实践行动充当了两国文化交流的桥梁。此外，齐赫文斯基汉学研究造诣深厚，一生不遗余力地研究和传播中国历史和文化，在东方学、中国学研究方面取得了丰硕成果。2013年3月23日，齐赫文斯基被世界中国学论坛授予“世界中国学贡献奖”。

齐赫文斯基一生对中国史的研究有三方面的主要贡献，即围绕康有为、孙中山、周恩来这三个重要历史人物编辑出版了一系列历史资料和人物传记资料。这些研究成果史料详实、立场鲜明，在很多问题上给人以启发，被认为是研究中国近代史的重要著作。

本书选出《中国变法维新运动和康有为》《孙中山——苏联人民的朋友》《中国近代史》《周恩来与中国的独立和统一》及《回到天安门》几部著作中的部分内容。几部著作均反映了齐赫文斯基在汉学研究领域的卓越成就，以及他对中国社会的亲身体验和对中国命运的密切关心。其中《孙中山——苏联人民的朋友》是根据俄文原著的最新翻译作品，全书共分六章，以丰富的史料为基础，介绍了中国近代民主主义革命的先行者、中国伟大的革命家孙中山的革命历程。首举彻底反封建的旗帜，“起共和而终帝制”，从创立革命团体、制定革命纲领、领导辛亥革命、担任中华民国第一任总统到卸任后继续领导民主革命活动，作品展现了俄国十月革命和苏维埃国家的内外政策对孙中山的实践活动和革命理念产生的深刻影响。本书援引的资料也很丰富，除广泛运用中俄文献，还刊载了大量电报报文、信函，因此在翻译的过程中，查找和搜集了大量历史文献资料，以尽可能地还原这些报文和信函的原文。

相信《见证中国近代史变迁——齐赫文斯基汉学论集》能够展现它的学术价值和现实意义，成为反映俄罗斯当代汉学发展的史料文献和教学材料，为研究中国近代史提供有益参考。希望该书的出版能够受到学术界的关注和广大读者的欢迎，对于了解俄罗斯汉学家及俄罗斯汉学研究和传播起到很好的推动作用。编选译校中的一切不妥之处，恳请读者批评指正。

孙玉华

中国近代史之 19 世纪末叶的中国维新运动①

1. 维新阵营中各派系的主张分析

就参加者的社会成分及政治见解而言，变法维新运动的内部远远不是清一色的。如果说绝大部分维新派基本上同意康有为提出的政治纲领的话，那么维新运动的某些领袖，如谭嗣同等人的主张就大大超过了康有为，他们严厉批评满洲人在中国的统治和清政府的内政外交，提出在国内推行所谓“共举之君”的制度，即共和政体。谭嗣同是湖南人，出身于显宦和儒者的家庭，其政治主张在他于 1895 年初完成的《仁学》一书中，有最充分的阐述。这本书，如同他发表在湖南维新派报刊上的政论文一样，本质上是爱国主义的，坚定不移地保护资产阶级共和政体思想。谭嗣同和康有为一样清楚地看到，帝国主义列强日益严重地威胁着中国的独立，这些强国的利益要求中国保留着一个软弱无能的君主专制政府。为反对外国侵略，谭嗣同提出了中国、朝鲜、阿富汗、波斯、土耳其等五个亚洲国家结成联盟的思想，按他的看法，这些国家患同一种病，需要采用同样的彻底治

---

① 本文选自齐赫文斯基主编：《中国近代史》，北京师范大学历史系、北京大学历史系、北京大学俄语系翻译小组译，北京：三联书店，1974 年。文中部分标题系编者所加。

疗方法，即废除君主制度，建立共和民主政体。

谭嗣同猛烈攻击维新的反对派——反动的汉、满大臣，按他的看法，这些人不懂中国现状，看不到列强威胁中国的严重性。康有为要坚决与各种“乱民”“会匪”划清界限，谭嗣同跟康不一样，公开站在保护太平天国运动的领袖洪秀全、杨秀清的立场上，认为他们反对清政府的斗争是完全合理而正义的。他同时严厉谴责英国人，以及中国地主，首先是湖南同乡的地主，因为他们帮助清朝镇压太平天国运动。谭嗣同和康有为一样，提出了空想的社会平均思想，认为他的《仁学》不仅能够拯救中国，同时还能拯救“在那里财阀们贪婪的欲望无止境”的欧、美各国，使这些国家摆脱由社会不平等而造成的苦难。

谭嗣同的观点和其他维新派一样，具有主观唯心主义的特点：他否认人民群众在历史上的主导作用，而认为主宰历史的是一些负有使命根治社会之恶的单枪匹马的“英雄豪杰”。这些看法对维新派的实践活动有很坏的影响，使他们不去吸引群众来支持他们的政策，而去依靠个别的、汉族军事统帅（如袁世凯），这些人后来又辜负了他们的信任。

自从谭嗣同被任命为参预新政之后，他与康有为之间的变法进展速度及方法上产生了重大分歧。谭嗣同是维新运动最激进的、左翼观点的代表；他和这一派的人，如唐才常，跟秘密反满组织及爱国军官有联系。他们的观点在后来对于 1911 年革命以前反政府活动的增长，有很大的影响。

维新运动的中心是由康有为、梁启超、麦孟华等领导的、人数最多的一派构成，这一派代表了华中、华东、华南各省地主阶级的利益（他们的经济跟对外贸易和国内市场息息相关），同时也反映了中国民族资产阶级、买办资产阶级和华侨资产阶级中各阶层的利益。维新运动的右翼是康有溥，当维新派确信皇帝没有实际权力以后，他劝康有为脱离政局。他建议其兄不要与守旧派相争，最好离开中国几年。康有溥还在 1898 年 8 月就认定维新变法必然失败，不主张继续斗争；他不同于谭嗣同，谭嗣同坚持要以武力反对守旧派并排斥慈禧。维新运动中极右派是京师及地方高级官吏李端棻、张荫桓、宋伯鲁等人。初期参加运动的还有“自强”政策的某些倡导者和宣扬者，经营工商业的封建官僚阶层的代表人物，如张之洞、孙家鼐等。但在百日维新开始的时候他们就倒戈了，转入封建反动阵营。

2. 对兴中会的评价

1895年1月27日在香港成立了兴中会的总会。对檀香山兴中会成立通过的宣言作了某些补充，其中包括对国内的形势作了详细的评述。筹备小组根据早在檀香山就拟好了的条款，详尽地制订了兴中会会章。遵照总会的决定，孙中山、郑士良、陆皓东和邓荫南去广州成立了另一个分会。

兴中会广州、香港分会的核心有五十人。与夏威夷时相同，这两个分会的大多数会员是商人。但香港和广州两分会，涌进了相当多的知识分子：医生、律师、教员，一些当地秘密会党的领袖也加入了兴中会。

到1895年春末，香港和广州两分会已拥有几百人，大多数“同情者”给协会以经济援助，并加入在广州掩护兴中会活动的合法的农学会。兴中会还得到英国驻香港记者黎德、邓勤、高文等的赞助。

兴中会的社会成分真是五花八门。兴中会发起人是香港、广州一小部分新的知识分子及商人。他们身受清朝专制制度的压迫和专横之苦，又受到当时重大政治事件的影响。他们向夏威夷和日本的华侨资产阶级求援。华侨加入兴中会构成最大的社会集团（占全部会员的百分之八十），他们基本上只限于提供物质援助。

中国第一批革命家在其纲领性文件中，只能极其笼统地表达他们急进的经济改革要求，以及政治、社会民主的思想。兴中会的政纲中，包含有维新派郑观应、王韬、何启在他们的著作中发挥过的许多论点。例如，宣言提出的“讲求富强之学”的号召，便是他们宣传的基调之一。所谓“兴大利”“除积弊”也是从改良派那里借用来的。维新派这些论点当初都有十分具体的内容，反映了一定的社会要求，矛头对准了阻碍中国的发展和“欧化”的封建制度。照维新派的解释（当时兴中会的会员也是赞同改良派的），“除积弊”即“除四害”：改革“取士、练兵、学校、律例”四种旧制。宣言中“兴大利”的论点，在改良派的著作中，即要求发展丝织业、开发矿藏、扩大铁路网及航运系统。

兴中会除了宣言外还有誓词，其内容十分保密。誓词明确地提出推翻清廷、建立民主政权的要求。参加兴中会的人都得宣誓为“驱除鞑虏，恢复中华，建立合众政府”而奋斗。在中国的特殊条件下，批判国内占统治地位的封建制度总是采取排满的形式，其矛头正对清朝政府。如果说，这种抗议（批判上层的政策，批判其昏庸腐败）在宣言中提得还隐晦；那么，在誓词中“驱除鞑虏”已十分明确，并提到了首要的地位——问题已不是局部的改革统治制度，而是推翻满洲王朝了。实际上，这些思想决定了举中会全部实践活动的方向；也只有在密谋武装反对政府的基础上才有可能全部实现以后的改革。要求武装推翻满洲王朝使兴中会的纲领与维新派的纲领截然不同，因此，具有爱国主义性质的推翻满洲王朝的号召，便成了兴中会的主要政治要求。

誓词中驱除鞑虏的观点，与群众自发运动中所提出的要求相互呼应。在会党成员中广泛流传着北方蛮夷统治中国的传统观念。由于这种传统观念的影响，最后便形成了“驱除鞑虏”的观点。兴中会的组织者非常熟悉满洲人征服中国时传出的爱国主义的排满的作品，其中风靡一时的有王秀楚描述满洲人暴行的《扬州十日记》和当时的思想家黄宗羲的《明夷待访录》，这些作品由兴中会的一位会员冯镜如在其横滨的私人印刷厂中特为重新出版。

誓词的第二条是号召为“恢复中华”——即恢复国威而斗争，这一点在宣言中已作了详尽的阐述。这是捍卫中国的主权，及借“富强之学”取得国家在政治和经济上繁荣的口号。兴中会会员只是极其一般地表达了他们的政治理想，当他们宣誓为建立“合众政府”而斗争时，他们还不能确认政变之后哪一种国家形式最适用于中国。兴中会成员的实践活动，目的明确，行动坚决；他们的全部努力，都服从于准备反对清朝的武装起义这一任务。

3. 孙中山赴欧游历对历史革命思想的影响

第一次起义失败后的年代，用孙中山的话来说，是革命运动史上最艰难困苦的年代，兴中会失去了相当大的一部分会员，它在中国的分会也解散了。逃亡幸存的领导人徒劳无益地试图在日本和夏威夷扩大分会组织，但是起义失败后，革命宣传在华侨中反应微弱。杨衢云在约翰内斯堡（南非）成立的一个小基层组织并不能挽回全局。孙中山在美国三个月（1896 年 6 月至 8 月），鼓动华侨对兴中会进行物质援助的活动也毫无成效。他抱着同样的目的去欧洲旅行（1896 年 11 月至 1897 年 5 月），而这次旅行出人意外地使孙中山举世闻名。他成了全欧洲报刊所报道的事件的主人公。跟踪孙中山已久的清朝警署在伦敦发现了他的行踪。在这座陌生的城市中，孙中山被骗到清廷公使馆拘禁起来，要把他当作国犯用租到的船只送回中国判处死刑，全靠高度的沉着和机智，孙中山才免于死亡。脱险后，他曾试图争取英国舆论的同情，争取欧洲各国政府支持抗清斗争。在1897年于英国出版的关于伦敦遇险的《伦敦蒙难记》一书中，孙中山谈到中国由于满洲人的罪过才存在反动制度，谈到中国革命者的目的和他们最初的一些活动。

侨居欧洲使孙中山的政治观点有了新的发展。他在伦敦图书馆加紧自学，大大充实了自己的自然科学和社会科学知识，在继续关心自然科学方面的成就（如农业、畜牧业和矿业问题）的同时，他把主要注意力放在研究西方政治和社会经济的理论上。研究美国经济学家亨利·乔治（1839—1897年）的著作对孙中山的社会政治观点很有影响。亨利·乔治所发挥的是这样一种思想，想通过资产阶级国家的土地国有化和对私有土地征收高额税捐可能解决一切社会问题。了解资产阶级有关国家的学说，尤其是孟德斯鸠的《法意》，对孙中山也不是毫无影响；孟德斯鸠关于支配社会生活的自然规律性，地理环境的作用，尤其是他的权利分配的原则，都为孙中山所接受。从现代资产阶级的著作中，孙中山还吸收了一些有关社会主义的知识。

和欧洲现实的直接接触，大大动摇了孙中山把西方国家看成是社会和政治制度的典范这种想法。他确信西方国家在经济和政治上都是不平等的。他是英国工人阶级（伦敦机器制造工人和威尔士矿工）罢工的目睹者。在伦敦和各国侨居的革命者，其中包括和俄国民粹党人的接触，使孙中山知道了在欧洲各国改革社会的革命运动正在成长，而他曾经认为在这个社会中一切重大的社会问题都早已经解决了。虽然他未能经常深入地分析在欧洲所读的书籍和见闻，但已获得不少思考材料。发达的欧洲国家的经验使他考虑到：实现兴中会所提出的“驱逐鞑虏”的口号并不能救中国。在美国和欧洲所见到的一切，使孙中山认识到必须在中国同时解决民族、经济和政治问题，也就是说使他更接近了他未来的纲领三民主义的基本思想。

1895年兴中会失败的教训，周游欧洲时政治眼界的扩大，使孙中山的政治观点有了进步，并使他逐渐成为一个革命家。不久前他还希望有可能在国家管理、军事、卫生等方面进行个别的改革，而现在他开始坚决地提出“全部代替”中国现存的腐朽制度的纲领。他深信“欧化”救不了中国，光靠模仿欧洲的方法来革新国家是不够的。孙中山在1897年同《伦敦蒙难记》一书的俄文译考谈话时已明确地说出这种思想。他说：“当今的中国制度和中国政府，根本不能作出任何改善和改革。只能消灭它们，而不是改善。期待政府在时代的要求及与欧洲文化接触的影响下作出自我革新,就好比是期待农场的一头猪由于养活在设备良好的农场里和对文明的主人亲近会产生出一种不可遏止的办农业的渴求,并能办得很成功。”

在《伦敦蒙难记》一书中,尤其是在写给《双周论坛》杂志的《中国的现在和未来》一文中,也比前一时期更明确地提出了中国资产阶级革命者的对外政策纲领。孙中山已不自称为秘密组织的成员,而是以“革新党”的名义向欧洲读者呼吁,渴望争取欧洲各国政府和舆论的同情。他想预先制止“外国人对中国内政缺乏远见和自私自利的干涉”,并取得他们友好中立的诺言。孙中山写道:“目前我们所需要的援助仅是英帝国以及其他列强的善意的中立,就可使得目前的制度让位于一个不贪污的制度了。”

4. 百日维新后,维新派与孙中山为首的革命派之间的合作

1898 年 9 月 21 日,北京的宫廷政变,全部维新计划的失败,标志着两党关系进入新阶段。兴中会会员表示决心与维新党人恢复谈判,正确地认为两党合作已有现实的基础。两大政党都被清朝视为非法;政府追缉两党侨居国外的领袖;政变后慈禧太后建立的极端保守的制度,也为两党所同样痛恨。两个在野党在侨居时都遇到类似的困难:他们失败后,在华侨中只保存了少数支持者。兴中会会员又向维新党人建议合作,希望经过 1898 年事件后,他们的观点已有所改变。兴中会会员认为:维新党人在六个自己的党人被处死后,应接近曾拿起武器反对过现存制度的人。1895 年提供中国革命党人和 1898 年提供中国维新党人以政治避难所的日本,曾给予两党一定的压力来促进他们的相互接近。由于中国在日本政界的计划中占有中心地位,他们想利用一切反对清朝制度的力量来为自己服务,因此答应支持两党,企图促进两派政党的联合。

两派恢复谈判的一些初步尝试,是不成功的。1898 年 11 月,康有为断然拒绝与孙中山会见,然而他最终不得不重视收容他并坚持两党合作的日本人的意见和部分支持他但赞成与革命党合作的人的心情。当时兴中会在居住国外(日本、夏威夷、非洲)的中国人中,建立了组织并得到华侨团体的重大物质援助。维新派首领与华侨团体来往的利害关系,也促使他们接近兴中会会员。

1899 年初,侨居日本的维新党人的情况恶化:日本内阁发生更替;承认慈禧太后摄政政体的新政府,对康有为及其支持者采取了极端小心谨

慎的态度。日本军界代表公开声称，康有为继续居留东京对日、中关系不利。同时起初对康有为热情接待的有自由主义倾向的日本知识分子，也开始指责他的无所事事。在日本人的压力下，康有为得出了结论：必须离开日本。1898年末，支持维新派的人便已考虑成熟了一个计划：在“保皇”的口号下，建立新的广泛的组织。康有为便到美国和东南亚各国的华侨中去宣传鼓动成立保皇党。康有为一如既往地坚信，只要同情维新事业的光绪皇帝一复辟，就有可能通过和平的途径在国内进行必要的改革和达到使中国成为世界强国的目的。

同时，在慈禧的宫廷政变后，在维新派中间也开始出现了新的派别。除了组成保皇党核心和一贯反对与革命党人合作的康有为、徐勤、麦孟华一派之外，还出现了一个小组（毕永华等人）公开转到兴中会方面。在左翼维新派代表和同情他们的中国青年学生中间有许多人（唐才常、秦力山、欧榘甲等人）开始明白，不武装推翻清朝就不能救中国。他们醉心于民族主义的思想，对革命党人表示同情并准备与他们联合起来，推翻为他们深恶痛绝的满洲王朝。康有为离开日本后，两派（革命党人和维新党人）政治侨民会面的次数便频繁起来。

梁启超立场的转变，便是部分维新党人左倾的一个表现。康有为的亲密同志在与兴中会会员的谈话中着重指出，“保皇”和“革命”的口号都是号召一个目的——“救国”。在日本出版的维新派报刊《清议报》上，梁启超、欧榘甲和其他人谈论自由和平等，谈论西方的启蒙和进步是革命的结果，以及破坏时期是民族兴起的不可避免的阶段。1899年夏，在由梁启超建议于东京创立的大同学校的讲座上，他引用了大量欧、美革命史的材料。在听讲人（其中有秦力山、唐才常、林圭）当中他找到了准备仿效罗伯斯庇尔、丹东、华盛顿的狂热的追随者。

梁启超立场的转变，保证了侨居着的两大政治组织有关合作的谈判暂时获得成功。1899年秋，孙中山与梁启超作出两派联合的原则性决定。他们谈妥由孙中山任联合党的首领，而梁启超任副职。十三人署名的联合信将此事通知了康有为。康有为对这封信的反应几乎是闪电式的，他一面断然反对与兴中会合作，一面汇去巨款来加强在日本的保皇党活动。梁启超被建议速去夏威夷，而欧榘甲则以华侨报刊编辑的身分去旧金山。

梁启超离开日本时向孙中山保证，要忠于联合一切进步力量的思想和支持两派联合的原则。他利用孙中山的介绍信，在夏威夷很容易地便和华侨建立起了联系，并在那里成立了保皇党分会。梁启超用两派力量准备在湖南起义的事，来证实他对运动参加者所作的“保皇”和“革命”名虽不一、性质却同的声明。他在夏威夷活动的结果，是兴中会会员大批地转入保皇党的队伍中去。孙中山去信严厉指责梁启超破坏诺言，这是兴中会与梁启超公开决裂的开始（1900 年 1 月至 2 月）。1899 年的协议是不牢固的，因为不论是革命党人或是维新党人，当时都代表两种独立的派别，他们的政治纲领有原则分歧。革命派的信念（驱除鞑虏和创立合众政府）与维新派的要求（建立以满洲光绪皇帝为首的君主立宪国）是不相容的。

5. 对义和团运动的评价

当义和团开始明白清政府已背叛了他们而不愿再对列强作战的时候，他们取消了扶清的口号。1900 年 8 月，义和团在山西省隰县、考义、石楼等县已提出“兴汉灭洋”的新口号。1901 年 6 月间，在四川省起义失败后回到那里的地方军及义和团，喊出了“扫清，灭洋，兴汉”的口号。这一口号在《辛丑条约》签订后即已极为流行，这主要是 1902 年在全国展开了广泛的反对“义和团赔款”运动。

京城失陷后，华北人民群众的斗争，已经不再具有 4 月至 8 月间运动所具有的那种力量。在清军及外国干涉者的清剿之下得救的分散的队伍和义和团团民们，退到山西和内蒙古地区，而后又分散到其他省份。

列强在镇压了义和团运动并逼迫清政府投降以后，于 12 月 24 日的照会中提出了和约纲要。由于列强间存在分歧（沙皇政府及美国政府由于自己的私利主张比较缓和的条件，德国政府则坚持最残酷的镇压中国），同时由于来自清政府方面的一定的阻力，谈判持续了近一年。基本的斗争围绕着两个问题：惩办那些被认为在义和团运动中有罪过的清朝大臣和将军们，以及赔款数目。最后，清廷被迫几乎接受了列强的全部要求。1901 年 2 月颁发上谕，决定将庄王和大官吏英年、刚毅（已死）、赵舒翘、毓贤、董福祥、李秉衡（已死）、徐桐（已死）及其子徐承煜、启秀处死。将端王和载澜的死刑改为终身流放新疆。同年 8 月，颁布上谕处分 119 名省级官吏。

1901 年 9 月 7 日李鸿章和庆亲王代表清廷签订了《辛丑条约》，实质上肯定了中国半殖民地地位。从此中国人民肩负了为期三十九年、年息四厘的四亿五千万两白银的巨额赔款，最终总数约达十亿两。清政府不得向国外购置武器(第五款),并须拆除大沽炮台(第八款),这就从军事方面严重削弱了国家。外国列强军队有权在华北占领一些据点,“以保京师至海通道无断绝之虞”(第九款)。条约第十一款严重威胁民族经济,它责成清政府“将通商行船各条约内,诸国视为应行商改之处,及有关通商各他事宜”,与外国政府达成协议。列强企图侮辱中国人民的民族感情;他们要求清政府派遣“谢罪使团”到德国和日本,为起义过程中在北京被杀的克林德和杉山彬请罪,并禁止清政府在杀死外国人的城市中举办考试。

按照《辛丑条约》,外国使节可以在北京建立设防的使馆区,即建成一个“国中之国”。为建筑这一区域,中国人民付出昂贵的代价:拆毁了一千四百座房屋,总计三十五万两。帝国主义列强由于矛盾重重,被迫保留清专制王朝。而以残酷地镇压义和团保持皇位的、以慈禧为首的清政府于1902年1月回到京城,以便顺从地在国内贯彻有利于帝国主义的政策。

矛头基本指向帝国主义压迫的义和团运动,是广泛的人民群众的运动,然而,当时在中国还没有形成能够成功地完成这一解放斗争的客观条件,还缺少能够领导运动的先进阶段。

以慈禧保守集团为首的满、汉封建主利用了人民爱国运动来谋求私利。许多汉族大封建主,包括华南、华中和华东的一些督抚,公开和外国列强联合,求得起义不要蔓延全国。

义和团运动是自发的,组织很差,浸透着神秘主义及迷信色彩。没有军事经验的、配备着原始武器的、主要指望画符念咒并由投降主义的清大臣所控制的农民起义者,显然无力对抗武装到牙齿的外国干涉者。

受到世界帝国主义重兵镇压的中国人民的反帝斗争,得到了国际工人运动的热烈响应和同情。列宁在《火星报》第一号上发表愤怒的谴责性文章,响应中国发生的事件,他代表俄国社会民主党人及广大劳动人民对中国人民表示同情,谴责列强的掠夺政策,揭露了它的殖民性质。世界无产阶级的领袖1900年12月在《中国的战争》一文中写道:“那些到中国来只是为了大发横财的人,那些利用自己的所谓文明来进行欺骗、掠夺和镇压的人,那些为了取得贩卖毒害人民的鸦片的权利而同中国作战……的人,那些用传教的鬼话来掩盖掠夺政策的人,中国人难道能不痛恨他们吗?”列宁号召劳动人民实现国际团结,并与全世界劳动人民的真正敌人作斗争:“因此,一切觉悟的工人就有责任全力起来反对那些挑拨民族仇恨和使劳动人民的注意力离开其真正敌人的人们。”抗议帝国主义者在中国的血腥冒险的声浪,响彻德国和法国。在这些国家里,社会民主党和社会主义政党声援了中国人民。

6. 对晚清政府“新政”的评价

虽然“新政”表面上触及国内经济、政治和文化生活等相当广泛的范围，但清廷上层改革却不能解决任何一个它所引起的矛盾。中国的民族独立和真正进步所赖以解决的任何一个重大问题，都没有认真地涉及。除此以外，朝廷在命令和文告中宣布准备要进行的许多改革还只停留在口头上。正如上层所指示的那样，除了军制，几乎全部改革都进行得极不彻底，极其迟缓。慈禧在下给总督张之洞的特别上谕中写道，行动要极端小心谨慎，不要立即全面实行已通过的决议，而要一点一点地逐渐实行。

腐败透项的官僚主义机构，守旧的贪赃受贿的官吏，常常会把最善良的意向变为它的对立面。改革和对改革方法的探寻，有时会被官吏们利用来作为个人发财致富的泉源，这就引起各阶层居民的激烈不满。特别是远离中央的各省保守官吏，则拒绝执行各部和督办政务处的命令。

“新政”甚至没有清除统治阵营内部的种种矛盾。虽然改革是在草案的基础上并在颇大程度上是通过封建买办集团代表人物之手实行的，但是后党却力图保有自己的统治地位，保住自己对国内生活中一切最重要领域的控制权。满人庆亲王同时被任命为新外务部尚书和练兵处大臣。新商部则由太后的亲族满人载振主持。军机处依旧存在，并完全保持着自己的权威。尽管宣布了一些满、汉权利平等的命令，尽管在 1902 年取消了满、汉通婚的禁令，但在军队、国家机关，地方行政和法庭里，满人仍然享有相当大的特权。鉴于改组军队，太后于 1903 年夏指示铁良（后为兵部尚书）和袁世凯提高直隶省满洲旗军的战斗力，并本此目的进行必要的改革。

1901—1905 年，朝廷所宣布的改革看来已嫌为时过晚。早在几年以前即百日维新时期，清廷要进行改革并准备向新兴社会势力让步，当时是可能被理解为符合时代精神的，并可能使朝廷保障至少是短时期的道德上的威信。现在，在清朝于 1900—1901 年向帝国主义列强可耻地投降之后，“新政”便被认为是政府软弱的标志，遂引起更加强烈的不满。

7. 同盟会内部对三民主义的分歧

在同盟会纲领和革命宣传中，“民族主义”首先被阐明为要求推翻外族的满清王朝，消除满、汉不平权现象，被阐明为要求建立中国人即汉族占决定地位的主权国家。

中国资产阶级革命者在一定程度上把“驱除鞑虏”的要求和反抗帝国主义干涉、完全恢复中国国家主权的任务联系起来。在革命刊物和政论文章中，在同盟会领袖们一系列非正式言论中，这些要求的相互联系表现得特别明显。但在正式的文件中，反抗帝国主义侵略的要求没有公开提出来。这是由于害怕外国反对推翻清朝君主制度，错误地认识列强的政策，希望分两个阶段达到国家的独立：首先推翻清朝统治者，然后再组织对列强侵略的反击。同盟会领袖们希望他们的纲领不提出同外国侵略作斗争的直接要求，以为这能保证他们取得列强的“友好中立”，一旦举行反清的起义，列强或许会承认他们为“交战的一方”。因此，在《对外宣言》中宣布：新的革命当局将承认过去清政府和外国缔结的不平等条约，保护外国人的一切财产和权利。同盟会纲领不提反对外国强霸势力的斗争要求是中国革命者软弱的标志之一，使同盟会脱离参加反对外国统治的各种爱国运动（如反美的抵制行动或“收回主权”运动）的广大的中国人民各阶层。

在同盟会纲领及其领袖们的言论中，“民权主义”被阐明为要求消除君主制度和建立民国。在《同盟会宣言》中，建立民国的要求解释如下：“今者由平等革命，以建民国政府。凡为国民皆平等而有参政权。大总统由国民共举，议会以国民公举之议员构成之，制定中华民国宪法，人人共守。”

建立共和国制度以及进行其他改革分三个时期予以实现。革命后三年预计为“军法之治”时期，以“扫除积弊”，即实际上是军事专政。中央及地方行政这时为军政府及军队总摄之。然后解军法，布约法，依约法管理国家六年。宣言说：“地方自治权归之其地之人民”，“军政府……自总揽国事……”，教导人民“养成自由平等之资格”。六年后，军政府解除权柄，一国政事依宪法以行之，宪法为国民共举的议会制定。

孙中山详细拟订未来宪法的原则。他提出“五权宪法”，即建议对西方国家的资产阶级民主国家中立法权、行政权和司法权的政权职能划分，补充以封建中国已有的监察权和考试权。

归结为消除君主制度和建立议会共和制的孙中山的“民权主义”，反映了革命阵营中最激进的进步的政治派别的要求。列宁高度评价孙中山纲领的这个方面，在《中国的民主主义和民粹主义》一文中将它描述为“带有建立共和制度要求的完整的民主主义”。

同盟会的社会纲领反映在孙中山的"民生主义"中,它事实上可归结为平均地权的要求。《同盟会宣言》除一般地声明必须"改良社会经济组织"之外,还谈到必须"核定地价"。这个计划总的意义在于级差地租交由国家处理。孙中山和当时跟他接近的领导人在1906—1907年的一系列言论中,将平均地权的要求具体化为土地国有计划:根据美国社会学家亨利·乔治的学说制定地价累进税,同时制定国家有权按土地所有者宣布的价格赎买任何土地的法律,通过这样的途径实现土地国有化。

根据孙中山的看法,实现这个要求应能防止在中国发生令人发指的社会不平等现象;"财富集中于少数人手中",这些现象使得在西方国家不可避免地要出现一个流血的激荡的新时期——"社会革命"(孙中山没有拟定实现平均地权这个口号的具体期限)。他认为,平均地权能防止发生似乎在中国不存在的"贫富不均"的现象,防止"社会革命"和导致建立"人民幸福的公平社会"。

后来,在1911—1913年革命时期,孙中山不止一次阐明平均地权这一要求的实质,说明土地国有化是"避免资本主义"和建立"国家社会主义"的手段。孙中山所指的"资本家"即垄断资本家,"资本主义"指的是垄断独占。他拥护"国家社会主义"(认为当时的德国是其范例),即拥护国家资本主义,主张扩大经济中国有成分和国家的调节作用。孙中山的平均地权和"改良社会经济组织"的纲领,在中国具体历史条件下具有进步意义。列宁在揭露孙中山的主观社会主义和他要在中国防止资本主义发展的希望的实际内容时指出,孙中山的经济纲领事实上导致以最快的速度为资本主义发展扫清障碍。

同盟会成员的社会成分以及参加同盟会的团体都非常繁杂,从怀有反满情绪的地主绅士到资产阶级和城乡贫苦阶层这样极不相同的社会阶层的代表人物都汇集其中,因而同盟会的领袖们中间在最重要的纲领和策略问题上缺乏统一的观点。建立民国的问题引起了严重的分歧。华兴会组织者之一、著名的、有影响的政论家陈天华,在一些抨击文章中特别尖锐地写到必须反击外国的侵略,但他认为最适宜于中国的政体形式是"开明专制"。光复会的领袖陶成章和章太炎赞成推翻满清帝制,但认为建立代议制在中国是不可能的,甚至是有害的。章太炎援引日本和其他资本主义国家为例,指出议会是一小撮富翁和强者手中的玩具,开始他建议实现"直接民主制",后来又主张集中全部权力于"英雄统治者"手中实行独裁,如果"未发现卓越之活动家",或者就保留君主制度。

在同盟会领袖们中间引起特别尖锐的分歧和不理解的是孙中山的社会纲领，他的平均地权的口号。地主绅士分子和代表他们的知识分子一般认为，除了"打倒满族"的要求外，无须提出别的要求（在筹备委员会上他们甚至建议把新的党名改为"反满同盟会"）。孙中山考虑到这些情绪，从欧洲来到日本时特别慎重地阐述"民生主义"。这一要求列入同盟会纲领性文件得到巩固后，分歧也没有消失。许多革命政论家和这一组织的领袖一般在文章中不提这一要求。在以后年代成立的一系列同盟会派生的团结和分会没有把这一要求列入章程。

光复会的领袖们认为平均地权的要求不明确，不完善。陶成章为在浙江组织秘密团体预拟的章程中这样写到这一要求："把田地改作大家公有财产，也不准富豪们霸占。"章太炎在一篇文章谈到社会改革时，摆在第一位的是要求按"不稼者不得有尺寸耕土"的原则分配土地。同时，他从一贯的立场出发，赞成限制商人企业主的活动。

8. 为什么说清政府的立宪运动是一场骗局

危及清制度存在的革命运动的发展，不能不影响统治阵营的立场。中国大官僚的个别代表人物（张之洞、孙宝琦、岑春煊等）加紧向慈禧建议作立宪的让步，以延缓革命的爆发，拉拢中国自由反对派，安抚国内。1905年夏，在对政府政策不满情绪增长的形势下，满洲的统治上层被迫向实现"新政"迈进一步。6月，根据袁世凯的建议，下诏派遣以满族大臣载泽、端方为首的特别使团出国考察西方国家的国体。随后，1905年11月，清政府下令设立研究国体的特别委员会（考察政治馆）。1906年7月，使团成员访问了亚洲、美洲和欧洲一系列国家后回国，奏请慈禧同意逐步改君主专制为君主立宪制。端方在一篇奏折中写道："中国非急采立宪制度，不足以图强。"他劝慈禧先改组帝国行政机构，并在十五到二十年内实行立宪。

立宪问题暴露出了宫廷内部严重分歧。以庆亲王、满族军机大臣铁良、荣庆为首的最保守的一部分满人，借口"立宪有妨君主大权"，"立宪利汉不利满"，力图促使皇太后拒绝立宪。载泽、端方、戴鸿慈领导的、接近汉族封建买办界的清大臣一派，拥护逐步实现立宪改革。立宪问题上清政府内部的分歧和慈禧的动摇，促使汉族大官僚的代表人物组织请愿运动，对满族统治集团施加压力。1906年夏，驻英清使汪大燮上书朝廷，奏请光绪和慈禧实行"变法"。当时驻美清使梁诚引证美国华侨的要求，奏请慈禧“从速实现基本宗旨——立宪”。北京政府学部尚书张百熙、礼部尚书唐景崇，以及省督岑春煊、林绍年等也上书朝廷，请求实现国内立宪改革。

1906年9月1日，清政府颁布诏书，预备立宪。诏书中写道：“时处今日，惟有及时详晰甄核，仿行宪政，大权统于朝廷，庶政公诸舆论……但目前规制未备，民智未开，若操切从事，徒饰空文，何以对国民而昭大信？故廓清积弊，明定责成，必从官制入手。亟应先将官制分别议定，次第更长，并将各项法律详慎厘订。而又广兴教育，清厘财政，整顿武备，普设巡警，使绅民明悉国政以预备立宪基础。”

1906年“立宪”诏书带有宣言性质，为清政府拖延立宪提供无限的可能性。从1906年9月颁布诏书起直到1907年9月止，清政府只实施几项纯粹形式上的措施：增设北京各部，宣布在满洲改革官制，改督办政务处为会议政务处，改考察政治馆为宪政编查馆。“预备立宪”纲领方面的任何具体措施都没有实行。

1907年秋，为国内不满情绪的增长所吓倒的清政府，开始玩弄新的立宪骗局。9—10月，清统治者颁布四道“预备立宪”的诏书，其中有关于在北京设立资政院的9月20日诏书和关于各省设立谘议局的10月15日诏书。以清大臣达寿、于式枚和汪大燮为首的第二个宪政考察使团被派遣出国。清政府的立宪骗局，是“上层”危机的进一步表现。客观上，搭配上“新政”的其他措施的这个骗局，证明清朝统治集团所进行的是一次独出心裁的尝试，即企图在中国扩大清朝统治的社会基础，把汉族资产阶级和地主拉到自己方面来。

同时，宫廷骗局也反映了统治阵营内部矛盾进一步增大。汉族大官僚的代表人物提出的立宪要求，在很大程度上是由于他们要取消满族垄断特权，破坏他们在国家机构中的地位的意图所决定的。这个集团的首领比慈禧的满族党羽更尖锐地感觉到实现一定的政治变革的必要性。正因为如此，一些有名的汉族封建大臣倾向于温和的资产阶级地主反对派的立宪运动，利用它来对极保守的清廷上层施加压力。

京城和外省的汉族大官僚跟国内立宪运动的拥护者（张謇、汤寿潜等人）有密切联系。他们还力图跟侨居国外的康有为、梁启超一派建立联系。这一派活动家之一杨度，由于袁世凯的情面，被推荐对满族亲王宣讲立宪问题，后来又被委派到宪政编查馆任职。袁世凯也曾部分地资助梁启超在日本出版的刊物，1907年还对政闻社的国外立宪分子给予金钱支持。汉族地方官岑春煊、陆荣廷，汉族外交官孙宝琦、汪大燮、陆征祥等，对君主立宪运动给过类似的支持。

这样一来，汉族自由资产阶级地主分子同统治阵营内汉族封建主官僚的联盟——反对国内日益扩大的革命运动的联盟，它的形成条件成熟了。而满族集团，借口"预备立宪"，力图实现国家机构集权化，以巩固自己在国内的政治垄断，控制那些至今管理得还很薄弱的国家部门，首先就是军队和地方财政。1905—1907年，清政府大肆进行改组和建立中央的新的部，开始在东北和其他省份实行官制改革等。清统治者利用这些措施逐步把汉族官僚的代表人物从中央和地方的关键岗位排挤出去，把权力更大限度地集中在满族宫廷显贵手中。

清朝廷在建立新的部时，形式上宣布"满汉平等"，可是这个原则一下子就给他们破坏了：被委派为各部、会的大臣、尚书十三人中，满族贵族七名，官宦阶层二名（蒙族一名，汉族一名），代表汉族封建官僚只有四名。虽然军机处满、汉在形式上分配相等，事实上领导权掌握在满族的庆亲王手中。同时，满族的极保守派采用了将大的汉族总督调任京官置于满族大臣监督下的策略。1907年，清统治者以"能干官员不足及更好组织预备立宪"为借口，免除袁世凯直隶总督职务，授予军机大臣的"荣誉称号"，调任北京外务部，置于庆亲王监督下。两湖总督张之洞当时也调任北京。这样的方针事实上导致满族集团的孤立，缩小其统治的社会基础和加深满、汉封建主联盟的裂痕。

9. 革命派和立宪派的论战

1905—1907年，孙中山及革命阵营的其他思想家和领导人，是在反对自由改良派和君主立宪派代表的尖锐思想斗争中积极开展同盟会纲领性方针的宣传的。由于清朝统治者1905年的立宪骗局，使改良派对"钦赐"宪法和上层改革又有了希望，同盟会纲领的基本原则立刻成了自由改良派思想家康有为、梁启超等人激烈攻击的目标。直到1911年革命前，革命派和立宪派激烈论战的中心是四个基本问题：反满的革命方针之正当性，革命和列强武装干涉的可能性，未来政权的形式和社会改革的纲领。这个论战最集中地反映在革命派的中心机关刊物《民报》和最有影响的改良派刊物《新民丛报》上。

革命阵营的首领和思想家在《民报》和其他革命刊物上发表的一系列言论中指出：改良派反对"种族革命"也就是反对"推翻满族君主制度"这

一口号,他们引用所谓“国家最高利益”是企图否认满、汉不平等的事实,保卫满族皇位和整个君主制度,诽谤要求推翻腐败透顶的清制度的革命思想。革命派证明,立宪的诺言不过是清统治者的骗局,中国需要的不是上层恩赐的残缺不全的立宪改革,而是完全革新国内政治制度,在消灭帝制的革命后,共和国的宪法将确认这种革新。

在《新民丛报》上,梁启超不顾从前自己的声明,确认由于汉、满之间不存在差别,推翻满族君主制度的要求和其他的反满要求是无的放矢,毫无意义;国家的利益高于生活于其中的汉族和满族的利益,而他们之间的摩擦能够而且应该在整个国家问题解决之后调节好。

改良派把保卫清朝君主制度和反对建立共和国联结在一起。改良派确认,推翻满族君主制度的斗争,将使中国亡国,导致更坏的暴政。据说一个国家向民主形式发展必须经过一系列过渡阶段,首先是长时期的“开明专制”和君主立宪制,而“中国人民于民主管理形式完全没有准备”。梁启超高度评价清廷关于立宪的诺言,力求把它说成是使中国和平地达到必须的政治改革,可与革命派提出的争取宪法的“破坏性”的方法相对抗。

革命派证明必须同时进行“种族革命”和“政治革命”。《民报》写道:只有坚决推翻满族君主制度,消灭“种族不平等和君主制度的政治压迫才能根除满人世代培植的奴隶心理,最迅速地为国家准备条件,实现民主的管理形式。”革命派认为,保留君主制度或建立开明专制,就是要永世保存屈辱和愚化人民的政策。

孙中山的追随者在《民报》上发表的一些纲领性文章,特别注意论证“社会革命”的必要性这一论题,发展了孙中山关于没有社会革命便不能复兴国家和防止将来的社会动乱的思想。1906 年已经关心各种社会主义学说的朱执信,在《民报》上发表了有鲜明论战性的文章《论社会革命当与政治革命并行》。

孙中山的民生主义,平均地权的口号和土地国有化的思想,引起改良派最尖锐的攻击。1906 年,梁启超在《新民丛报》的一篇专门文章中,企图诽谤革命派的社会要求,以及他们同时进行“种族革命、政治革命和社会革命”的方针。他写道:提出这些口号和企图实现这些口号,是破坏神圣不可侵犯的所有权,“对地主不公正的态度”,是引向平民暴动、混乱和国家灭亡的通途,因为“社会革命”能动摇社会基础,导致“推翻有产者的政权,建立贫民专制政体”。

在革命派对改良派进行的论战中,与帝国主义侵略相关的中国改革方式问题(革命还是改良)占有特殊的地位。改良派广泛地运用这样的公式作为反对革命的论据:"革命要引起内乱、列强的干涉和瓜分中国。"梁启超在所有反对革命派的言论中,实际上都是发挥这一论题。

革命派反驳的论据明显地具有某种不一贯性,这是由于同盟会选定的对外策略在这个阶段不提出对外国侵略进行斗争的公开要求所致。革命阵营的思想家们正确地指出,列强瓜分中国不是遥远的威胁,而是现实的事。按照他们的看法,正是革命能拯救中国免于瓜分,因为它"推动独立与民主思想的传播",把中国人民团结起来。同时,他们暗示,要是外国人支持清统治者,革命会引起爆发对侵略者来说比义和团起义要危险得多的事件。

但是整个来说,革命派不准备对帝国主义的侵略组织全民的反击,并寄希望于承认过去缔结的一切条约,来争取外国列强的革命时期保持中立。在这种情况下,他们提出这样的论题作为反驳瓜分中国的威胁的主要论据,列强由于担心破坏远东"均势",不会瓜分中国。这样的论证并不能解决其他形式的反革命干涉的问题。整个来说,革命派反对自由资产阶级和君主立宪派代表的论战,他们将改良派作为满族君主制度的卫士所进行的揭露,在极大的程度上促进了革命力量在思想上和政治上的团结,促使革命情绪在国内得到进一步传播。

10. 辛亥革命的社会经济体前提

自由主义反对派和清朝的立宪冲突,是以中国资产阶级、资产阶级化的地主和城市工商业阶层反对外国资本经济侵略的尖锐斗争作为背景而展开的。中国新的社会力量不得不在劳动人民中寻求支持,吸引他们参加像排外斗争(1905—1908 年)、收回主动权运动(1906—1910 年)和保路运动(1911 年)这类特殊形式的斗争。不仅是外国资本的进一步增强,而且 19 世纪 90 年代下半期所显示出来的帝国主义经济扩张在本质上所发生的重大变化,都在迫使中国资产阶级这样做。

尽管在 20 世纪初外国列强就全面地行使了他们在 19 世纪中叶和中国进行了商业性战争才得到的法权,但迅速增长的商品输出却丧失了它原有的意义。作为帝国主义列强压制和掠夺中国主要工具的资本输出,最终被提到了首要地位。

20 世纪头十五年是外国资本向中国大量输出的时期。第一次世界大战开始前外国投资与 1900 年相比,从七亿五千万美元增长到十六亿五千万美元,即增长了一倍以上。全部外国投资中,直接投资占百分之六十七左右,间接投资占百分之三十三。

《辛丑条约》所规定的分三十九年(到1940年)还清、为数四亿五千万两的庞大的财政重负,意味着中国连本带息必须偿还帝国主义九亿八千二百万两。此外,当把银两折合成付款用的外币时,中国每年还要损失三百万两。向列强偿付的赔款,是以海关税、内地关税和盐税收入作保证的。清政府把以上各项中国开支交与掌管海关税收的英国人管理。所有这一切,便长期剥夺了中国最重要的财源,把中国变为帝国主义列强按计划掠夺的对象。

1901—1914年中国的外债达到八亿三千五百万美元的巨额,其中大约百分之五十八用以偿付1901年的赔款和偿付为了抵补1895年赔款所借的外债。外债总额几乎增长了一倍,到1913年末为五亿二千六百万美元。中国所借外债的百分之六十三用于军事和行政开支,而用于修筑铁路和邮电的只有总额的百分之三十七。

流入中国的外资绝大多数是直接投资于经济方面,这对列强更为有利可图。1902—1914年,这类直接投资,由五亿三百万美元增加到十亿八千五百万美元。其中主要部分用于修筑铁路和运输业,共占外国在中国全部投资的百分之三十三。大宗款项投于对外贸易、加工工业、采矿业及邮电,共占投资的百分之二十一。大批资金投在租界的住房建设和公用建设。外国资本主要是流向事实上已从中国割去的领土上。投资总额的百分之六十二左右,即有十亿以上美元投在租借地、租界的财产上。

外国资本实际上并不总是从国外输入中国的。相当大的一部分投资是外国洋行、银行和公司在中国本土的商业、金融、工业及其他经营所获得的利润,亦即所谓"就地"创造出来的。在中国的外国工厂、商店、船坞以及市政建设,利用当地廉价的劳动力和原料来榨取高额利润。

外国企业家资本的输出,急剧地加速了外国工厂工业的发展。在开放的港口上建筑了数十个新企业。1901—1911年外国人在中国设立了九十一个新企业。同时,大型和中型设施也显著地增加了。外国人十年来所建立的工厂、矿井、矿山、造船厂和发电站等的最初投资共达七千四百万元(几乎比19世纪下半期投资总数多一半以上)。

外国企业活动规模较大,力量较强,和中国的相比具有明显的优势。外国企业中工人的平均人数比中国企业中多一倍。在20世纪的头十年里,建立了五十一家企业,每家有资本二十五万到一百万元不等,另有十三家企业，资本都在百万元以上。四十家外国企业几乎占中国境内拥有五百名以上工人的大工业企业的百分之五十。新出现的企业中，规模最大的有：英中开平矿务局，河南福公司英国煤矿，天津的比利时电车、电灯公司，日本的大连发电厂和牛庄的“小寺”榨油厂，上海的英美烟草公司（都拥有一百五十万元以上的资本）。

外国工厂的产品在中国不交纳关税，因而这些工厂处于比中国工厂更加有利的地位。因此，1895年以前开办的外国老厂，多半都顺利地扩展了，并且不断地在积累资本。五十七家最重要的外国企业的基金，在1913年以前已经增加了一倍多，拥有一百万元以上企业的数目增加了一点五倍。像抚顺和临城矿、本溪湖煤矿以及其他矿厂，在残酷剥削廉价劳动力的基础上发展得最为迅速。

1901—1911年，外国人将巨额投资放到采矿和冶金工业上，设立了共拥有资金三千五百万元以上的企业二十个，使得外国资本在这些部门里获得了独占统治权。通过向中国企业提供私人贷款，外国人控制了中国生铁的全部机械化生产。1899年，日本商行通过横滨正金银行供给汉冶萍公司资金，并且利用其困难，责成它每年以低价向日本提供矿石和生铁。1908年，当该公司由合营转为私营时，日本人得到了掌握其股票的权利（到1913年，横滨正金银行和八幡钢铁公司整个控制了该公司）。到1912年，日本资本就这样控制了全部机械化开采的铁矿。

到1906年，除了临城和开平煤矿外，门头沟、井陉、鲁大、札赉和烟台等煤矿的资金的全部或部分属于外国的企业家。对萍乡煤矿也实行了操纵。在1913年，这类企业共有十七家。到1912年，外国人已经掌握和操纵了全国煤矿开采的百分之五十二，全国机械化采煤的百分之九十二。所有年产百万吨以上的煤矿都操在外国资本家手里。日本和英国的资本在这里起着主要作用（它们共同掌握了中国煤矿生产的百分之四十四），德国公司也是这样。1913年，外国资本的比重占中国全部煤矿工业资本总额的百分之七十。在革命前数年间，日本积极在满洲活动。当日本满铁公司将采矿企业置于自己管辖之下的同时，日本人又从轻工业和批发贸易部门里把中国企业家的活动排挤了出去。

1901—1911年间，外国纺织和食品企业的数目增加了。在这些部门中，外国人建立了三十七个新工厂，共拥有资本二千万元左右。其中纺织工业有二十八个。在纺纱业中，中外企业家为了互相夺取优势在进行斗争。从1902到1908年，日本洋行吞并了上海的一些纱厂，纱锭总数在四万四千以上。1911 年，全国纱锭总数的百分之三十二属于外国资本。外国资本也在以各种方式逐渐吞并中国的缫丝、水泥、造纸、磨面和其他企业。

这些年里，外国人建立了二十个新船坞、造船厂、发电站，资本共计一千二百余万元。因此，他们巩固了自己在一些最重要城市的造船厂和城市公用事业中的统治地位。就这样，由于企业家的积极经营，1911—1914 年间外资部分的阵地加强了，外资在一些最重要的工业部门中的统治地位得到了保证。

在 20 世纪头十五年里，总的说来，英国投资仍占优势（占外资总额百分三十八左右）。沙皇俄国占第二位。失去在辽东半岛的投资后，它的比例降到百分之十七左右。德国资本（百分之十六）和法国资本（百分之十一）也起着相当重要的作用，日本的影响在迅速地增长——从 1902 年的百分之一弱到 1914 年的百分之十四。

随着中国债务的增加，英国在 1902—1913 年的投资增加了一倍多。它答应提供投资于生产的借款。从 1900 年到 1911 年，它单独或与其他列强合伙在中国分别设置了十七项这类借款（包括十四条铁路，其中十条是它单独修成的）。加上铁路和电报、电话建设联合借款中的英国股份，1899—1913 年间借款总额达八千二百万美元以上，这巩固了英国在这些部门中的势力。英国资本在工业企业活动中起了最积极的作用。1901—1911 年，由英资开设了二十三个新企业，基金总数约为三千四百万元。这些年，英国人加快了上海和广州的棉纺厂、缫丝厂以及上海和汉口的烟草工厂、汕头和香港的制糖厂的建造速度。大量的资本投入了开平矿务局、造船厂、电讯公司参与上海市的供电与住宅建设、有色金属的开采以及广九铁路的修建。值得指出的是，英国的直接投资在外国借款中的比重几乎增长了一倍。

沙皇俄国的投资，基本上放在中东铁路和北满的食品工业上。当日本侵占了南满铁路、大连和旅顺以后，在 1905 年以前还极为有限的日本投资迅速增加了。20 世纪初，日本给予中国的借款为数不多，到 1914 年日资的基本股份占在满洲直接投资的百分之六十九，满铁公司及其企业，特别是采矿工业，开始在那里起着重要的作用。从 1901 年到 1911 年，日本工业家在中国建立了三十八个企业，投资的基金总额近二千三百万元。第一次世界大战前夕，日本资本已超越满洲的境界涌向英国的“势力范围”——上海和长江流域，那里的汉冶萍公司更使它垂涎三尺。

20世纪头十年，德国和法国在中国的投资大为增加。它们都是和英国联合一起提供借款，主要是作为政府开支和建筑铁路之用。这些国家的直接投资基本上放在他们"势力范围"内的不动产——企业和交通上（德国在山东，法国在云南）。这一时期，美国资本的股份不多；它只占外国投资总额的百分之三，原因是美国垄断资本企图渗入其他帝国主义列强的"势力范围"而都毫无成效。

20世纪初是帝国主义列强为取得中国铁路租让权斗争最激烈的时期。从1900到1913年，列强加给清政府二十九个新的和补充的铁路借款。借款中数目最大的有：英国提供修筑沪宁路的借款，两项英德联合借款（津浦路干线），以及英法借款（京汉路）。最大的一笔所谓湖广借款，由英、德、法、美四国联合提供，用来修筑川汉和粤汉铁路。英国在铁路上的投资仍占首位，它据有全部借款总额的三分之一以上。这一时期，比利时和日本参与管辖中国铁路的成分也增加了。

铁路借款和租让协议都是在对中国极端苛刻的条件下决定的，它们保证了外国投资者榨取巨额利润，利润的一般数额达到借款总数的百分之三十甚至百分之四十。为了长期保持外国人对中国铁路的控制，借款的偿付期限拖延达数十年之久。按照规定，提前偿付借款是不允许的。当铁路通车后，管理、经营和财务等权都仍操在洋人手中。同时，外国公司和银行在修筑铁路时，还得到了在铁路两侧划归铁路使用的广阔地带的权利。他们在那里开采矿物，并且建立了各种附属企业（仓库、码头、电报局、作坊、林业开采等等），得到了掌握中国整个区或省的经济命脉的可能。债主国保证将来在这区域内延长铁路线、建筑支线和修筑其他铁路的权利。铁轨和其他筑路材料以及机车车辆等，依照垄断高价向该国洋行购买。铁路借款由在中国的外国银行提供：汇丰银行、东方汇理银行、德华银行和法—比财团。

对铁路租让权的争夺，使帝国主义之间在中国的矛盾急剧尖锐起来。在这场斗争中，占首要地位的是英国，它在20世纪初期夺得了长江盆地和华北一切最重要铁路的修筑权。为了缓和英国、德国和沙皇俄国这些帝国主义者之间的矛盾，1898年曾签订了一项关于在英国和德国银行之间划分铁路利益的协定，1899年又签订了关于在英国和俄国银行之间划分铁路利益的协定。这些协定巩固了外国列强在中国的"势力范围"的划分，其中美国商人在这场争夺铁路租让权的斗争中得到的好处最少。给自己保留了最重要的京汉干线修筑权的比利时资本家，表现了极大的积极性。

英国把中国南方各省的铁路修筑权完全垄断在自己之手的企图，遭到了德国、法国和美国的反对，因此于 1909 年建立了英、德、法联合银行以提供用于修筑粤汉线及将此路由汉口延伸至四川的湖广借款。1910 年，为此目的产生了三国的银行团，次年美国也加入了。1911 年，银行团向中国提供了分四十年还清、为数近七千万元的借款。因此清政府对已由官商合办公司开始修筑的上述铁路实行“国有”，把建筑权交给外国资本，使地方资产阶级的利益受到极大损失。

总之，从中日战争到 1911—1913 年的革命，中国的铁路建设飞速发展。在这些年中，修筑了中华（1903 年）、南满（1903 年）、胶济（1904 年）、京汉（1906 年）、沪宁（1908 年）、滇越（1909 年）、津浦（1911 年）、沪杭（1912 年）和京奉（1912 年）等铁路。京绥、陇海、粤汉以及其他铁路和支线也在修建。从 1895 到 1911 年有九千二百五十三公里铁路开始通车。当时中国共有铁路九千六百一十八公里，其中百分之九十三为列强所有或被他们操纵，归中国人自己管理的只剩下百分之七。

在中国内部各省铺设铁路，扩大了推销洋货的可能性，并加强了对国际市场所需要的廉价原料的榨取。这使地方生产出口部门向单方面发展。结果使中国日益成为帝国主义制度下的一个农业和原料的附庸国，加强了中国对外国资本的经济上的依赖。同时，铁路又加速了中国发展的内部进程——社会分工、自然经济制度被破坏、内地市场的扩大——从而促进了中国资本主义制度的发展。

欧洲和日本资本纷至沓来，一连串的外债，特别是铁路建筑使得主持财务和实行商业扩张的外国银行在中国经济生活中的作用增加了。除了已在中国营业的大银行以外，又开设了许多新银行如：朝鲜银行、美国花旗银行和比利时国外与远东银行。

随着银行作用的增大，外币对中国的干涉也采取了很大的规模。十多个外国信贷机构在中国发行了自己的纸币，其中汇丰银行、日本横滨正金银行以及其他几个法国银行占主导地位。1912 年在中国流通的外币总数达四千四百万元之多，为国内纸币流转的百分之四十五。在一些大的经济中心如上海、广州、汉口，外国钞票起着主要作用（到 1914 年在上海金融市场中流通的纸币的百分之七十是外国的）。在外币的把持下，中国货币的价格更加贬值。

20 世纪初期，是外国资本奴役中国的转变时期。如果说，前一时期外国列强经济扩张的主要结果，是夺取了能在对外经济方面进行操纵的主要阵地，那么，后来帝国主义列强得到的则是对中国经济系统更重要环节的管辖，加强了在工业和交通方面的外国资本，加强了对清朝的财政上的奴役。

外国资本靠着一些新的环节——1901 年还处于萌芽状态的铁路网和在 1896 年之前事实上还存在的采矿工业而大为发展。20 世纪最初十年实际上已经奠定了外国资本以帝国主义时期各种方式广泛而系统地掠夺中国的牢固基础，而这又反过来帮助外国商品进一步夺得了中国市场。

《辛丑条约》所规定的中国对外投降的方针，立即在帝国主义列强的对华贸易政策中反映出来。新的中英(1902 年)、中日和中美(1903 年)贸易条约肯定了洋商在各方面的优先权，并且为洋商在中国内地市场进行半批发和零星贸易提供了有利的补充条件。商品只要是外国出产，就保障了它在中国国内市场的“治外法权”，这就是 1902—1903 年所订条约的实质。这里所议定的提高商品价值出口税率的百分之七点五，进口税率的百分之十二点五，只能补偿中国在国内市场的部分损失。清政府答应一定要对许多地方商品生产勒索新的苛捐杂税，要对外商开放七个城市，其中有长沙、安庆和沈阳，并改善洋人航行、库存等条件。除此之外，条约中还要求在中国确立一个各省统一的货币制度，并在采矿工业中对洋人作出新的让步。

1902—1903 年的条约，不仅在海关方面，而且在内地税收上，都限制了中国的权利，所以给来自外国的工厂主创造了非常有利的条件。就这样，中国国内市场遂为外国巨商所掌握。

从 1901 到 1902 年，清帝国又对洋商开辟了三十八个港口和城市，其中包括像济南、长春和吉林(吉林省)一类大城市。到 1912 年，对外商总共开放了八十二个城市与港口，连同二十五个外船停泊港口，对外国渗透开放的中国城市和居民点总数已超过一百。实际上，这时候已经没有一个较大的商业中心没有受到外国的渗入。外国资本对中国市场的控制与掌握正在急剧加强。中国的对外贸易也相应地增加了。出口价值从 1901 年的一亿二千二百万美元猛增到 1911 年的二亿四千五百万美元，而进口价值从一亿九千三百万美元增到三亿零六百万美元(入超保持在六千万——七千万美元上下)。

已成为最大分配中心的外国经济扩张的枢纽——上海，在中国港口中占首要地位。它的商品流转，连同再出口的商品在内，到 1911 年为中国全部对外贸易周转价值的百分之四十左右。由于满洲开展对外贸易和日本加强了渗透，北方沿海各城市的作用也增加了。天津成为第二个重要港口。被宣布为不纳税港的大连，也成为一个巨大的中心。因此，福州、汕头、厦门，特别是经受不起与宣布为自由港的香港进行激烈竞争的广州等南方城市的作用都降低了。

1899—1913 年，外国洋行，大多数是商行，在中国的数目几乎增加了两倍(1913 年有二千四百个)。外国人的数目，从五万三千名增加到十六万五千名。香港、上海、天津和广州的洋行不仅确定着中国对外贸易的规模，而且还根据国际市场的需求与自己本身的利益来确定其方针。中国大商业资产阶级依然处于买办的地位，在洋行和地方生产中、在中国消费者和洋行之间起着中间人的作用。

20 世纪初大英帝国在和中国的贸易中仍占首位，占全部商品流转的百分之五十，虽然英国的作用在这些年里不断下降。在中国的对外贸易中，英国商行的比重显著降低了。香港仍是中国贸易的最大中心(占商品流转总数的百分之三十左右)，它同时又是私货贸易的集中地。然而，由于满洲出口的增加，以及日本与俄国通过中国北方诸港和大连展开了贸易，香港则失去了它从前的意义。与英国洋行相抗衡的日本洋行的作用增大了。

帝国主义各国为在中国确立通商势力范围、重新划分销售市场所进行的竞争，具有异常残酷的性质。日本和美国排挤英国贸易，动摇了英国在棉织品和鸦片进口及油料等出口的垄断权。英国统治范围——南方各省和长江流域——成为日、美商品积极涌入之地。

在对外贸易海路运输方面，也进行着夺取在中国的霸权的斗争。在 20 世纪初期，英国在这方面的垄断地位已经消失了。1913 年，英国轮船总吨数只占百分之四十一，而日本商船总吨数已升至百分之二十五。德国商船也起了显著的作用。争夺霸权的斗争，既在沿海航线也在内河交通中进行着。1907 年出现了一个最大的外国轮船公司——日清轮船公司。规模居第三位的日本公司的建立，动摇了英国公司先前的垄断地位。

在中国修筑铁路，发展航运、电报，以及外国商行和公司的积极活动，都大大促进了中国和国际市场的联系。出口商品的结构，直接表明中国已变成发达的资本主义国家的廉价原料的供应地。从 1893 到 1910 年，农业原料的比重增加了一倍多，占出口总数的百分之三十九。新出口项目(棉花、豆制品、花生、植物油)的数量迅速增多了。

中国逐渐变成廉价原料的供应者：棉花——供应日本纺织厂；豆制品——供应日本食品工业和农业，并供应欧洲的需要；丝绸——供应美国工厂；茶——供应沙皇俄国、美国等。中国失去了影响其出口商品结构与方针的最后可能性，而这种出口越来越带有殖民地的性质。1899—1913年，中国进出口的逆差为十六亿五千万两。对外贸易的赤字达到巨大数额，很难以其他货币来源予以弥补。其结果，不仅使中国对外贸易的平衡，而且使中国的负有重重外债和赔款的国家收支平衡，也受到了入不敷出的威胁。

世界资本主义市场对中国的影响急剧加强，使得中国经济对外国贸易的依赖性更大了，欧洲、美国和日本的帝国主义工商业资产阶级对中国的剥削也更重了。中国的对外经济联系，具有日益显著的半殖民地的被掠夺的性质。

同时，使中国城乡半自然经济的和小商品生产的大批破产的外国商业扩张的加强，还引起一些附带的现象，例如代替了自然或半自然消费的付款(付货币)的消费增长了。结果使中国国内市场显著扩大，为民族资本主义、首先是外国资本主义在中国土地上的发展创造了条件。

外国资本在其主导地位得到巩固之后，仍不断把中国民族资本主义排挤出重要部门，把它排挤到对外资统治地位并无危险的次要部门——纺织、食品和一部分采矿工业中去。就这样，属于资本主义结构的正在发展的民族资本，遂被排挤到帝国主义时期所常见的、附属的半殖民地经济范畴中去。

外国资本在中国经济结构中进一步扎根，使得城乡大批小商品生产者处于困境。廉价的工厂产品(棉纱、布匹、五金制品、煤油、糖、染料等)的进口不断增加，减少或者破坏了许多的农民副业。铁路、航运的发展和其他新的措施，剥夺了农民以前在农闲季节在运输方面打短工的附加收入。

为了向帝国主义者偿付借款、赔款等等，加上还必须支付政府上层改革(“新政”)的费用，于是就对农民勒索苛捐杂税。同时，原有的繁重的封建剥削并未稍减。

早在19世纪中叶即已出现的封建农业危机，在革命前的年代显著地尖锐化了。耕畜日益减少、肥料日益不足、土地肥效丧失等等，使得中国经济的传统基础——谷物经济显著下降。中国粮仓——长江流域各省产量的不断下降特别使人忐忑不安。例如湖南和江西，从1880年到1905

年秋季粮食平均产量从七成减产到六成。由于20世纪初期种植工业作物的播种面积显著扩大，粮食减产和农业人口过剩的增长，引起了新的尖锐的粮食问题。随着内地对商品粮需要的增加，作为依赖进口较便宜的大米和面粉的沿海区域和港口城市的供应复杂化起来。

由于土壤侵蚀、盐渍和其他原因，使农业用地中宜于耕作的土地减少了。在南方的一些省份中，播种面积也在显著缩小：从1893到1913年，在浙江减少了百分之二十九，江西减少了百分之六，福建减少了百分之四。虽然在一些省份中耕地面积增加了，特别是云南、河南和广西，但从全国来说，除满洲以外，1913年总耕种面积实际上只停留在1873年的水平。

在20世纪初，满洲和内蒙古地区开荒之风甚盛，在某种程度上补充了北方各省播种面积之不足。比如，奉天耕地面积1887年为二千八百万亩，到1908年增至六千三百万亩。黑龙江从1902到1910年共开垦荒地七千万亩，而1860到1901年间只开垦了一千二百万亩。从1902到1908年，在内蒙古共耕种新地七百多万亩。移民运动使北方各省缺地现象有所缓和，但几乎没有触动长江流域和南方各省这些农业人口过剩的主要地区。随着人口过剩的升高，耕作地段平均面积在缩小。从1890到1910年，在全国平均从二十亩减到十六亩；在种麦地区，从二十七亩减到二十亩。在水稻种植地区情况也是如此。主要原因在于，部分有土地的中产农民在这些年中破产的增多了，而他们在经济总数中的比重下降了。人口稠密的地区常常遭受水灾和旱灾。长江流域各省远自19世纪80年代起，以及20世纪最初十年，由于大堤、拦洪坝和排渠系统不断遭到破坏，连续发生了许多的自然灾害。从1907到1910年，江苏省有六十个州县、湖北省有二十七个州县每年遭受天灾。1910—1911年，长江流域发生了自19世纪中叶以来最大的水灾，当时从宜昌到海口的盆地几乎全部被淹。水灾给江苏、安徽和江西的千百万居民带来了饥馑和破产。湖北省的灾情最为严重，从1909到1911年连续发生长江和汉水的特大洪水泛滥。在黄河流域六个省份（直隶、山东、河南、山西、陕西和甘肃）中，十年来（1900—1910年）每年平均有二百一十八个州县遭受水灾、旱灾和其他自然灾害。从1902到1910年，直隶省近二万四千个村庄遭受（有的还连续遭受）天灾。山东省在1901—1902年有两个村庄遭灾，在1906年又有一万三千个村庄遭灾。十年中最后几年，南方各省的村庄同样是灾难重重。1911年，广东省发生了半世纪以来最大的一次水灾，几乎全省低地都被大水淹没。在1910和1911年,福建和浙江遭到旱灾和水灾,大雨和运河泛滥断送了收成的三分之一。

同时,在20世纪初期,随着中国农村旧的经济基础的衰落和解体,一些新的趋势加强了。从20世纪下半期开始的发展进程已经很明显,商品生产的发展加快了。随着帝国主义时代的到来,国际市场对中国的影响增加了。1890—1911年,八种基本农产品(丝、茶、大豆、棉花、油类等)增加了九倍以上。从1893—1910年,农产品出口总值增加了七倍。

1911年前十年已经修筑了十二个省的铁路,这是促进商品农业发展的新因素。铁路加强了中国内地农产品的交换,成为扩大商品作物特别是工业作物如桑、棉、大豆、油料等种植面积的新的推动力。在长江下游、满州和华北修筑铁路,对农业的影响最为显著。

从19世纪末起,工厂工业如纺织工业和食品工业,已经形成了自己的原料基地。这对棉、桑、花生、芝麻、桐油和大豆等种植面积的增加产生了影响。新的日益扩大的资本主义中心(上海、天津、大连)和旧的港口及工业城市(广州、武汉等),对商品农业的发展也有显著的影响。

20世纪头十年,农业生产进一步专业化。植棉业在长江和黄河流域大为发展;养蚕业则在江苏、浙江和安徽各省,在西江流域(广东南部和广西),以及山东和辽东半岛。1906年以前,鸦片种植面积不断扩大,特别是在西部各省(四川、云南、陕西等省)。长江流域商品稻的生产增长了。满洲的谷物经济很快也转入商品经济范围。

在19世纪末、20世纪初,农村小商品成分的增长,为农民人口逐渐的社会变化和农村资本主义最初的代表的出现,创造了能促使其不断发展的环境。20世纪初期,原有的农民雇佣显著增加了。过去将农民划分为富与贫、有产者和佃户的传统做法,已经反映不出这一时期农村社会结构的全部复杂性。某些地区在旧的范畴里逐渐形成了新型的农村人口。为数极少的部分农户向农村小资产阶级和极小的资产阶级方向发展。由于这个原因,雇农和部分贫农日益穷困,遂成为季节工和零工。这些农民大多数还没有完全脱离自己那一点微不足道的产业,还有着一定程度的、最低限度的农具和小块土地,但他们已经经常地、年复一年地到外边出卖自己的劳动力。类似的双重性也在他们从事的手工业中表现出来。

在19世纪末至20世纪初,除了地主和国家在重重封建统治的关系下对全体农民进行剥削之外,在个别的主要是沿海地区产生了新的、目前还微弱的资本主义关系。变革的时代在19世纪末已触动了地主阶层。

20 世纪初，在这里的追求新财源的资产阶级化了的地主与士绅阶层壮大起来。这些土地所有者的主要部分，与其说掌握了经营农村经济的新形式（新式地主），不如说掌握了资本主义的经营方式。他们不将大批资金放在农村，而是投入城市的工业、商业和运输业等。这些地主积极地参加各种股份公司或合股经营。20 世纪前十年，在长江流域大多数省份中以及南部沿海地区，资产阶级化了的地主和士绅在工厂工业、银行业、商业、轮航和保险企业中投资达数千万元。

在革命前的年代中，南方诸省资本家地主阶层被卷入铁路修建热潮。南方地主及士绅们参加保路运动，主张自费修路，他们投入大批资金购买湖广铁路的股份。

垦荒公司为资产阶级化地主新阶层企业活动的特殊形式。这种类型的企业活动，不仅吸引了地主、乡绅和官僚，甚至也吸引了商人。许多公司耕作面积很大。江苏省的一些公司共拥有地产七十万亩，奉天"兴华"——七万二千亩，"通海"（江苏）——三万亩，安徽"安阜"——二万亩，等等。公司所属土地大部出租，其余雇农耕种。

主要投资流入这一类企业，是发生在资产阶级企业活动兴旺的 1905—1909 年间。仅仅在这五年中，新建的三十五个公司就投资近七百万元。1912 年，公司总数上升到一百七十一家，其中有一百一十二家股份公司，三十五家合股经营的公司。它们中的绝大多数（百分之八十）是由长江流域和南部省份中的地主和士绅建立的。仅在江苏、广东、广西、湖南就有一百零八个公司。部分地主阶级，其中包括部分官僚与士绅，开始资产阶级化的过程。它们的利益与资产阶级利益的一致，以及它们相互联系的巩固，在最初十年后期获得了更为具体的轮廓。

在 20 世纪最初十年中，中国手工业与工厂生产相比较，其技术上的落后、关税保护的缺乏以及清廷的恣意横行与干涉，进一步表现出来了。封建统治继续阻碍生产力的发展，它们维护落后的技术、很低的劳动生产率、劣等的产品质量、巨大的生产花费等等。

中国在建立工厂以前的工业越来越失去国内的销售市场，原料问题越来越尖锐化。一些纯粹的中国手工业产品迅速衰落了，如纸张、毛笔、瓷器、雨伞、扇子、烟具、碎烟叶、照明油类等。在这些行业中，甚至作坊和手工工场也和小生产同样破产。与此同时，相反，一些新行业在西方影响或国际市场需求之下产生了，如火柴厂、纸烟厂、蛋粉生产和猪鬃加工等。新行业一开始就以作坊、工场和家庭手工为基础。那些制造外国式产品的企业数字也不断增加，如玻璃、蜡烛、肥皂、针织品、地毯和绳索等。在旧的行业里，如茶叶加工、制糖、榨油及大多数纺织生产——小型生产仍在继续破产，只有资本主义形式能继续生存和扩大规模。

20世纪初期，中国经济发展的主要倾向，是破坏中世纪的经济形式，如半自然的家庭手工业、车间手工业和利用强制劳动的国营官办工场。这一点，在官办工场中表现得特别突出。政府已经不能挽救它们的衰落，到1911年革命之后，它们在事实上已经消失了。1911年革命前，在保存了车间组织一切成规的情况下，车间内部的资本主义关系也发展了。随着使用雇佣劳动的增加，工厂主和工人的关系逐渐成为主要关系。小商品车间生产和小商业的范围，由于同时在车间内外进行生产的资本主义形式的影响而缩减了。

据1912年工商统计调查，城市小生产拥有二百多万"手工业户"，就业人口有一千三百万人。家庭手工业者总数近一千万，约三百万人为雇工。在就业者总数中，他们不过占百分之二十三到二十五。但在许多行业中——制糖、砖瓦、火柴、制呢及其他行业——使用手工业户的雇佣劳动颇为盛行。其中许多已成为以家庭合作为基础的小的资本主义作坊，有的甚至是不大的工场。在丝织业生产中，这种社会分化最为剧烈，仅在1912年注册的二万四千家手工业户中就有近十万名雇工，约占丝织业生产者总数百分之四十。

在普遍缩小手工业生产范围的情况下，从19世纪末起，中世纪生产形式的危机就已经达到这样的程度，即在工厂建立以前的工业只有依靠资本主义形式——家庭手工、作坊和工场才有发展的可能；也只有在大量生产商品的情况下，它们才能够生存。因此，20世纪初期，各种资本主义形式几乎普遍在各地（特别是沿海各省）所有手工生产部门中增长了。这里个别的手工工场技术还有一定的进步。在1911年革命前，除了对原有的木制车床加以改进外，还采用了日本带金属轮的脚踩织布机，生产率约提高到十倍。在缫丝业中开始从木制手摇机过渡到金属制脚踩机床，开始普遍采用金属轧棉机和其他机器。

20世纪初，还为商业资本以及高利贷资本从其他行业流入纺织业创造了更加有利的条件。富裕的手工业者和小商人在买卖棉纱、丝绸等方面的经营活跃起来。那些独立雇佣手工业贫民的小业主的活动也是如此。以前独立的织布工人和破产的纺织工人，对小手工业者产品包买商的依附加强了。在此基础上，江苏、福建、山东、直隶、浙江及广东织布业的分配网扩大了。在东部及南部沿海地区，特别是在上海、宁波、福州、汕头等大城市周围，以及湖北省西北部直隶省南部等地，纺织工业中家庭手工业最为流行。几十万纺织工人靠包买商的原料，为其工资报酬干活，而那些“织布商行”“账房”“小店铺”以及它们的分店、仓库、分行等就起着包买商的作用。到1911年，仅直隶一省，在农村中就有三万以上的纺织工人为计件工资干活。形形色色的企业家的团体和组织，如商业联合会、“纺织所”“商行”等，都积极活跃起来。在1911年革命以前，各城市的商业联合会和“账房”买了整套脚踩机床，建立了“工业所”，开办了“手工业研究所”及纺织工人专门学校，以便训练他们管理新机器，以及随之而来的在农村调整家庭手工业网。

资本主义生产方式在“新”的行业中——整经和络纱（广东、福建）、花边（江苏、山东）、猪鬃和编织（山东、广州）等——也同样发展着。在江苏、浙江城乡有数千家庭手工业者——织绸工人在给“绸缎店”“绸缎庄”干活。家庭手工业逐渐成为作坊与工场的附属。在浙江、广东、山东和福建，账房和工场的分行、分店和收购店密布，它们在整个生产程序中实际是在分派工作。然而在许多行业中，雇佣剥削的规模还远不如包买商对依附于他的小手工业者的商业——高利贷剥削。在1911年革命前，在建立工厂以前的生产中，商业资本仍然大于工业资本。预支款项、借款、固定产品收购和出售原料，仍是管辖城乡小商品生产者的基本形式。

在这些年里，中国手工业中资本主义发展的特点，表现得更为清晰：从低级形式到高级形式——从家庭手工业到工场，从工场到工厂——过渡的缓慢性，分配网的优势地位，集中企业的比重很低，工场资本的共同的软弱性。这样，在六个基本行业（丝绸、缫丝、织布、制茶、造纸和陶瓷工业）中，作坊和工场工人的平均数比重不到生产人数的百分之四。但是，在20世纪初期，当外国竞争加强、小商品生产者大批破产和分化的情况下，大规模的、集中的生产显著加强了。

从19世纪90年代开始的工场纺丝业，在革命前十年里迅速发展起来。在1911年革命前夕，丝绸作坊和工场的数目增加了。在丝绸手工业工人中，约百分之二十八为工场工人。棉纺企业的数目要少得多，它们当中占优势是小作坊。在纺织工业中，不断建立新的缝纫、染色、漂白、针织和刺绣作坊与工场。制茶工业拥有全部工场工人的百分之三十。到1911年，计有较大的“茶叶行”六百一十七个，雇佣女工近十四万六千名。国内外市场对植物油及酒类的需求，促进了榨油业和酿酒工场的增加。

随着城市的增多，面粉生产也扩大了。

陶瓷生产仍为工场生产的重要部门。这些企业大部分在江西（主要在景德镇）、广东、浙江、湖南和山东。纸张生产——造纸、纸张加工和书籍印刷工场——仍保留着一定的地位。有着大量的皮革、木器和蜡烛企业。

总的说来，1911年革命前，在工厂出现之前的工业中，资本主义的发展相当迅速。这时已经有一万六千余家作坊及工场，共雇工总数约为四十八万五千人。同时，这一时期中比较先进的机器资本主义的增长，暴露出逐渐让位于工厂的工场生产的弱点和落后性。集中的资本主义生产形式的弱点，企业的小型规模，技术的落后，资金之不足，在与进口货及地方工厂商品竞争中的不稳定性，企业的经常破产与暂时关闭等，都表现得更加尖锐。

在1911年革命以前的时期，工厂出现之前的资本主义形式是发展着的资本主义方式中占人力最多的环节。这时期从事家庭工业及为包工系统工作的有数百万人，在手工业户范围内雇佣工人约三百万，工场工人约五十万左右。

各行业的工场资产阶级正在发展，他们是正在形成的中国工业资产阶级中为数最多的阶层，其中有作坊主和工场主，各种发货或包买的“商行”“账房”“小店”“商号”的老板，经纪人和独立的发货人、转手包买商，各种剥削雇佣手工业劳动的小业主，等等。这种中等（按照中国的规模）资产阶段——1911—1912年前，在建立工厂前的中国工业中发展起来的企业家——的总数共计数万人之多。20世纪初期在工厂竞争急剧加强的情况下，保存过去工场生产中官僚的恣意横行压制和重税盘剥等，已成为特别令人不能容忍的事，它加强了工场和大多数商业资产阶级对清朝制度的仇恨。

尽管在20世纪最初十年工场生产形式继续增长，在外国和民族资本中，工厂工业和机器运输业在当时仍然很微弱的资本主义方式中起着主导作用。工厂建设显著加速：如果说过去三十年（1872—1900）创办了二百零四个中国企业（最初投资少于一万元的企业不算在内），那么，最近十年（1901—1911）则建立了三百八十六个工厂、矿井和矿山。和十九世纪末叶一样，直接从工场发展为工厂的数目不多。1911年以前，共计约有三十个这类企业：宁波的轧棉厂（后为棉纺厂）、三水和烟台的缫丝厂、牛庄的十三台蒸汽磨、几个制油厂和五个其他行业的工厂。

革命前十年的特点是，过去官办及官商合办工业的主导作用下降了。整个说来，这类工业从 19 世纪 90 年代显示出的危机状态更加深了。1901—1911 年，官办和官商合办的投资，只占工厂投资总数的百分之二十。对某些产品生产及销售的各种封建垄断权，政府的津贴、资助及其他特殊方法，都无法挽救这类企业。中国私人资本的普遍增加，表明了上述企业在经济上没有生命力。官办及官商合办的企业，只在采矿和冶金生产中保存了优势。在其他部门中，牢固地确立了私人资本的统治。

1901—1911 年，在机器生产方面，私人的投资总额与过去三十年(1871—1900)相比，几乎增长了两倍。从 1901—1911 年，中国私人资本开办了三百一十九个新的轻重工业工厂、矿井和矿山，资本总数达六千六百余万元，即占中国全部企业的百分之八十二，全部投资的百分之七十二。在民用部门中只开办了三十六个官办的和三十一个官商合办的企业。这就是说，私营企业比官办或官商合办的企业约多四倍，从投资总数来看约多两倍。这些年用国家资本开办了几个新的基本上不大的兵工厂和军械制造厂；有些是过去原有的军械制造厂的扩建。有特色的是，这一时期在面向市场生产的民用部门中，官办企业越来越多了。但是，尽管政府大量投资，采取整顿经济工作的措施，这些企业的利润率下降了。

20 世纪最初十年，私营和官办工业的发展可追溯到几个阶段。1901—1904 年，在中国工厂生产中开办了六十四个企业，其中五十一个为私人企业。在这些年投入的官方的、官商合伙的和私人的资本总共近一千一百万元。到 1905 年，商部注册了三十四个工业公司，产生了像上海源昌纺丝厂、求新机器轮船制造厂、上海商务印书馆、武昌的辉华玻璃厂等大型的私人企业。

1905—1908 年是资产阶级和资产阶级化的地主阶层群众运动的年代，当时，他们的目标是巩固自己在国内经济结构中的地位和排挤外国资本。资产阶级把广大人民群众的反帝情绪导入他们的轨道，主要是进行经济斗争。这种斗争的表现形式，是排外运动和后来成为保路运动的收回主权运动以及反对新的铁路外债。1905 年，华南各省组织了抵制美货运动。1907—1908 年，华南发生了抵制日货运动。1908 年又有抵制德货运动。这些运动的参加者号召不买洋货。中国资产阶级试图用这种方法削弱外国的竞争和改善自己在国内市场的地位，并改进在竞争中的民族工业的状况。在排外运动中，坚决提出了尽量帮助中国企业和以私人投资及在爱国人士中捐款的方法来建立新企业的口号。

排外运动的第二个目的，即动员投资于民族工业——这在收回主权运动中表现尤其明显。1906年，在安徽开展了收复英国矿山租让权的运动。1906—1907年，在山西和河南开展了反对外国采矿公司的运动。1907年，在江苏和浙江，地方工商业人士组织了广泛的运动，反对用英国借款修筑沪杭甬铁路。在安徽发生了收回铜官山矿山的运动。

资产阶级和地主利用爱国主义和民族主义情绪，在居民中广泛进行募捐，发行工业和其他股票，甚至通过自己的代理人在那些行得通的地方实行特殊的、半封建的苛捐杂税。总的说来，资产阶级和资产阶级化地主成功地组织了商人、华侨资产阶级、地主、士绅、官僚和其他阶层的大量资金的流入。这种资金的流入和其他因素一起成为1905—1908年工业上升的前提，那时在机器生产中投资超过六千一百万元，较之以前私人的、官办的以及官商合办的资本几乎多五倍；1906年是破纪录的一年，投资近二千三百万元，即比1900年几乎多六倍；1907年共计一千四百万元；1908年投资一千六百万元。总共在上升时期建立了二百三十八个中国企业。与过去五年相比，机器设备和工具进口增长了两倍多，总共超过三千四百万元(为进口总值的百分之一点五)。

在1905—1908年开办了二百零二家私人企业，即比前一时期多三倍，平均每年有五十家私营工厂、矿井和矿山投入生产。这四年中有四千五百万元以上的私人资本投入机器生产。官商合办的工业得到了一千万元的投资，也有所上升。正是在这时期，在大多数加工工业部门中出现了最大的私人企业，其中有武汉发电厂、天津丹华火柴厂、崇明大生第二纺纱厂、上海日辉制呢厂等等。

尽管仍像以前一样，主要建立的是小型企业，但抵制外货和收回主权运动总的说来对工业发展有着好的影响。虽然外国资本的统治和过去一样仍然很牢固，但中国工业多少改善了自己的地位：如果在1903年中国工厂的棉纱在国内市场占百分之十一，那么，在1908年已占百分之二十四。

在收回主权运动的年代里，主要是争取赎回一些外国的以及华洋合营的矿业公司的租让权。后者被迫让步，同意赎买自己的权利和股票。赎买从1907年延续到1911年，它的实现，部分是靠人民募捐和私人捐款，部分是靠国家税收。1907—1911年，总共付给外国人九百万元。在从外国人手中赎回的工矿企业的基础上，兴建了巨大的民族公司，如拥有二百万元以上资本的山西保晋公司(成立于1908年，开采煤和铁矿)，拥有一百万元以上资本的中兴煤矿公司(1908)。在上升年代中建立了十八个采煤和十三个采矿企业和公司。

在中国资本主义发展中,曾出现短暂的开业狂潮。在1905—1908年,照农工商部统计,共建立一百一十四个各种工业公司。它们基本上建立在江苏和长江流域的其他各省。1903—1908年,总共建立了二百五十二家工厂、矿山、商业、交通、保险和农业公司、银行、信贷社等,共有资本约一亿二千六百万元。不过抵制外货和收回主权运动的经济成果,对中国资产阶级以及部分资产阶级化的地主来说更为重要,因为除此之外,在工厂工业中投入了约三千五百万元的合营(官商和华洋)资金。

在革命前时期,工业的上升已逐渐停止。当时总共才开办了八十四个企业,其中六十六个私人企业,亦即每年开办的企业不超过二十个。这些年来,只有一千六百万元私人的、官办的和合营的资本投入生产。在一系列部门中,生产停滞,企业倒闭。只有基本上面向国际市场的江苏和广东的纺丝业没有受到已经来临的衰落的影响。那里继续建立企业,出现了十三个小工厂。靠着在收回主权斗争中从外国资本夺回的让步的实现,采矿工业继续发展。中国公司既在“空地”上,也在由于赎买租让权外国人归还的基地上兴建起来。1909—1911年用大量国家投资建立了十四个采矿公司和企业。

像所有的半殖民地国家一样,中国资本主义的发展仍旧靠轻工业,主要是纺织工业和食品工业。从1895年到1913年建立了一百七十五个纺织工厂和一百六十四个食品企业。到1911年,其中一百零七个食品工厂和一百五十五个纺织工厂是属于中国资本的。其次是采矿工业。从1895年到1911年建立了八十个中国私人矿井、矿山和贵重金属矿场。除此之外,十年来(1901—1911)中国私人资本开设了九个金属加工企业,二十五个发电站,十九个火柴厂,十七个砖厂、陶器和水泥工厂,二十六个玻璃、蜡烛和肥皂厂,九个造纸和印刷厂,十一个制革厂和其他企业。小型企业和某种程度的中等企业的绝对优势,清楚地说明了民族资产阶级经济上的软弱性。为数不多的一些大企业,基本上属于那些与官僚界和外国资本有着联系的资本家和资本主义化了的地主。

20世纪初期,中国工业发展的软弱性突出地表现在工厂企业的分布极度不平衡上。用机器生产的资本主义企业,主要发源于沿海各省及长江流域各港埠。从工厂企业的数目来说,江苏南部占第一位。上海是主要工业中心,那里从1895年到1911年建立了七十八个中国企业,资金超过二千三百万元。广州一顺德工业区,从意义上来讲次于江苏南部,为第二位。但是,由于这一地区远离长江流域,因此降低了它在中国整个经济生活中的作用。1910年此地共有三十八个中国企业,每家有五百多工人。它们的大部分在大纺丝中心顺德。在广州,从1895年到1911年,中国资产阶级建立了各种企业十五家,共有资金近六百万元。就工业意义来讲,武汉地区居第三位,那里在这些年中开办了近二十八家企业,共有资金一千七百万元以上。在革命前十年,武汉地区的工业急剧发展。天津成为中国北部的重要工业中心。除上面已经提到过的地区和城市外,大连、营口、烟台、重庆及其他城市开始逐渐变为工厂中心。虽然如此,还必须注意到,在仍然是一个极端落后的农业国家里,上述各地区及城市在20世纪初期只不过是中国农村经济汪洋大海中的几个微不足道的工业小岛。

封建主义的清政府的统治,中国资本在国内经济关键部门的软弱无力,农村经济中保存下来的封建制度,都阻碍了民族资本的发展,给予它以片面发展的畸形性质,决定了中国工厂资本总的软弱性。只要指出这一点就足以说明问题了,即按最发达的部门棉纺业的纱锭数目(占全世界纱锭总数的百分之零点二)来说,中国那时占第十七位。中国工业的落后性,甚至在亚洲国家中都是显而易见的。在1911年以前,中国人口比印度和日本的总和还多,但是,殖民地印度的纺纱机却比中国多六倍,织布机多五倍;相应地,日本比中国多一点五倍和两倍。

民族企业的共同软弱性还表现在大企业为数甚少,小企业占绝对优势。从1895年到1913年建立的五百四十九个中国工厂、矿井、矿山和其他企业来看,其中每家原始投资不超过十万元的有三百零三家(百分之五十五)。同时,有二百一十四家企业原始投资不超过五万元。最大的企业是官办的或官商合办的。大型的私营工厂甚为罕见,而它们基本上是属于大买办和大官僚的。中国资本的软弱性还表现在它的企业经不起外国的竞争,常常倒闭或者成为外国资本的牺牲品。如1902年上海兴泰纺织厂被日本三井物产会社所购买。1906年,这一洋行又吞并了大纯纱厂。1908年,日本棉花会社吞并了中国资金股份所建立的九成工厂。吞并企业也在纺丝、水泥、造纸、面粉及其他行业中进行着。

20世纪初期,对中国说来是新的社会力量显著增长的时期。这是由于资本主义制度和封建后期社会经济制度迅速崩溃而引起的。随着民族的和外资开办的机器工业的增长,加快了中国无产阶级的形成。虽然工人阶级增长的速度是很快的,但是它还没有成为国家政治发展的重要因素。从1895年到1911年,工厂工人和矿工的数目增加了四倍。1911—1912年,工人总数共计六十万人左右。这种增长是靠着农民流入城市、小手工业者的破产,靠着倒闭的或转向机器生产的作坊和工厂的工人而实现的。

矿工是中国无产阶级人数最多的一支队伍。在1911年革命前,仅煤矿工人就有十五万二千人;其次是纺织工,有九万二千人。劳动力主要是集中在江苏省,特别在上海地区。

广大农民和手工业者的破产,形成了巨大的劳动后备军。它的存在,决定了工厂劳动报酬的极低水平。不管是在外国办的还是中国办的企业中,资本主义剥削都极端严重。工作是日夜不停的。每天工作十二到十六小时,比世界上任何国家都长。休息日非常少。由于没有安全设备,经常使工人肢体损伤或死亡,仅抚顺煤矿在1911年一年就因不幸事故伤亡达一千二百四十七人。劳动条件非常艰苦,不讲求卫生。非熟练工人的工资很低,而女工和童工的劳动报酬就更少。

中国资本主义发展的初级阶段及其半殖民地经济性质,决定要大量使用女工和童工。在雇佣剥削里还保存着封建的残余,由包工头独揽全权的包工制度,对未成年者的长期包身契约,以及保证工厂无偿劳动力的学徒制,等等。这些封建残余与资本主义剥削有机地交织在一起,给雇佣一方带来超经济压榨成分,成为无产阶级额外的负担。在1911年革命前,工人阶级是无权的,也不存在任何劳动法。

为数不多的罢工,主要是自发的和经济性质的。普遍的斗争形式,仍然是损坏和捣毁机器、设备及厂房。同乡人集团之间的纠纷、无组织性和小生产者的偏见等,常常削弱罢工的队伍。这一切决定了工厂无产阶级在1911—1913年资产阶级革命前及革命中,在中国社会政治发展中的极端微小的作用。

1905—1908年的经济高潮,是中国资产阶级成长的重要阶段。如果说,在1903年以前,在生产和流通方面只建立了五十九个商行或公司,共有基金三千八百万元,那么,从1903年到1908年则出现了二百五十一个私营公司和商行,其公布的资金总数近一亿二千六百万元。这六年中建立的各种企业与商行比过去整个时期多三倍,资金多两倍。到1910年,总计有三百二十七家公司和商行,共有资金一亿七千二百万元,其中一百六十八家工业企业,六十八家商行,五十二家信贷银行,二十二家交通运输企业，其余是保险、栈房等行业。

资产阶级化地主与士绅的企业活动，不仅在工业中，而且在农业中也大为活跃起来，在农业方面建立了一百五十多个公司。仅仅是工业和农业方面的公司，到1911年已有三百五十二家，资金共九千三百万元。资产阶级及资产阶级化的地主们在长江流域各省的积极经营尤其突出。1908年以前注册的加工工业方面的公司及商行中，百分之七十左右在江苏和长江流域，百分之七在中国南方，其中以纺织、陶器、面粉、烟草和榨油公司等占优势；而大多数商行（九十三个）建立于1905—1908年。

1911年革命前夕的中国资产阶级，与1898年维新时期的资产阶级有着显著的不同。19世纪90年代在工厂资本极其微弱的情况下，老的商业和工场资产阶级还是这个环境中起决定性作用的阶层。工业高涨与1905—1908年收回主权斗争时期，将那些和机器工业及运输业——金融和商业资本的现代化的组织与运用形式——有联系的企业家提到重要地位。

虽然在革命前的年代里情况不景气而且困难重重。中国的工厂企业活动正是在1901—1911年成为能够对国家社会经济发展有着一定作用的经济因素。在革命前十五年里，不算参加各种合营企业的私人资本，私人工业中投资超过一亿一千五百万元。到1911年建立了六百零七个中国工厂企业，每家拥有资本从一万元到数百万元。

由于19世纪末20世纪初中国的资本主义不是用打碎旧的封建主义生产关系的方式而是以适应它的方式发展起来的，所以工业资产阶级起源的基本特点之一，则是广泛将地主、官僚界的上层人物吸收为资产阶级成员。在中国资产阶级开始形成的阶段，直接和中央或地方行政有联系的大中官僚、有名望的地主、富有的士绅等起着主导作用。在这些人当中，最有影响的百万富翁的工厂主有周学熙、张謇、朱幼鸿、张莲芬等。金融巨头和企业家庞元济、沈云沛、许鼎霖和严信厚也起了重要作用。他们是几十个企业（包括官商合办企业）的老板或股东，是商业、运输业、保险公司、银行、商会的主席或董事长。

仅在私人资本中，从1895年到1911年开办的近六十个企业的创办人都是现职官僚或候补道。除此之外，数十个工厂、矿场和矿山属于士绅和大地主。在采矿工业中，这一阶层的优势表现得特别明显，1911年以前大多数矿场和矿山都属于那些士绅、官僚和大地主。他们的资本及代理人统治着中兴、保晋与官商合办的滦州等主要的煤矿公司。由封建剥削得来的资金的逐渐资本主义化，反映了19世纪末、20世纪初中国资本主义发展的各种特点，加强了全部进程的前进的性质。

中国大资产阶级的特点和其他半殖民地国家的资产阶级一样，即在他的队伍中买办占了很大的比重。这种百万富翁的大资本家如祝大椿、朱葆三等，都是在给外国公司和洋行当中间人发财致富的。从1900年到1910年，买办几乎在四十家工厂、矿场及公用企业大量投资，其中十一家各拥有五十万元以上的资金。到1911年以前，各种中外合营的商行不算在内，买办们共向工厂生产投资近二千万元。

大资产阶级形成过程中的第三个重要组成部分，是中国的商业高利贷资本，这是一些旧商人、商业资产阶级、工场或大作坊的老板等。来自商界的有名资本家，有像宋炜臣、周廷弼、黄佐卿这样的人。商人的企业活动从规模上来看，远远不如官僚、士绅。这一阶层的大多数代表拥有中等企业，但主要是小企业。在这些人当中，尖锐地感到资金不足。独家经营的企业为数不多，小的股份公司或者合伙经营在其中占多数。正是这一有着自己的弱点和困难的、人数最多的企业家阶层，在一定程度上决定了1911年以前中国资本主义及整个民族资产阶级的面貌。

华侨资产阶级则另成一派，他们靠自己在东南亚各国挣来的财产，积极投资于中国工业。从20世纪初开始，华侨资本在民族资本的形成中已起着巨大的作用。南方各省华侨中著名的工厂及金融巨头有百万富翁胡国廉、张振勋、简照南等。华侨资产阶级的投资在一定程度上促进了一系列工业的发展，如采矿、食品等，以及在福建省的铁路企业。

与19世纪末叶相比，工厂资产阶级内部各阶层的相互关系有所改变。虽然还保存着官僚和部分买办的主导作用，然而他们已经有些受到中等地主、士绅特别是商业企业（其中包括华侨的）资本的排挤。

由于中国资本主义总的软弱性，上层资产阶级的企业活动和部分清朝官僚结合起来，以抵御外来的掠夺和恣意横行，对20世纪初叶说来也是非常典型的。个别的中国大官僚，同时又是封建地主，在金融上参加了一系列买办商行和工业企业的活动。除此之外，大部分资产阶级与旧的封建经济有着紧密的联系，他们既从事企业活动又收封建地租。

这一时期，在商业、金融、运输业领域里，民族资产阶级也成长了。沿海各省及长江流域各城市的大商业高利贷资本在资本主义制度成长的情况下，从外国人那儿学会了安排和保存资本的新方法、批发商品以及信贷事业的新的组织形式。旧商人和高利贷者的上层分子，特别是在“开放”

的港口,逐渐转变为新型的金融资产阶级。

革命以前的年代,其特征是,资产阶级和资产阶级化的地主对铁路企业活动兴趣的提高。资产阶级、士绅利用收回主权运动的经验,组织了群众性的保路及反对外国铁路借款的运动。在夺取这一有利可图的部门的斗争过程中,在福建和江苏产生了最初的不大的铁路公司。1905年建立了两个修建湖广铁路的有国家资金参加的股份公司,共有资本四千万元。部分资本是强制征收的,靠着向居民征收特别的捐税。另一部分是通过在南方各省资产阶级、士绅、资产阶级化的地主中用认购或其他方法发行的股票来收集的。1906—1909年,四川、湖南、广东和湖北很大一部分城市小资产阶级及富裕农民成为这些股票的持有者。

1911年革命前夕,中国资产阶级对内河及沿海轮运发生了兴趣。十年来建立了二十个中国私人轮船公司,共拥有资金一千万元以上。1910年共注册了二十二个运输公司,其中绝大多数是轮船公司,共有资金七千三百万元以上。这一数目的基本部分属于湖广铁路股份公司。其所面临的建筑规模之巨大及与之相应的预计利润之可观,使湖广路于1909—1910年在运输中成为中国资产阶级和地主的主要企业。

革命前十年是中国社会经济发展的转变阶段。中国经济的旧的自然经济基础日益解体,逐渐使促进资本主义关系发展的有生力量解放出来。农业和乡村手工业小商品成分的增长,为资本主义发展创造了有利条件。工厂资本主义的国内市场显著扩大了。这时期的特点,是非农业人口的快速增长。"新"城市,特别是工业城市和港口(上海、天津、青岛、大连)迅速发展,成为工厂中心的一些老城市(武汉、广州、杭州)也在上升。

用金钱购买的消费品越来越多地代替了自然消费品,这在二十世纪初期为资本主义在中国缓慢的发展创造了补充条件。在这种情况下,增长着的资本主义制度的工厂资金增多了。从1895年到1913年,建立了六百八十五个机器企业,其中有五百四十九家是中国的和一百三十六家是外国的。到1913年,国内总共约有八百六十五个工厂企业,其中六百四十九家是中国的,二百一十六家是外国的(机器企业的总数还要大得多,因为上面援引的数字不包括资本少于一万元的企业)。

农村中保留着封建主义,国家变为半殖民地,中世纪式的清政府的专横统治及其反人民的投降主义外交政策和保存封建制度的意图,所有这一切给中国资产阶级造成了极艰苦的条件。为了更好地和外国资本进行斗争,中国资产阶级日益迫切地需要摆脱封建主义上层建筑的钳制。国家的垄断、重税、各级政权的舞弊及专横、缺乏统一的预算和统一的度量衡、清朝的投降主义对外经济政策，这一切仍如从前一样严重阻碍了私人企业的发展。

资产阶级和清朝之间的主要经济矛盾，是在税收、商业和企业活动范围中的矛盾。清朝的税收政策，阻止了私人企业活动的发展，阻碍了资本家积累资金的进程。特别受到极大损失的是过境税和内部的重重关税。

除此之外，清政府的投降主义对外政策，引起了资产阶级地主阶层的极端不满。陷于对帝国主义列强在财政和政治方面的多方依赖，清政府不断牺牲中国资产阶级的利益，向外国人作出一次又一次新的让步，特别是按照 1902—1903 年的商业协定。从 1909 年开始的经济衰退，促使这些矛盾的尖锐化。1909—1911 年生活必需品价格的飞快增长，与随之而来的广大阶层、主要是城市居民购买力的下降，打击了民族企业活动。私人在工厂工业的投资额与 1905—1908 年这一时期相比减少了三分之二以上。

工业衰退在 1911 年尤其尖锐。如果说，在 1909—1910 年每年投资平均数为六七百万元，那么，在 1911 年便下降到二百万元。资产阶级和地主的事业积极性急剧下降了。工业生产停滞不前，使价值四千二百多万元的技术设备不能使用；基本上在资产阶级革命后才开始动用它们。某些部门的企业开始倒闭，另一些部门完全停止建立新企业或建立得很少。破产的范围也包括国内最大城市的商界和金融界。各式各样商行的倒闭和破产，说明了工商业和金融危机的日益加剧。

就在这紧张的情况下，清政府下令把湖北、湖南、广东和四川等省资产阶级和士绅地主投资数百万元准备修建的湖广铁路“国有化”，这给予中国资本家阶层的经济利益以沉重的打击。修建湖广铁路的一切权利都交给了外国银行，这导致了华南地主资产阶级的破产，引起了群众性抗议的浪潮。后来，这一抗议浪潮发展成为起义，促成了革命危机。

11. 南京临时政府成立前孙中山与其他人员之间的分歧

到 1911 年 11 月中旬，关于成立中央革命政府的问题有了特别迫切的意义。起义各省需要一个决定对内和对外政策基本问题的联合政权机关。

这时间，在上海、武昌和其他摆脱了清王朝统治的大城市，开始出现了几十个不同的政治组织和集团。国内仍缺乏一个具有巩固的组织基础并有能充分表达参加革命的这个或那个阶级的利益的明确纲领的政党。无论是无产阶级或是农民，都没有自己的政党。至于说资产阶级共和政党同盟会，那么，在武昌起义胜利和起义扩展到其余各省之后，她实际上停止了有组织的活动。革命刚一爆发，不少政治投机家就参加了同盟会，他们力图保持旧地盘或取得共和国机关的较高的地位。另一方面，那些仅仅与推翻清王朝这一目标有连带关系的成员，也已退出该党。

在这时期新产生的政党和团体中，最有声望的是以武昌为中心的民社和以上海为中心的共和统一会。他们在创立中央共和政府的斗争中，表现了最大的积极性。同盟会在孙中山抵达前，在解决这个最重要的问题上起着次要作用。建立民社的发起人是孙武。民社其他领导人有：袁世凯的代理人孙发绪，清政府大官僚饶汉祥①，同盟会右翼代表刘成禺和胡瑛，湖南自由派首领谭延闿。黎元洪被推为主席。孙武之成为该社成员并非偶然。共进会领导人代表了具有反清情绪的中国地主。起义后，他们开始跟实质上同样代表中国地主利益的黎元洪集团联合起来，既反对文学社领导人，又反对同盟会领导人。

民社的目标是帮助黎元洪和他的集团掌握所有宣布独立各省的政权，变武昌省政府为中央政府。1911年11月9日，黎元洪拍电报给宣布独立的各省都督，提议各省派代表赴武昌以建立临时中央政府。在同一电报中，黎元洪请各都督提出参加这一政府的部长人选。他本人提议选举伍廷芳为外交部长，而让大企业家、君主立宪运动著名领袖之一的张謇任财政部长。

但是，主要代表江浙地区自由资产阶级利益的共和统一会认为，临时中央政府应建立在上海。这一组织的领导人，在上海召开了若干省份的由都督或由谘议局派出的代表参加的会议。11月15日，该会议通过决议，决定在上海举行各省代表会议，并在那里组成中央共和政府。来到上海的武昌政府代表，于11月24日经过努力，成功地改变了这一决定；各省代表会议改在武汉召开。此外，有武昌代表参加的上海会议，选举黎元洪为所有共和省份军队的最高指挥官。

11月30日，十一省代表会议在汉口英租界开幕。会议决定自命为“各省都督府代表统一联合会”，并拟定了《中华民国临时政府组织大纲》。大纲上载明，“临时总统由各省都督府代表选举产生”，也就是由该代表会

① 饶汉祥在辛亥革命前在福建以佐贰候补，地位很低。——译者注

议选举产生。至于临时国会，那么，根据大纲它同样由各省都督府代表组成，每一省选派三位代表。大纲规定了临时总统和临时国会的权利和义务。代表会议还通过决议，如果袁世凯承认共和国，则将推举他担任总统。这个决定表明自由派和同盟会右翼力图在“铁腕”人物——袁世凯的帮助下赶快结束革命。它给了革命继续发展的进程以极坏的影响。因为它使右派共和党人跟袁世凯所代表的封建买办反动派进行妥协和调和的主张合法化了。

在南方共和党领导人走上对革命命运如此危险的道路的复杂情况下，中国资产阶级革命者的领袖孙中山由国外回国了。1911 年 12 月 25 日他到了上海，受到居民们的隆重欢迎。孙中山明白，革命遇到了极大的困难。特别使他害怕的是外国列强对中国革命的仇视，据他看来，在南北战争继续下去的情况下，外国列强可能决意进行武装干涉。孙中山也清楚地看到对革命的威胁还来自袁世凯方面。他是主张停止与袁世凯和平谈判和通过武装斗争道路推翻清王朝的为数不多的革命领导者之一。但是，同盟会的多数领导人，包括黄兴在内，都不支持孙中山。相反，他们千方百计地证明，革命者只有利用袁世凯才能推翻清王朝。起义各省压倒多数的都督——黎元洪、谭延闿、程德全、汤寿潜、孙道仁、陆荣廷等等，以及南方革命军的许多高级指挥官也都坚持这种观点。

12 月 29 日，起着共和国最高立法机关职能的南京会议(汉口代表会议的代表也就是这次会议的代表，他们是 1911 年 12 月初转移到前些时从清政府下解放出来的南京的)，以绝大多数票选举孙中山为临时总统(浙江省的一名代表对孙中山投了反对票)。南京会议代表(作为温和的各省政府的代表人物)之所以选举孙中山，与其说因为他是最有声望的革命领袖，不如说是由于他们想要吓唬一下袁世凯，迫使他加速推翻清朝。在选举孙中山为总统的前夕，会议请求他在当选之后拍电报给袁世凯，向袁保证，一旦北方和南方谈判成功，他——孙中山将辞去职务。

但是，孙中山当选为共和国总统是一个重大事件。它意味着共和原则在落后的半殖民地半封建中国的胜利，具有深远的历史意义。

12. 南京临时政府《宣告各友邦书》的要点

在《宣告各友邦书》中，南京临时政府确认了同盟会对外政策大纲中的各主要之点：承认革命开始前各国与清政府签订的一切不平等条约，支付赔款和债务利息，保持外国列强在中国之所有特权，保护外国国民之生命和财产。但在这个宣言中，已经没有关于列强不得帮助清政府的要求；这种要求，在帝国主义者对中国革命事业进行干涉的情况下，是能具有一定积极意义的。不但如此，南京临时政府领导人还吁请帝国主义政府“协助”中华民国，“俾种大计，终得底定”；“与中华民国更笃友谊，提携亲爱”[①]。南京领导人这些温情主义的幻想，归根结蒂是资产阶级革命者极端软弱性和他们害怕帝国主义的反映。

孙中山颁布的禁止买卖男女奴婢、禁止对刑事犯和政治犯进行拷问和施用肉刑、禁止吸食“自国外进口的”鸦片的法令，以及南京临时政府若干其他的命令，都带有进步的性质，但它们丝毫没有动摇中国封建统治和帝国主义列强半殖民地统治的整个秩序。

南京临时政府没有做任何事情来满足广大人民群众的迫切需要。占全国人口大约百分之九十的农民，照旧遭受中国封建主和满族封建主的无情剥削。虽然资产阶级革命者在自己的纲领性文件和宣传性书籍中，也曾指责满人夺取了中国人最好的土地，但是，他们并没有提出没收满人地主土地的问题。清洗旧的封建官僚机关的工作也没有进行。

13. 如何评价《中华民国临时约法》

1912 年 3 月 10 日在南京公布的《中华民国临时约法》，是南京政府拟定的具有重大历史意义的文件。《约法》以立法、行政和司法权之分立为基础。在中国许多世纪的历史上，这部《约法》第一次宣布政府是由国民创建的，第一次宣布了人人平等，言论、出版、集会、宗教信仰、居住的自由，保障通信秘密，保障对财产的占有权，保障企业家的活动和其他资产阶级自由。《约法》还规定，人民有选举权和被选举权。但是，是否全国公民都能有被选举权，关于这一点《约法》作者只字未提。按照《约法》规定，国会是最高立法机关，共和国总统应对其负责。但是在《约法》上，关于满足各阶层居民的期望、改善劳动群众物质状况的问题，一点也没有说起。《约法》没有剥夺清朝大官僚、封建地主、劣绅和其他反动封建官僚分子的政治权利。相反，它把他们全都归入“人民”一类，并赋予“人民”的权利。《约法》第二章第三条宣布占有财产的自由，事实上使占有任何财产、其中也包括占有封建财产的权利神圣化了。这样，南京临时政府最进步的文件——1912 年《约法》——反映了年轻的中国资产阶级和资产阶级化地

① 中国近代史资料丛刊《辛亥革命》(八)，第 23 页。——译者注

主同旧封建势力的调和妥协。

尽管1912年《临时约法》存在缺点和弱点，它的进步思想却在中国得到了共鸣。它成了中国资产阶级民主派在随后反对国内反动封建势力斗争中的有力武器。

14. 二次革命的历史意义

1911—1913年革命是中国近代史上最重大的事件。和以往自发的人民运动不同，它是中国人民第一次全国性的自觉的民主运动。革命推翻了几乎长达二百六十八年的清王朝统治，结束了中国两千多年的君主制度。在一个半封建半殖民地国家（帝国主义使之沦为半殖民地），宣告成立共和国和颁布1912年的资产阶级民主主义的《临时约法》，对中国未来的命运具有巨大的进步意义。共和思想的传播，使广大阶层的中国人民投入了自觉的革命斗争，从而促进了革命的进一步发展；它还阻挠了反动势力的活动，为新的革命爆发做了准备。

列宁在评价中华民国成立的意义时写道："不管各种'文明'豺狼切齿痛恨的伟大的中华民国命运如何，但是，世界上任何力量也不能在亚洲恢复旧的农奴制度，也不能铲除亚洲国家和半亚洲国家人民群众的英勇的民主精神。"[①]

革命的动力是农民、工人、城市贫民和中、小城市资产者。推翻清朝首先是劳动群众积极参加革命的结果。没有他们坚决和全面的援助，要取得推翻君主制度的胜利是不可能的。

革命虽然曾取得了局部的胜利，可是由于国内封建反动派、买办和国际帝国主义联合势力的镇压，它还是遭到了失败。中国仍旧处在帝国主义和封建主义的压迫之下，反帝反封建的任务仍旧没有完成。

领导革命的资产阶级（中小城市资产阶级的民主阶层）没有彻底的反帝反封建纲领，它害怕人民群众的独立行动，而和反革命的封建势力及自由派势力妥协。所以，它夺取政权和建立资产阶级共和国的尝试，在1913年就以完全失败而告终。革命证明，中国资产阶级不能够真正地领导反帝反封建斗争并引导人民走向胜利。至于无产阶级，那么它到这时还没有形成为一个阶级，还没有成为一支独立的政治力量，因此还不能够领导革命运动。

---

① 列宁：《马克思学说的历史命运》，载《列宁选集》（中文版）第2版，第2卷，第439页。

1911年至1913年革命是资产阶级革命。当时并没有爆发土地革命，而土地革命却是中国资产阶级民主革命的基础。资产阶级革命家并无意彻底地破坏封建地主土地所有制。在推翻清王朝起了主要作用的劳动群众并没有提出自己的纲领。

这次革命客观上带有反帝的性质，因为它消灭了列强在中国的一个重要的统治工具——清王朝。不仅如此，虽然资产阶级民主派并没有提出直接的反帝口号，但他们却想用推翻完全屈从于帝国主义的清王朝的方法来实现中国的独立，或至少为今后争取中国解放的斗争创造前提。但这些希望是注定要落空的。帝国主义列强刚一看出清廷不可挽救，它们就立即扶植袁世凯，借他的手终于扼杀了革命。

1911年至1913年革命，是列宁称之为“亚洲的觉醒”那一伟大历史进程的最光辉的体现。它的重要性并不只局限于中国。俄国社会民主工党布拉格代表会议的一项专门决议曾指出“中国人民在革命斗争将给亚洲带来解放、使欧洲资产阶级的统治遭到破坏的世界意义”。① 这个决议体现了革命的俄国无产阶级和中国人民在争取解放的正义斗争中的团结。

15. 孙中山的建国方略

1916年，从流亡中返回上海的孙中山立刻从事他早已拟定的理论巨著，其目的在于制定以后对中国实行革命改造的宏大纲领。这部论著称为《建国方略》，由《心理建设》《物质建设》和《社会建设》三部分组成。全书于1919年完成，一部分早在1918年已由上海《建设》杂志发表②，这份杂志是孙中山、朱执信和资产阶级民主分子创办的。

孙中山在《建国方略》第一部分中提出了“知难行易”的哲学理论，其目的在于反对传统的、必定使人民群众无所作为的、封建主义的“行难”学说。孙中山的世界观，本质上是二元论的，自发的唯物论和辩证法因素与唯心论和形而上学兼而有之。他的观点包含一些进步思想：承认真理的可知性、人类改造世界和社会的能动作用、革命理论对指导革命行动的积

① 列宁：《俄国社会民主工党第六次（“布拉格”）全国代表会议（1912年1月5—17日〔18—30日〕）》，载《列宁全集》（中文版）第17卷，第457页。

② 《建设》杂志于1919年8月1日创刊。（见戈公振《中国报学史》，第193页）。——译者注

极作用,对马尔萨斯主义和社会达尔文主义也有一定的批判,虽然他基本上仍未脱离实证主义和进化论的影响。在帝国主义、封建主义和自由派保守主义思想十分猖狂的具体历史条件下,孙中山的见解显然前进一步。

《建国方略》的第二部分《物质建设》表明,孙中山在帝国主义战争年代民族资本发展较快的条件下,预见到工业和交通的进一步迅速发展。但是他没有解决土地问题和促进农业经济的具体纲领,因而关于工业发展问题的进步性提法被削弱了。没有这种纲领,在中国条件下是不可能顺利实现工业化和提高全国经济的任务的。孙中山受到威尔逊学说的影响,他的著作谈到中国有可能发展"改良的"资本主义,这种资本主义具有国家垄断的性质,又能利用由于战争结束可以腾出来的外国资本的广泛援助。

孙中山的纲领中没有明确的旨在改善工人、农民和劳动群众福利的社会要求。这个纲领的主要缺点就在于它脱离了有广大人民群众参加的争取民主政权的斗争的实际任务。

孙中山这部综合性著作的第三部分是《社会建设——民权初步》,其目的在宣传基本的民主权利。此书主要是通俗地说明资产阶级国家和社会法律制度的形式与结构。它以军阀、官僚和封建主的专横违法行为作背景,无疑具有一定的实际意义。

孙中山没有一部明确的与反对封建关系、反对军阀政权、争取国家民主改造的任务密切联系的反对帝国主义和争取民族解放的斗争纲领,——这是那些年代孙中山学说的主要缺点。孙中山当时只限于提出争取恢复 1913 年国会和 1912 年共和国临时宪法的任务。此外,他甚至没有能够实现这个温和纲领的政党。

只是在中国革命发展的下一阶段,而且是在俄国伟大十月革命的影响下,孙中山才克服他过去的许多缺点和错误,从而在思想上取得进展。

康有为和中国变法维新运动[①]

1. 论甲午战争前的清帝国

经济上，太平军为代表的农民起义对中国经济造成了空前的破坏。由于长期内战而遭到破坏的国家经济，恢复得非常缓慢。当时的农具和耕作方法是原始的，加上中国农村中的生产关系是封建的，这就推迟了农业的发展。镇压太平军起义时开征的特种捐税，其中包括所谓"厘金"，在战事结束后也没有取消。

中国大部分播种面积的收获量都取决于灌溉设备的是否完整；而这些设备，有的毁于内战的炮火，有的由于年久失修，已经不能使用。中国的工业生产（主要是手工业）也处在旷日持久的危机中。

地主的横行霸道肆无忌惮。除了向农民收取地租外，迫使农民服徭役的制度在农村中也很盛行。荒年之后，地主对农民的奴役就更加严重（封建主贷给农民种子和农具）。为了保护自己和维持自己的支配权，地主还招募乡勇，农民稍有骚动，就严加镇压。

在农村中，除了对农民的封建剥削方法和自然经济形式以外，商业和商品货币关系也相当广泛地发展起来，但是这并没有促进资本主义企业经营的发展。高利贷者和投机商人牢牢地控

---

① 本文选自齐赫斯基著：《中国变法维新运动和康有为》，张时裕等译，北京：三联书店，1962年。文中部分标题系编者所加。

制着农民和他们的家业。

政治上，各种和各级官吏的后继人员，多来自乡绅和官宦阶层，自然，官僚制度的代表们都捍卫封建统治阶级上层的利益，并且严密维护既定的制度，他们是进步力量的死敌，仇视和拒绝接受一切新事物。他们的座右铭是“墨守成规——慎勿标奇立异”。

太平军起义险些推翻了清帝国，但是满洲统治阶级上层并没有从中吸取任何教训。清廷甚至不打算在国内的政治、行政管理、经济和军事上进行任何重大改革。

慈禧的政治观点极为反动。她拒绝接受一切新事物，在作任何决定时总是要援引历史上的先例，或是前朝某一皇帝的事迹。而且，和当时满洲贵族的大多数代表人物一样，她还非常多疑和迷信。

慈禧是一个有魄力和相当聪明的女人，揽权专断的欲望，特别强烈，在宫廷中，善于玩弄权术排除异己；对待宫内外敌人的手段，非常狠毒。1875 年，慈禧唯恐皇帝载淳的怀孕寡妇生下儿子——合法的帝位继承人，竟把她毒死；1881 年，慈安也遭到同样的命运。

慈禧对于朝中情况非常注意，决不让任何一个满洲王公或汉族大臣掌权得势。她一发现某一廷臣权势过大、今后对她那揽权专断的无限欲望会有所妨碍，就立刻准备予以打击，而且她一向能够巧妙地把不合心意的人除掉。例如，1884 年，在中法战争时期，慈禧以中国舰队在福建闽江口的败绩为借口，就下谕把最老的军机大臣恭亲王、宝鋆、李鸿藻、兵部尚书景廉、工部尚书翁同龢黜出军机处。

慈禧把所有她认为对她个人不够忠诚的人逐出军机处以后，任命醇亲王为军机处领班，监督该处的工作。醇亲王是仇视汉族人民的一个最反动的满洲大臣，他在 1884 年中法战争时期，有一次竟在军机处的会议上声称，他“宁赠友邦，不予家奴”。

兹禧为了保持自己对年轻皇帝载湉的控制，立其娘家兄弟副都统桂祥的女儿为皇后，废掉载湉特别信任的两个妃子。1889 年 2 月，载湉结婚后，五十岁的慈禧形式上把政权还给了载湉，但是仍旧密切监视着自己外甥的活动；保留对一切军国大事的最后决定权。

慈禧在她整个听政期间极少关心四亿中国人民的生活问题。她所过问的国政，只限于和维护清朝政权有关的问题。当她还是皇帝奕詝后宫的一个普通嫔妃时，她就很关心国内政治事件，清楚地意识到日益蓬勃的反满和反封建的农民战争给清朝带来的威胁。正是在她的影响下，奕詝才下决心把镇压太平军的全权完全交给中国地主派首领曾国藩和他的同党，把清朝廷的命运托付给他们。慈禧听政后，尽管终日在宫内耽于看戏、游宴等各种娱乐，却仍然密切注意着镇压农民起义和民族起义的一切措施。

但是，对于中国人民的福利、清帝国数亿臣民的生活条件、行政机构的状况以及必须加强国防以抵御资本主义列强的侵犯等问题，慈禧根本不去过问。她足不出京，对于中国人民的生活习惯茫无所知，对于国内发生的事件只凭京师和各省大臣所上的、大多数带有偏见的报告和奏折来判断。慈禧周围有许多宦官，她利用这些宦官做耳目，刺探宫内和京师生活中各种事件的详情。然后，她根据这些密报的材料对于这些或那些问题，对于这些或那些人，连皇帝载湉也不例外，作出自己的判断。慈禧听政时期，宦官在国家管理中，特别在官吏的任免和奖惩上起着重要作用。慈禧的奢靡生活，需要花费大量钱财，因此她就漫无限制地掠夺国库，甚至挪用海军经费来满足私欲。

1883 年，清政府开始建立庞大的海军舰队。为此目的，预计拨用三千万两白银。计划决定后不久，就在国外（英国和德国）购买了军舰二十余艘。但是其余的款项，完全被慈禧截留，用来兴建豪华的颐和园和开辟园林。其实，由于许多行险侥倖的人在承包工程中肆行克扣大发横财，在园林方面实际耗用的钱至多不过 20%。

在法国人于 1884 年几乎击沉中国的整个福建水师以后，清政府再次决定增强海军力量。1885 年 10 月 13 日，慈禧下诏设立海军衙门，由皇帝载湉的生父醇亲王主持。另外还任命李鸿章和庆亲王为会办。负责“建海军”的还有宫廷阴谋家恩佑和杨立山。但是从 1886 年起慈禧又开始挪用海军经费来修建颐和园。1888 年后就没有再买军舰。结果，到 1894 年和日本开战时，中国海军竟不堪一击，全部被日本人歼灭了。

为了修颐和园，朝廷不仅挪用了海军经费，甚至连指定在海军中服务的人员也被投入了建筑工程。而且，在 1888 年，由于海军经费不敷修建颐和园之用，又决定开征特别的“海军捐”。凡是愿纳这种捐的人，向国库缴纳两三千两白银，就可以得到实缺的知州或知县，缴纳四五千两，可以得到实缺的知府，而缴纳七至八千两，可以得到实缺的道台。以前任命这些官职，必须经过严格的甄别；而这时，凡是愿纳“海军捐”的人，向国库捐输巨款就能立刻被慈禧或皇帝简放高官。这样买官比经由吏部来买，更为有利，因此捐官的人非常多。至于所聚敛的钱没有用来加强海军，而是耗费在兴修宫殿园林和纳入宫廷近侍的私囊，那就不言而喻了。

但是慈禧并不以此为满足。她还靠宫内太监暗中出卖官缺、功名、旌表、执照等等以饱私库。总管太监李莲英靠贪污、卖官、包工、采办宫中用品积聚了巨额财产。

由于慈禧奢靡浪费，再加上她的大臣中饱盗窃，宫内开支不断增长。仅皇帝载湉的婚礼一项就用了白银五百万两。1880 年，宫内曾向两江总督左宗棠传办价值白银九十七万两的丝绸，以供宫廷之用。

清政府在经济上越来越依附于外国资本。

19 世纪最后二十五年，列强从经济、政治和思想各方面对中国的侵略日益猖獗起来。在 1839—1842 年和 1856—1858 年两次所谓鸦片战争之后，中国开放了最大的港埠同外人通商，舶来的工业品，首先是英国的产品滔滔流入中国市场，排挤了地方手工业产品。当时的人认为，“在中国已开放的通商口岸和内地的商业城市乡镇中，穿中国土布的居民至多有 20%，其余 80%都穿洋布”。资本主义国家对中国的侵略是英国带头的。1863 年，英国人夺去了中国海关的管理权，交由赫德掌握。1875 年，在中国海关工作的外国人有三百四十八人，到 1895 年增至七百七十人，其中主要是英国人。

“自强”和“求富”的思想，没有遭到慈禧的强烈反对。她甚至很欣赏曾国藩所提的派一批青年去外国学习技术科学的建议。从 1872 年起，地主和官僚家庭的八至十六岁的子弟陆续出国，到英美的大、中学校求学。

1867 年，经政府批准在江南制造局里设立了“翻译局”，该局在 70 和 80 年代翻译和出版的西欧科学家在技术和史地方面的著作将近二百种。但是这些书的印数很少，在 1892 年统共只有一万零三百册。1876 年至 1899 年，江南制造局出版了《西国近事汇编》，内容是主要摘译自英文报纸杂志上有关经济、政治和军事问题的一些文章。1868 年在江南制造局下面设立一个新的外国语学校——“广方言馆”。

中日战争以前，中国人作了一些办报的尝试，由于当局的阻挠，都没能持续下去。1873 年，第一份民办报纸《昭文新报》在汉口只发行了几个月。1874 年，中国人王韬在香港开始出版《循环日报》(他由于曾同情太平军起义唯恐遭到迫害不能在清政府统治下的中国地区居住)。1874 年，上海出版了中国民办报纸《汇报》，该报的创始人是工程师兼政治活动家、最早一批中国留学生之一容闳(容纯甫)。报馆经费靠上海的广东商人集资维持，同时还获得了李鸿章创办的中国“轮船招商局”的资助。该报经常发表批评当时国内状况的文章，因此很快就引起当局的不满，于是发行人不得不请美国人作主笔并改变报纸的名称。1875 年，该报再度更名，但不久就停刊了。1876 年，《新报》开始在上海发行。该报名义上是商会的机关报，实际却是上海道台的报纸。最初，该报是中英文合刊的，1877 年起，只出中文版。1882 年，该报卖给了江南制造局。

1886 年，《广报》在广州创刊，但到 1891 年，由于“触怒粤督”被当局查封。直到该报发行人延请英国人为主笔，迁至沙面外国租界并改名为《中西日报》后，始得复刊。担任中国报纸主笔的英国人，自然立刻千方百计地利用这个报纸，靠损害中国的民族利益来巩固外国资本、首先是英国资本的地位。

2. 谈康有为对当时中国政局的认识

康有为认为，朝廷两次错过实行必要改革的机会，一次是同治初年刚刚镇压了太平军起义之后，另一次是与法国开战前夕。那时，朝中有些大臣主张在政治管理方面实行改革。但是，因为“皇帝不慎选左右”而让反动分子占了上风。康有为责备清廷在治理国家方面软弱无能的时候，特别着重指出慈禧和载湉不以中国国际地位的每况愈下为忧。他断言，如果四邻都是列强而本身独弱，中国是无法保持独立的，康有为列举了一些国家由于及时实行改革而迅速发展起来的实例，并提出警告说，列强今后对中国的侵略，必将采取更大的规模。他在上书中写道：

> 近者洋人智学之兴，器艺之奇，地利之辟，日新月异。今海外略地已竟，合而伺我……日本虽小，然其君臣自改纪后，日夜谋我，内治兵饷，外购铁舰，大小已三十艘，将翦朝鲜而窥我边。俄筑铁路，前岁十月已至浩罕，今三路分筑，二三年内可至珲春，从其彼德罗堡都城运兵炮来，九日可至……英之得缅甸一日而举之，与我滇为界矣，滇五金之矿垂涎久矣，其窥藏卫也，在道光十九年，已阴图其地，至今乃作衅焉。
>
> 法既得越南，开铁路以通商，设机谋以诱众，渐得越南之人心，又多使货贿，煽诱我民……又滇越暹罗间，有老挝万象诸小国，及保苗诸种，法人日煽之……数年之后……分两路以寇滇闽，别以舟师扰我海疆……
>
> ……又美人逐我华工，英属澳大利亚随之，将来南洋诸岛纷纷效尤，我民出洋者五百万，计中国漏卮于洋货久矣，稍借此尾闾，若不保

护，还无所业，必为盗贼，金田之役将复起矣。

上书中的这几段话，充满了真挚的爱国热诚。康有为十分正确地分析了力图瓜分中国和侵犯中国主权的日、英、法、俄、美等国的侵略政策。同时康有为主张保护年轻的中国资产阶级，因为他们由于外国商品无限制地进口和外国政府任意欺凌华侨而饱受其苦。康有为公开地警告清廷说，清廷的反人民政策和外国的侵略会再次引起人民起义。

3. 对康有为上书的评价

康有为在上书的结尾部分指出，中国今后的安危，整个责任都在慈禧和皇帝的身上：

> 伏念祖宗辛苦经营，休养生息，有此天下，置之安危，在今日矣。今不筑金汤之业，而筑丹雘之宫，不游勋华之世，而游薮囿之内……

在上书的最后部分，康有为再次向清廷提出警告说，天命不会永远眷顾一朝，人民的耐性是有限度的，并且用"庚申之变"会有重演的可能来恐吓清廷。

康有为的上书，通篇充满了强烈的论战气息，它的矛头是指向守旧派和保守主义，指向贿赂公行的官僚机构和日益腐朽的清专制政体。康有为在这份文件中是以一个慷慨激昂的爱国志士的姿态出现的，他清楚地看到列强对祖国的威胁。康有为不仅宣传西方国家机构的形式，而且主张利用周、汉两朝的一切优秀经验来根本改革整个管理制度。尽管他在这第一次上书中没有提出详细的纲领和具体的改革计划，但是仍然倾吐了后来维新派所提的基本要求：改变国家行政管理制度以增强国家实力；吸收有学识、有能力的"人民代表"（资产阶级和地主中的开明知识分子），不问他们的职位和资历如何，参加国家管理以限制清专制政体的君权，把守旧派从行政官僚机构中清洗出去，而代之以拥护变法的人。

康有为虽然给了清廷以严厉的批评，但是由于他出身于地主家庭，因而表现出了他的阶级本性——畏惧新的农民战争，害怕重演太平军起义，所以请求清廷采取必要措施来制止农民骚动。

因为只有极少数的几个廷臣才有权直接向皇帝专折奏事，所以康有为必须找到有权势的庇护者，才能把他的上书转达慈禧和皇帝手里。但是，所有当初答应帮助康有为的人，一看到上书的内容就立刻退还给他，唯恐因为参与他的大胆倡议而遭到严惩。

最后，开明的满族学者、国子监祭酒盛昱同意把康有为的上书递交给国子监的管理监事大臣、年轻皇帝的师傅兼军机大臣翁同龢。

但是，翁同龢读了康有为的上书后，不同意康有为所提的朝中无能臣的看法，拒绝代为呈递。康有为为了呈递上书曾进行了其他一些尝试，也都没有成功。

尽管这次上书没有递到慈禧和皇帝那里，但是一时风靡了整个京师，到处传抄，并且由于它的内容新颖大胆，文字精湛，引起了人们的纷纷议论。

康有为的同乡唯恐这一空前大胆的主张惹起清廷对上书人进行残酷的迫害，劝康有为离开京师，返回广州，但是他拒绝离京，仍然希望用各种方法让慈禧和皇帝知道自己的观点。

康有为结交了御史屠仁守以后，在 1888 年年底至 1889 年年初，曾应屠的请求代写了几道奏折，屠仁守在这些奏折上签上自己的名字，呈递到宫里。康有为草拟的奏折，文字典雅严谨，但是每一段都充满了奔放的爱国热情，抒发了对帝国统治集团贪污腐化现象的愤慨。

这些奏折在揭发清廷和慈禧本人的缺点方面写得极为激昂有力，为此，屠仁守在 1889 年春天遭到无情的报复：被革职驱逐出京。康有为替屠仁守草拟的奏折有：开言路折、铸银钱折、筑北京—清江浦铁路折、停止“海军捐”折、停颐和园工折、清皇帝的父亲醇亲王勿预政事、罢黜内阁大臣孙毓汶、清总管太监李莲英勿预政事折等等。

在关于修筑北京—清江浦铁路的奏折中，建议皇帝对待筑路问题应当极端审慎。康有为指出，在满洲、新疆、京津之间、以及京沪之间的各种筑路计划，都应当批驳，因为这些计划只是使外国人更接近中国。康有为建议开始修筑北京—清江浦铁路，作为主要中心线，国家经济必然会围绕这条中心线发展起来。他写道，一旦外敌寇境，有这条铁路就能迅速和无阻地由北向南并由南往北调运军队。康有为预见到一旦发生战争外国人有夺取中国各港埠的可能，所以才建议利用这条铁路作为主要交通干线，因为这条线是外国兵舰威胁不到的。

康有为在这份奏折中分析中国衰弱的原因时指出：“二十年来，洋商日盛，一日漏卮无底，上海实为尾闾”。作为修筑北京—清江浦铁路的补充理由，康有为指出这样还可以抵制外国轮船公司的竞争，因为华中旅客和货物都可以经由这条铁路北上。康有为写道：“即外洋百货，并可增收其税，则凡洋商上海之利必将十损六七，归于中国。和约所不得限，公法所不得争……”

至于筑路资金，康有为主张不向外国借债，不给居民加税，而是在国内筹措，筹措办法要靠停止宫殿园林的修建工程、缩减漕运的费用和裁撤国内贸易监督机构来解决。

1889 年春，载湉结婚后，慈禧把政权交给了他，正式宣布撤帘归政。当时京师的一些开明知识分子产生了一种希望，认为年轻的皇帝一定会锐意图强并着手肃清慈禧听政时期猖獗一时的贪污舞弊现象。康有为的同乡唯恐他要设法觐见皇帝，坚决劝他离开京师。只有当他郑重表示不问政事，专心致力于学术研究以后，才没有人再干涉他。这一时期，康有为在北京钻研金石及考古之学，并继续研究儒经，找出古文经书中的伪书和后人补写的部分。同时，他还研究了保存下来的周汉两朝文字的字体。他几乎看到了京师所有各收藏家的收藏品，读了三千多种古代碑铭以后，开始编写一部谈论金石的书，续包世臣所著的《艺舟双楫》。康有为的著作名为《广艺舟双楫》。康有为研究了中国文字由古至今的演进。不过，在这部著作中没有提出任何简化中国文字的实际建议。作者只是专门研究他所认为最完善的、六朝时期即“楷字”或“楷书”初次出现时期的书法形式。

康有为在自己的著作中反对官方对书法的看法，要求摈弃盲目地摹仿唐代书法，主张仔细研究南北朝时代的字体。他对“古文”经书的可靠性第一次提出了怀疑。

4. 对康有为变法理论根据的评价

由于自己的阶级局限性，康有为企图用儒家学说的旧形式来同反对变法的人进行政治斗争，这种旧形式给新的思想打上了反动的烙印，这项烙印表现在康有为美化了孔子个人以及硬要使“革新了的”儒家学说为新的社会力量服务上。但是，康有为提出了大胆的政治主张，引经据典地提出论证，反对在哲学方面和国家管理原则方面两千年来的旧传统，这给了当时的人以强烈的印象。《新学伪经考》一书，很快在中国各城市五次再版，售卖一空。由于康有为所提出的观点既新颖而又大胆，他很快就成为士大夫阶层和开明绅士中进步人士的思想领导者。不久，在湖南乡试中，该省学政、翰林院编修徐仁铸首倡根据康有为的这本书来课考士子。这就等于公开承认该书是一部特别有价值的著作。

但是，反动的士大夫、京师和各省的封建官僚对《新学伪经考》却都抱极端仇视的态度。他们纷纷奏请皇帝立刻处死叛逆康有为,并焚毁他这部宣传异端邪说的书。例如,御史褚成博在所上的奏折中劾康有为伺机为逆,请求革掉他刚刚取得的举人,焚毁《新学伪经考》,禁止该书再版。康有为靠他在京中的朋友黄绍箕、文廷式、沈曾植和曾广钧的营救以及李鸿章和翁同龢当时对他的眷顾,才免遭逮捕和严惩。但是,《新学伪经考》的木板和印出的成书都奉旨当众焚毁,并禁止今后再版。虽然如此,由于这一著作在知识分子中非常受欢迎,以致不久又出现了私印的《新学伪经考》。1898 年,慈禧发动官廷政变以后,接着就又下了一道上谕,焚毁这部逆书,到 1900 年又下了第三次焚毁该书的上谕。在整个清朝统治时期,中国从来没有任何一部著作像《新学伪经考》这样,遭到如此严厉的查禁。

康有为批判了当时社会制度和国家制度的理论基础以后,断言说,孔子学说的主要内容就是他的改革国家制度的理论。康有为的下一部巨著《孔子改制考》,就是为了阐明这种理论和恢复孔子学说中这种似乎已被摒弃的"微言大义"而写的。

康有为的这部书,在 1892 年年底已经基本上写成,不过由于他为《新学伪经考》一书而遭到迫害,这部新著在 1898 年以前一直没能刊行。但是,到 1894 年年底至 1895 年年初,《孔子改制考》的手稿在中国已经流传很广,并且和《新学伪经考》一起,对于变法维新运动参加者的理论观点的形成,发生了巨大的影响。

康有为由于阶级局限性,没有彻底揭露占统治地位的思想体系,没有谴责在君主专制制度中获得政治反映的封建剥削制度。因此,在康有为的笔下孔子成了典型的改革家。尽管康有为在政治上主张中央集权,主张巩固国家管理民主化,但是他并没有触及封建所有制和国内占统治地位的封建关系,认为这些都是天命。

康有为的《新学伪经考》和《孔子改制考》两部著作,目的都在于揭露官方的儒家哲学的缺点,为在中国的政治、经济和文化方面进行温和改革的要求找出理论根据。只有当资本主义生产形式在中国取得发展以后,才有可能出现反对封建思想体系——儒家学说的言论。但是,在这两部著作中,明显地表现在中国资产阶级在经济上是软弱的和不成熟的,反映出康有为本人的阶级局限性,因为他企图在反动封建哲学的旧形式中填进一些新的内容。毛泽东在《新民主主义论》中谈到 1919 年以前中国文化战线上的斗争时指出,这种斗争是"资产阶级的新文化和封建阶级的旧文化的斗争”。毛泽东着重指出，中国的资产阶级学说“夹杂了许多中国的封建余毒在内”。在康有为的上述两部著作中，封建思想体系的这种不良影响，是十分明显的。

尽管在康有为的笔下把孔子理想化，说他积极谋求中国的独立富强，主张改革国家机构，以及通过一些民主的国家管理制度来限制君权，但是这种“以改革为目的”的儒家学说仍然没有完全摆脱反动的性质，仍然是中国广大劳动群众所不懂和格格不入的哲学，仍然是只有资产阶级和地主的知识分子才能理解的哲学。

康有为在这两部著作中关于一个统治王朝如不进行必要改革、人们把它推翻是否合法的问题，假托孔子的言论首次阐述了自己的见解，并且从《易经》和《春秋》里摘录了许多关于一个帝王如果失德，天就会不再庇佑他而把王位转授给另外选中的人的引文，这类引文后来在康有为和其他维新派的奏折中经常可以看到。

康有为在自己的理论著作中对于当时社会的各种具有重要价值的思想体系重新作了估价，不像当时其他各种著作那样以颂扬清帝国和在位的皇帝为主，而是把汉人孔子摆在首位。在《孔子改制考》一书中，康有为甚至主张废弃通行的用皇帝年号纪年的方法，改以孔子诞生后的年数纪年。在自己的著作中以指责王莽和各异族王朝僭位作掩饰，暗中谴责了清廷的腐化奢靡，并且有力地批评了科举制度、烦琐死板和脱离现实的“八股”文体以及整个官方思想体系，这在当时是绝无仅有的现象。同时，康有为还用自己的著作在一定程度上打破了许多世纪以来封建主阶级所宣扬的关于孔子学说合乎天命的神话，并把孔子同春秋时期的其他哲学家，如老子、墨子、荀子等相提并论，使孔子个人成为历史研究的对象，一反几千年来盲目地把孔子当神崇拜的传统。

康有为认为孔子是赞成“应天志，顺民意”来改革国家制度的。但是，他所说的、孔子所主张的民主，是极有限的，实际上只停留在民主立宪的要求上。这里又表现出康有为——年轻的中国资产阶级和开明地主的代表——的阶级局限性，而资产阶级和开明地主却都是害怕人民、不愿通过革命彻底推翻国内封建基础的。于是，康有为的著作是用难懂的古文写成的，它们的读者对象不是广大人民群众，而是少数中国知识分子。

康有为成功地对宋儒视为经典的某些古书的真实性提出了怀疑，从而给了官方哲学以严重的打击。但是，康有为的目的主要在政治上，而不在历史考证和训诂学的研究上，因此，他为了论证自己的观点的正确性，常常引用那些他表示怀疑的经典和古书。例如，康有为广泛利用了所谓“伪书”，不成问题，这些“伪书”都是较后期写的，最早只能认为是东汉中期的作品。

高本汉、小岛祐马、马伯乐，以及欧洲和日本的其他著名汉学家在20世纪20—30年代进行的研究，证明了康有为提出的关于刘歆伪造《左传》和《周礼》的论断是站不住脚的。

康有为是站在反科学的唯心主义立场上的，这是因为他不懂得历史的创造者是劳动人民，而不是帝王或哲学家，他不懂得中国之所以长期停滞在封建制度下，应归咎于束缚国家生产力发展的各种因素，而不是由于统治者和学者把古代的某些伦理学和哲学学说置诸脑后，或是由于某些古书出于伪造。康有为企图在《孔子改制考》中把孔子说成和耶稣一样，是一种宗教教派的创始人，这也是反科学的。根据梁启超的陈述，“(康有为)误认欧洲之尊景教为治强之本，故恒欲侪孔子于基督”。康有为在这部理论性著作中，第一次提出了把儒教变成国教这一实质上反动的思想。

《新学伪经考》一书刊行后，康有为不仅遭到政府的迫害，而且还受到当时守旧学者(其中包括张之洞的拥护者朱一新)猛烈的私人攻击。

从康有为给朱一新的两封信中可以清楚地看出，当代人是怎样对待《新学伪经考》一书以及康有为是怎样捍卫自己的观点的。

康有为在头一封信(1892年6月17日)中，指责朱一新不懂变法的意义，对于他发现伪经一事的重要性估计不足；他着重指出自己的著作在政治上是具有现实意义的，并且断言，只是由于刘歆伪造《周礼》一书，中国才出现了宦官制度。

> 古者本无宦官，武帝末，春秋高，数游后宫始置之，然未尝垂于经典，后世人主不敢法也。自刘歆伪《周礼》上因汉制而存阉官。后此，常侍弄权，党人戮辱，高名善士先受其祸，而国步随之而亡。唐则神策握政，门生天子，甘露之变惨被将相，而唐祚随之。明则神庙假权，熹宗昏弱，忠贤柄国，戮辱东林，杜秩献城，明亦随之而亡。今则李莲英复弄政矣，后此忠贤复出……

在同一封信中，康有为指出《书经》《洪范》一篇中下面这几句是刘歆伪造的：“惟辟作福，惟辟作威，惟辟玉食，臣无有作福、作威、玉食”。在康有为看来，正是由于这一段伪经，后代帝王才开始奢靡无度。康有为问道：“试问今学，民贵君轻之义有竭天下以供一人之义否？”

最后，康有为指出，孔子之道是“天下之公，非一人（清朝皇帝——齐赫文斯基注）之私”。

在1891年（《新学伪经考》刊行的那年）和1894（朱一新死去的那年）年间写给朱一新的第二封信中，康有为对于守旧学者进行了批评，驳斥了他们反对在国内取法西欧进行改革的论调。

康有为认为必须急速变法的理由是列强的侵略日益加剧：

> 使彼不来，吾固可不变，其如数十国环而相迫……杜工部曰，‘勿令鞭血重湿汉臣衣’。国亡教微，事可立睹……仆虽愚，不敢以……四万万人坐为奴虏，而徇诸君子之虚论也……昔在京师，每游万寿山，睹瓦砾之场，未尝不发愤。过香港，经虎门，念关天培之全军复没，未尝不叹恨。今之游香港者不知□□已履异国否耳！愿足下及天下之士日思庚申八月十六之事，则当必有转移之用，而必不肯坐守旧法之虚名，而待受亡国之实祸者，此仆所以取彼长技而欲用之也……

康有为对于朱一新及其拥护者指责他庇护基督教一点作了反驳，他在这封信里指出：

> 以国力行其教，必将毁吾学宫而为拜堂，取吾制义而发挥新约……故仆之急急以强国为事者，亦以卫教也……先辟伪经，以著孔子之真面目，次明孔子之政制，以见生民未有。

由此可见，康有为想把儒教变成特种国教的企图，正如以上述信件中所明显看出的那样，乃是中国资产阶级和地主阶层对于外国传教士在中国横行霸道的特种反应，表达了他们力求用本“民族”的宗教、即经过改革的儒教来对抗基督教宣传的愿望。

5. 对康有为公车上书的看法

和康有为的第一次上书相比，公车上书毕竟语气略为平和些。康有为在上清帝第一书中对垂帘听政的慈禧太后和年轻的皇帝作了异常有力的批评，但公车上书的锋芒主要是针对着朝中的那一派主张对日媾和的反动大臣，虽然认为皇帝对国家局势也不能辞其咎。同时，公车上书所提出的广泛的资产阶级改革纲领，比康有为的第一个奏折已经向前迈进了一步。

这是年轻的中国资产阶级的第一次有组织的政治运动，但是这次运动已清楚地反映了它的软弱性、不彻底性以及它与封建地主土地所有制的极密切的关系。上书人提出了一些纯粹的资产阶级口号，如发展工业、商品性农业、运输业、商业、实用科学和国民教育等，以及实行君主立宪，召开国会及移民南洋各地。同时，在各项新政上，有许多要求清楚地反映了封建主与资产阶级之间在中国形成了一种畸形的妥协。

中国资产阶级和开明地主的代表以全体人民的名义提出主张，为备受清朝专制制度及外国列强侵略的压迫的广大人民群众请命，要求满足他们的需要和期望。这毫不奇怪，西方和殖民主义国家中的资产阶级，当它还是一个年轻的新兴阶级时就是这样做的。

但是，联名上书人惧怕“下层同胞”，他们不仅以人民起义的情景恐吓清廷，同时也不隐蔽自己对农民战争的畏惧。他们期望通过皇帝“由上”来实行他们的全部改革纲领。上书人虽然以人民的名义提出主张，但他们在字里行间却充满了对人民的畏惧。所以，联名上书人没有提出广泛的土地纲领。没有提出任何解决土地问题的措施（尽管要实际实现奏折中所提出的资产阶级改革纲领，必然要把土地问题提到日程上来），这并不是偶然的。

列宁在他的著作《社会民主党在民主革命中的两种策略》中，指出“对资产阶级更有利的是要资产阶级民主方面必需的种种改革进行得比较缓慢、渐进、谨慎和不坚决，用改良的方法而不用革命的办法……要这些改革尽可能不发扬小百姓即农民和特别是工人的革命的自动性、主动性和毅力……”

中国资产阶级的第一个政治宣言—公车上书，在要求上比中国起义农民（太平军）的民主土地纲领和他们所提出的平均使用土地的口号较为狭小。公车上书中所提出的农业方面的改革包括：采用当时先进的西欧农艺科学，以现代化的机器和工具装备农业，在农业中使用电力，组织农业展览会，在居民中普及农业知识，大量翻译外国农业著作，鼓励养蚕和种茶等等，这些改革具有明显的资本主义性质。但是，对于那些处于封建地主暗无天日的奴役下的中国农民要求取得土地的夙愿，这个发展农业的纲领没有考虑到。由此可见，中国资产阶级和地主的维新派一旦取得政权，中国农业的发展不可避免地会走上所谓“普鲁士式的道路”，即“农奴制地主经济缓慢地转化为资产阶级的容克式的经济，同时分化出少数‘大农’”。正如列宁所指出，这条道路的“特点是，中世纪的土地占有关系不是一下子被消灭掉，而是慢慢地适应资本主义，因此资本主义长时期保存着半封建的特征。”

从康有为及其战友于草拟联名上书不久以前在广东所实行的实际措施中，也可以清楚地看到联名上书人为中国的农业准备了“普鲁士式”的资本主义发展道路。

联名上书人奏请，以份地奖赏优秀的官吏(即形成官吏贵族阶层)，并主张发动反对各种民间信仰的斗争，明令普遍改祀孔子，这都证明了他们的不彻底性。

上书人心目中未来的理想政体是君主立宪，绝不是民主共和国，在这方面也表现出年轻的中国资产阶级的软弱性和狭隘性，它同封建地主阶级的密切关系以及它不愿意和没有能力去领导人民群众进行反对封建制度的革命运动。

尽管公车上书中有这些不足的地方，但总的说来，这个奏折在当时是中国知识界进步的和爱国主义的政治主张，其声势之盛(当时到会并同意奏折全文的约有1200人，不怕各种迫害而签名的有604人)，语气之尖锐是没有前例的。公车上书对中国民族解放运动的发展有巨大的影响，并且加速了在中国已经开始的资产阶级思想传播过程。

6. 论19世纪下半期中国社会经济方面的进展和变化

1. 中国劳动群众发动了自发的反封建、反满和反帝国主义的斗争。

2. 孙中山和“兴中会”领导中国资产阶级民主派进行反满爱国革命活动。

3. 展开了争取实行温和的资产阶级改革和使中国摆脱外国控制的运动。

4. 统治阵营的个别代表企图不在国家管理方面进行任何改革而通过采用外国机器和武器来巩固现有的制度。

5. 中国满汉封建反动势力压制进步思想和言论，以求保持他们在国内的统治。

6. 康有为及其拥护者谭嗣同创立了空想主义社会学说。

中国劳动群众起义的反帝、反封建和反满的纲领，照例都披着一层宗教的神秘主义外衣。正如列宁写道：“……在宗教外衣下表示政治抗议，这并不是俄国一国特有的现象，而是各国人民在一定的发展阶段上共有的现象”。外国资本家积极利用基督教来实现自己对中国的侵略，这就使得19世纪末期的中国人民起义带有更浓厚的宗教色彩。参加起义的中国宗教人士——道士、和尚以及各种教派的僧侣，也利用人民对基督教传教士活动的普遍不满来达到自私自利的目的。

当时存在着许多常常互相仇视的教派和道门，这就妨碍了各派教徒行动的一致，并往往破坏运动的团结和统一。参加人民起义的中国宗教人士竭力支持并发展这些起义的反动的方面，如拒绝使用现代化的外国武器、枪、炮、交通和通信工具、机器和外国货，宣传保留陈旧的生产方式，保持君主专制政体（指恢复明朝的口号）等等，不一而足。

这一切之所以发生是因为新的社会阶级——无产阶级和资产阶级——都很软弱；无产阶级还没有从一般的无以为生的贫苦群众中分化出来，而中国资产阶级则从它一产生起就具有两面性，害怕人民，容易同封建反动势力和帝国主义反动势力妥协。

7. 对1895—1898中的维新变法运动和社会政治生活的认识

19世纪末期中国的进步政治评论，形式繁多，这反映了文化和艺术方面的普遍高涨，中国著名的历史学家范文澜在论述这个时期时写道："中国过去的闭关自守状况成为过去了。随着与世界联系的增多，中国人的眼界宽广了起来"。在这个时期出现了一种新的文体。以当时的事件为题的文章都是用这种文体写的。这些文章，一扫过去必须引据儒经佛典之风，同时文内也没有令读者难于理解的从日文借用的外来语。维新派的政论性著作是用通俗易解的语言写成的，吸引了为数众多的读者，曾在反对旧的封建文化的斗争中起过一定的作用。

19世纪末创作了许多尖锐的讽刺性作品，这些作品讥讽了贪赃枉法的满汉文武官吏，无情地揭发了官吏阶层的寄生生活和假仁假义。其中有李宝嘉所著的《官场现形记》以及维新运动参加者吴沃尧等人的短篇小说。黄遵宪（即黄公度）的反日爱国主义的诗，广泛驰名。

进步的政治评论，一般都具有揭露性质，它们抨击了封建中国的劣根与症结以及帝国主义列强的侵略行为和阴谋。19世纪末在中国，主张保卫中国的自由和独立的、新的资产阶级思想的拥护者与旧的封建思想的代表人物之间，发生了意识形态上的根本性的斗争。

资产阶级由于它的软弱性和两面性，在国家政治生活中惧怕人民，因此在政治评论中占主要地位的是改良主义派，这一派的领导人没有能力提出战斗性的行动纲领，没有能力引导广大劳动群众同反动势力即封建势力和帝国主义势力进行斗争。改良派只是呼吁吸取资本主义西方的资产阶级社会政治思想并将其加以普及。

毛泽东在评述19世纪末期的中国各思想派别的斗争时是这样写的：

> 那时，求进步的中国人，只要是西方的新道理，什么书也看。……这些是西方资产阶级民主主义的文化，即所谓新学，包括那时的社会学说和自然科学，和中国封建主义的文化即所谓旧学是对立的。

新的、资产阶级的文化和旧的、封建阶级的文化之间的斗争，即"新""旧"学派之间的斗争，一直继续到1919年，而从"五四运动"起在中国才开始了争取民主主义的、真正人民的文化的斗争。

8. 对保国会性质的认识

"保国会"是资产阶级和地主的维新党派，这个党派包括中国开明地主中士大夫阶层的、与工业建设和对外贸易有联系的官僚集团的以及华东、华中和华南各地年青的中国资产阶级的具有爱国情绪的代表人物。该会的会员打算不根本摧毁封建关系、依靠皇帝政权的威信使中国富强并使它逐渐成为一个资本主义强国。

"保国会"成立后不久，在北京出现了"保滇会""保浙会"和其他类似的会，这些会的宗旨都是保护本省的领土完整和发展本省经济。各会的会员都是住在京师的各省的同乡，人数都约达一百人。这些组织的领导人都是康有为的学生和同道，并且按照他的指示进行活动。这个时期，康有为积极展开了宣传和组织活动。他家里宾客盈门，他经常出席各种集会和会议发表演说，等等。

9. 析康有为和谭嗣同的思想异同

谭嗣同在著述中所发挥的反满思想和反对君主专制的思想非常紧密地交错在一起。他建议用民主共和政体代替专制政体。他在康有为的一些著述的影响下也援引孔子的话来加强反君主专制的论据。所以，他把孔子描述成最早一批反对君主专制、拥护民主主义者的一人。但是，和康有为不同，他同时还宣传墨子平等和兼爱的学说。

为了批判那种硬说皇帝政权是牢不可破和神圣不可侵犯的官方理论，谭嗣同指出，孔子本人也曾屡次为保卫民主主义的管理原则、反对君主专制制度而发表言论。关于这一点，谭嗣同写道：

> 中国自绝地天通，惟天子始得祭天。天子既挟一天以压制天下，天下遂望天子俨然一天，虽胥天下而残贼之，犹以为天之所命，不敢不受。民至此乃愚入膏肓，至不平等矣。孔出而变之。

但是，谭嗣同认为"孔最为不幸。孔之时，君子之法度，既已甚密而孔繁，所谓伦常礼义，一切束缚箝制之名，既已浸渍于人人之心，而猝不可与革，既已为据乱之世，孔无如之何也。"

谭嗣同写道，孔子在创立学说时，曾拟"黜古学，改今制，废君统，倡民主，变不平为平等。"但是荀子学派的门徒曲解了孔子学说的真义，把君主说成是具有无限权利的人（谭嗣同与康有为不同，他认为曲解孔子学说真义的不是刘歆，而是荀子及其学派）。

由于受到了中国历史家兼政治活动家黄宗羲的影响，谭嗣同写道：

> 生民之初，本无所谓君臣，则皆民也。民不能相治，亦不暇治，于是共举一民为君。……夫曰共举之，则因有民而后有君；君末也，民本也。……夫曰共举之，则且必可共废之。君也者，为民办事者也。

谭嗣同在发挥这种思想时，进一步指出，大臣及官吏的任务是帮助皇帝使他为人民服务。为了养活皇帝和官吏必须向人民征收捐税。如果皇帝不能称职，就应予以罢免，另外选人代替他，这和乡村中选举村长的情况完全一样。谭嗣同写道："虽愚夫愿农，犹知其然矣；何独于君而不然？"由此可见，谭嗣同的建议实质上可以归结为以共和政体来代替中国的专制政体，因为他在谈到所设想的"共举之君"的时候，他所描述的与其说是和他同时代的君主立宪国家的帝王，毋宁说是那个时代资产阶级共和国民选总统的形象（当然，这种形象是特别理想化了的）。

谭嗣同认为，废除君与臣、父与子、兄与弟之间的传统的"三纲"是废除中国君主专制的第一个步骤，按照他的意见，这"三纲"不是孔子所制定，而是荀子的门徒为了使君主便于管理人民而制定的。关于这一点，谭嗣同写道：

> 夫彼君主犹是耳目手足，非有两鼻四目，而智力出于人也，亦果何所恃以虐四万万之众哉？则赖乎早有三纲五伦之样，能制人之身者，兼能制人之心。

谭嗣同为了使他那反对君主专制的号召更加有力，曾屡次以同情的笔调引述了1789年法国资产阶级革命的先例。他在自己的论述中，引用了下面这段话作为法国革命家给全世界人民的一项遗嘱：

> 誓杀尽天下君主，使流血满地球，以泄万民之恨。

由此可见，谭嗣同对于法国革命的评价，与害怕人民群众运动的康有为完全不同。谭嗣同在《仁学》中写道："夫法人之学问，冠绝地球，故能唱民主之义，未为奇也。"他在这一段之后郑重地表示：

> 岂非君主之祸，无可复加，非生人所能任受耶？

康有为和谭嗣同所想象的中国未来政治制度的形式各有不同；康有为主张君主立宪，拥护仁德的满洲皇帝载湉统治中国，载湉应在"制度局"以及将来的国会的经常协助下行使政权。但是谭嗣同却提出废除君主专制、建立共和国的主张，以便更广泛地吸收中国人民中各阶层人士(首先是资产阶级)参加政治管理。谭嗣同对于载湉个人没有抱任何幻想。他在《仁学》一书中写道："止有死事的道理，决无死君的道理！……独何以解于后世之君，皆以兵强马大力征经营而夺取之……"

谭嗣同也和康有为一样，清楚地了解到，帝国主义列强日益严重地威胁着中国的独立，这些国家都希望中国保留着一个软弱无能的君主专制政府。

> 无如外患深矣，海军熸矣，要害扼矣，堂奥入矣，利权夺矣，财源竭矣，分割兆矣……

谭嗣同在他的著述中曾提出中国、朝鲜、阿富汗、波斯和土耳其五国结盟以抵抗外国侵略的想法，在他看来，这五个国家患着同样的病症，需要同样的猛烈药剂来治疗，那就是："废其所谓君主，而择其国之贤明者，为之民主"。

可是谭嗣同建议用什么方法来和清朝的专制制度、中国的落后状况以及资本主义强盗瓜分中国的威胁作斗争呢？

谭嗣同和康有为一样，把变法放在自己政纲中的主要地位，他认为只有变法才能拯救中国。

他写道："而(清廷)卒坚持不变！……方将私其智其富其强其生于一己，而以愚贫弱死归诸民，变法则(人民)与己争智争富争强争生，故坚持不变也。……宁与之同为齑粉，而贻其利于人，终不令我所咀嚼者，还抗乎我。"

谭嗣同和康有为一样，经常引证孔子的话作为根据，仿佛孔子在他那个时代也是以一个变法赞助者的姿态出现的。

除了孔子学说以外，谭嗣同还利用基督教思想和墨子哲学来证明实行变法的必要性，他指出，“三教不同，同于变”。

但是，谭嗣同所主张的变法比康有为的变法，范围广泛得多，他提出了一些更加民主和更加彻底的实行变法的方法。康有为把一切希望都寄托在君权的威信上，可是谭嗣同却公开号召进行反对清廷的斗争，他宣称，清代的覆灭已为天意所预定，而且只要大无畏的汉人团体一出现并领导起争取正义胜利的运动，满洲朝廷的一切暴行就会终止。这个团体必须执行人民的意志，必须表现出勇敢和主动的精神。谭嗣同关于人在结束“乱世”的斗争中必须采取积极行动的思想，和康有为的学说有根本区别，康有为只提出采取和平宣传的方法来消灭社会罪恶。

谭嗣同激烈地批评了那些反对变法的满汉反动派大臣，在他看来，这些大臣既不了解国内的局势，对于日益猖獗的外国侵略也熟视无睹，一味勾心斗角，为谋得肥缺而互相倾轧。他把这些大臣比作在釜底搏斗的虾，不知釜下已经起火，死亡已经临近。

谭嗣同也和康有为一样，无情地抨击了当时的官方哲学——孔子学说，抨击了扼杀各种新思想、排斥各种前进运动的烦琐哲学。他对于那些出卖人民、帮助清廷维持统治权的汉族士大夫们极端愤慨。

谭嗣同和康有为不同之点是，谭嗣同在著述中公开地为太平天国运动的领袖洪秀全和杨秀清辩护，认为他们反对清朝帝制的斗争是完全合法的和正义的。同时，他对于清廷和曾国藩的汉族地主军队对起义人民的残酷镇压，也表达了个人的愤怒的心情。谭嗣同虽然是湖南人，而且出身于和地主阶级有密切联系的士大夫阶层，但是对于那些在太平军起义期间帮助清廷、反对汉人的湖南封建主的行为，却给予猛烈的谴责。谭嗣同谴责汉族地主和英国人不当在太平军起义时支援清廷，并宣称，如果清廷没有这两个帮手，他们的统治早在太平军起义的时期就垮台了。

谭嗣同在《仁学》一书中阐述了一项内容丰富的在经济方面施行改革的纲领，并且极力宣传在中国发展资本主义的主张。他写道：

> 为今之策，上焉者奖工艺，惠商贾，速制造，蕃货物，而尤扼重于开矿。

谭嗣同号召富人投资到农业和工业中去。他着重指出发展机器制造业、冶金业、木材加工业、造纸业和碾米业等生产部门对于中国的重要性，建议各地普遍开办矿业、农业和工业的学校，建立新的矿场矿井，修筑道路，改进畜牧业和养蚕业，并开展水利灌溉工程等。谭嗣同向有资产的人提出号召时，劝告他们如果投资于发展中国工业的事业，那他们不但能保证贫民获得固定和收入较好的工作，不但会促进国家实力的增长，而且他们自己也会得到巨大的利益，因为他们"之富亦赖以扩充而愈厚……"

为了提倡在中国发展资本主义，谭嗣同指出，由于采用机器，商品的产量就会增加，居民的生活水平也会得到提高，于是"充溢溥遍而收博施济众之功"。他一再着重指出，他是代表"众生"的，并且为改变"众生"的生活而斗争。

谭嗣同是年轻的中国资产阶级利益的代言人，自然不能不把资本主义的制度理想化，主张实行这种制度，反对在中国占统治地位的落后的封建制度。他写道，妨碍国家工业发展的专制政体废除以后，中国就会生产出大量的商品，全体人民就会丰衣足食、幸福愉快地生活下去，而贫富之间的差别也将逐渐消失。人民的贫困只是适合专制君主的利益。谭嗣同在发挥这种思想时，写道：

> 故私天下者尚俭，其财偏以壅，壅故乱；公天下者尚奢，其财均以流，流故平。

谭嗣同把对外贸易放在经济纲领中的重要地位上。尽管当时的对外贸易存在着逆差，他仍旧主张发展中国的对外贸易。他认为，要提高人民的生活水平，必须使外国商品尽可能迅速地和尽可能多地输入中国。他说，对于一个国家重要的不是要拥有金银，而是要拥有丰富的商品。因此，他呼吁在发展中国民族工业的同时，要迅速地增加贵重金属的开采量，以购买外国的工业品。为了反映华东、华中和华南民族资产阶级和开明地主的愿望，谭嗣同坚决地反对清廷守旧派所执行的限制对外贸易的政策。他指出"西人售物于中国，则以其脆敝者"，并建议要求外国人严格遵守双方平等的原则，不许他们欺骗中国商人。他虽然号召掌握西方的科学技术，但却不主张盲目仿效西方资产阶级政治制度。他在自己的著述中写道：

> ……夫以欧美治化之隆，犹有均贫富之党，轻身命以与富室为难，毋亦坐拥厚资者，时有犒之心以召之欤？

谭嗣同也和康有为一样，发表了空想主义社会思想。他认为，需要从社会不平等所造成的苦难中获到拯救的，不仅是中国，而且有包括欧美各国在内的其他国家，即世界上一切人民也都有这样的需要。因此，谭嗣同提出了要在全世界上求得人道主义的胜利和解放全人类的愿望。他写道：

> 网罗重重，与虚空而无极；初当冲决利禄之网罗，次冲决俗学若考据、若词章之网罗，次冲决全球群学之网罗，次冲决君主之网罗，次冲决伦常之网罗，次冲决天之网罗，终将冲决佛法之网罗。……

尽管谭嗣同和康有为的见解有着许多分歧，但是他们还有许多共同之处。他们都是站在唯心主义的立场上。谭嗣同不能理解，作为他的理论体系的基础的思想是由物质的社会关系所决定的。他的唯心主义思想在他对于个人在历史中的作用的估价上，表现在他对于那些负有肃清社会邪恶使命的“英雄”“豪杰”的观念上表现得特别明显。他在《仁学》一书里提出的这些幼稚和错误的见解，对于维新派在短短当政时期所进行的实际活动发生了重大影响，而且毫无疑问这些见解是变法维新运动的失败原因之一。

谭嗣同及其他维新派的领导者和俄国的民粹派一样，认为只有单枪匹马的杰出人物才能创造历史，人民群众却是没有能力进行自觉的、有组织的活动的，只能服从“英雄”的支配。维新派在指靠袁世凯的支持和策划铲除慈禧、荣禄、刚毅、李莲英和其他守旧派分子时，甚至没有打算在广大的中国劳动人民群众之中做任何革命工作。

康有为、谭嗣同、梁启超和变法维新运动的其他领导者的唯心主义的错误见解在许多方面预先注定了这次运动的失败。

谭嗣同号召进行反清、反君主斗争的著述给当时的人留下深刻的印象。同时，谭嗣同由于见解激进因而不愿同康有为以及维新派中比较温和的一派接近。

10. 谈西方列强对维新变法的态度

1898 年夏光绪帝引用维新派代表人物这件事，没有引起资本主义列强的任何重大反应。只是在载湉颁布许多变法上谕并开始惩办顽固的守旧分子之后，英国和日本的政界才对变法维新运动加以注意。

1898 年 8 月，英国前海军大臣、国会议员、海军中将查理 · 贝思福勋爵受大不列颠商会联合会的委托启程去中国。他的使命是查明“如果英国商人投资到中国的商业企业,他们应有的安全能否得到保证”以及“中国的民政和军事机构是否足以保障商业企业的安全”。日本前任首相伊藤侯爵为了类似的“私人”使命几乎与贝思福同时到达中国。

英国帝国主义者原先认为,维新派的活动会为加强英国在中国的地位创造有利的环境,所以对李鸿章的免职特别满意,因为在他们看来,李鸿章是清廷首领。但是一系列旨在发展中国民族资本主义的上谕却丝毫没有引起英国资产阶级代表人物的热情。

我们没有掌握能说明大不列颠政府对于变法维新运动及其遭到扑灭的态度的英国档案资料。但是根据贝思福的报告,当时英国报刊的材料和俄国外交人员从英国寄回去的报告,可以使我们充分地判断出大不列颠统治集团对于1898年9月21日宫廷政变的态度。

1898年9月21日宫廷政变期间,英国公使窦讷乐悠闲地在渤海湾的北戴河休假,意在表示他对所发生的事件无动于衷。

据俄国驻伦敦大使斯塔利在其1898年9月16日(新历28日)致外交部的报告中说,来自中国的关于皇帝废立的第一批消息,引起了英国报刊热烈的评论。各报惶惶不安地谈论着清廷的亲俄方针,各省对于政府普遍不满情绪的增长,“怀有亲俄情绪”的李鸿章重掌政权的可能性以及被认为是亲英派的张荫桓的失宠。

但是斯塔利在1898年9月30日(新历10月12日)的报告中已经提到英国报刊对北京政变的反应有所改变,他写道:

> 最近两周,英国对中国的态度完全改变了。政变后之所以立时散布开来的一种惶惶不安的情绪,主要是由于事件发生得突然,从而引起了惊讶心理。现在情况已经弄清楚了:慈禧太后过去执政时期的经验表明,没有理由可以预料她将会敌视欧洲人到底;……英国人总是本着他们做事情的惯例,抢先站到势力最强的一边……伦敦内阁对于北京这次政变从一开始就非常审慎,看来它现在是把这次政变看成中国的内政。

11月底,英国报纸上开始出现一些文章,企图以慈禧政治经验丰富和年轻皇帝在行政问题上软弱和没有经验为理由,替慈禧发动的宫廷政变辩解。例如,伦敦《泰晤士报》对变法维新运动的失败评论道:

> 咸丰死后的三十七年当中,慈禧太后……掌握朝政。年轻的皇

帝甚至对敌视他的力量也没有能力估计……他想同太后较量一下的企图显然是要落空的，因而也是愚蠢的。

但是，当康有为被明令通缉的时候，英国外交代表由于错误地认为宫廷政变是受俄国的影响发动起来的，所以决定搭救康有为，希望日后可以利用他来为英国政策服务。

据康有为在他的《自编年谱》中说，他在 1898 年 9 月 20 日晚到达塘沽，随即由车站到码头购得次日 4 时开往上海的“海晏”轮官舱票一张。康有为已经上了船，但是后来变了主意，决定在港口上打听一下，明天还有没有什么别的船开往上海，想买张大舱间的船票。结果发现英国太古公司的轮船“重庆号”9 月 21 日上午开往上海。于是康有为退掉了“海晏”轮的船票，在一家中国客栈里歇了一晚，于 1989 年 9 月 21 日上午 11 时搭“重庆号”离开塘沽。9 月 24 日下午，当“重庆号”驶近上海并且已经驶过吴淞炮台的时候，有一个说中国话的英国人走到康有为的跟前。他把康有为请到他的舱房去，拿出上海道台蔡钧的一份咨文给康有为看，上面抄录了一件上谕的原文说，康有为进红丸企图毒死载湉，因此应立即正法。该英人建议康有为立即离开“重庆号”，因为上海道台将亲自上船搜查。

康有为换乘一只小艇，该艇把他送上一艘英国轮船。康有为在船上拟了几封电报（拍给《知新报》《万木草堂》和广州的寓所），交给前来拜访他的英国驻上海总领事白利南。康有为在电报中要自己的亲属和同道立即移居澳门，免遭迫害。

这时上海道台率武装队伍来到港口，仔细搜查从北方开来的一切船只。当地方当局知道康有为藏在英国船上的时候，他们打算派兵上船逮捕，但是船长不准士兵上船。于是，上海道台命令两艘中国炮艇停泊在英国船的附近，不让该船出港。英国人也采取了对策，调来了两艘炮舰和一艘巡洋舰“帮那文尺号”。9 月 27 日，这艘巡洋舰开到上海，在它的大炮掩护下，康有为所搭乘的那艘英国邮船启碇。巡洋舰一直把这艘邮船护送到福州的防波堤附近。

9 月 29 日晚，康有为到达香港，辅政司和总巡捕以及中国著名买办何晓生（即何其）在码头上迎接他。英国人把康有为安置在巡捕房中，唯恐清朝当局对他组织暗杀。9 月 30 日，康有为的妻子从澳门来到香港，10 月 1 日，他的母亲来到香港。康有为的全家也只是凑巧地没有遭到清廷士兵的毒手。

1898 年 11 月 26 日《泰晤士报》在《政变后的中国局势》一文中承认，政变后回到北京的英国驻华公使曾经和日本公使共同出面拯救有亲英情绪的变法运动参加者、大臣张荫桓，据说慈禧原定在 9 月 26 日把张荫桓处死，结果改成了充军。贝思福勋爵在其访华报告中也说到，当他在上海的时候，也曾向当局请求减轻对另一个变法维新运动参加者黄庆（音译）的处分（英国在华工商界人士担心，严厉惩办维新派会引起华中和华南的反政府风潮，从而损害英国的贸易）。

但是英国人虽曾出面拯救变法维新运动的几个领袖，但却绝不想使慈禧产生一种印象认为英国人似乎是同情变法事业。上述的 1898 年 11 月 26 日《泰晤士报》上的那篇文章公开写道："康有为及其同党没有从大不列颠官方人士得到任何直接或间接的支持"。不但如此，作者还急忙以日本支持中国的变法维新运动以及伊藤来华抱有一定的政治目的种种说法用来转移清廷对于康有为乘坐的英轮在英国巡洋舰保护下离开中国的事实。在该报同一天所刊登的上海消息中指出："康有为品级较低，不可能同各国使馆的代表交往"。

慈禧懂得，支持皇帝的变法意图，对于英国人是不利的，因为这种意图目的在于使中国摆脱对外国的依附地位。清政府欠英国的外债过多，英国人不希望这个政府垮台；也不希望它改变反人民的政策。因此，访华的贝思福到处受到清朝当局的特殊尊敬，让他乘坐军舰，准他参观各个堡垒、兵工厂和部队。中国一共有八个总督，贝思福访问过六个总督，并且参观了中国的各种工厂和矿山。

9 月 30 日，康有为在香港会见了贝思福勋爵。康有为企图使贝思福相信，英国应当支持变法维新运动，并且应当出面拯救被守旧派幽禁起来的光绪帝。贝思福在他的访华报告中写道，康有为在同他的谈话中指出，如果中国不按照西方国家的方式进行改革，它将不成其为一个独立国家，并将为列强所瓜分。康有为想使贝思福确信，光绪帝完全赞同维新派的看法，并且指望英国会帮助他实行变法。

但是，中国人自己实行变法，使本国强盛，变中国为一个独立自主国家——这一切根本不是英国所希望的。

英国帝国主义对于中国实行变法是很关心的，但所关心的完全是另外一种变法。上海英国贸易协会在贝思福访问该市的时候于 1898 年 10 月 6 日通过的决议中所极端无耻和露骨地提出的要求，可以证明这一点。

英国在华工商界代表指出，北京的宫廷政变以及当局对维新派的镇压，引起全国，主要是华中、华东和华南各地的反政府排外骚动的浪潮，这些骚动将会大大损害英国资产阶级的事业。北京当局及其在各地的代表并没有足够的武装力量来切实扑灭这些骚动和给外国资本以应有的保护。因此，决议中说，目前具有"干涉中国内政"的最有利条件。这种干涉应当保证：(1)扩大外国人在中国的权利；(2)开辟铁路和内河航运的交通；(3)使外国货物完全免缴一切国内关卡捐税。

按照决议起草者的见解，为了保证外国商人和实业家的安全和使他们便于进行活动，中国应当拥有强大的陆军和警察；应当在税制和货币流通方面进行改革；废除食盐专卖和禁止谷物出口的制度；登记外国公司商标并严惩仿冒情事；制定专利权法和著作权法；设立监督修筑铁路和发展矿业的政府机关。决议的起草者认为，中国所有这一切改革应当由英国人来办理。

实现这项纲领所需的资金，打算通过略微提高外国货进口税的办法来筹划。

自不待言，中国地主资产阶级维新派为发展本国工业创造最有利条件的纲领，同英国资本家旨在从经济上奴役中国所拟订的计划，虽然某些要求有表面上巧合之处，但彼此却是截然相反的。

贝思福在外国驻华工商界人士的会议上发表的多次演说(和 1899 年年初在日本和美国的演说)，以及中国各大城市英国商会所通过的无数决议都提出，把大中华帝国划分为若干"势力范围"，对于在中国对外贸易总额中占半数以上的英国来说，是不利的。英国人建议日本、美国和欧洲各国在中国采行一种新的政策，这个政策后来由美国正式宣布，并命名为"门户开放"政策。英国资本力图通行无阻地渗入中国的各个地区，包括被德国宣布为其"势力范围"的山东、落入法国"势力范围"的中国东南各省和落入俄国"势力范围"的中国东北。

贝思福在他的访华报告中，建议通过完全控制北京政府和把中国陆海军及警察置于英国监督之下的办法来保证英国在华的独占统治。贝思福写道，只有在这样的条件下，清政府才可能防止"在一个人口有四亿之多、领土有整个欧洲那样大的国家里爆发内战的可怕的前景，这种前景是欧洲文明在沿海一带的少数据点以及少量军舰……所不能抵御的灾祸。"贝思福同时要求派遣英国军舰到中国内地(正像在埃及的做法一样)，去帮助中国镇压排外和反政府的骚动。

日本对于变法维新运动的态度，在很大程度上和英国的政策相似。在中国实行日本式维新的尝试引起了日本商界和政界人士的巨大兴趣。19世纪末，日本的排外——反对欧洲人和反对美国人——情绪非常强烈，宣传“大东亚”思想的沙文主义分子已经开始抬头，在这个“大东亚”中占据领导地位的是年轻的日本帝国主义，而起着农产品和原料主要基地作用的则是中国。1898年，日本人加紧了在中国的工商业活动；他们开始在上海和福建办报，并在中国各港埠创立了形形色色的日中协会，其性质都和日本领事馆负责人在上海所创办的“兴亚会”相似。

日本人大言不惭地吹嘘自己在工业发展方面的成就，解释取得这些成就的原因是日本政府对欧美人采取了坚定的立场，要求中国忘掉1894—1895年的中日战争，千方百计地加强同日本的贸易和经济联系。

维新派在“百日维新”期间为发展中国民族工业扫清道路的实际活动，是不合日本殖民者的口味的。

据伦敦《泰晤士报》报道，伊藤侯爵还在1898年9月启程去中国以前，就曾“表示担心皇帝操之过急”，并打算“劝他放慢速度”。日本统治集团对于伊藤与载湉会见的结果抱有很大希望，这次会见是在宫廷政变前夕举行的，当时的光绪帝事实上已经处于一个囚徒的地位。

日本人虽然帮助梁启超、王照和变法维新运动其他领导人逃出中国并准许他们在日本避难，但是也和英国人一样，所追求的当然只是自己在政治方面的自私目的（附带提一下，早在1895年，日本就已经准许另一个中国流亡政治家——孙中山避难）。

1898年10月，康有为到达香港不久，日本领事上野秀次郎曾来拜访康有为，告诉他日本首相大隈有意实现联合东亚各民族的计划，希望同康有为交换一下意见。康有为为了取得日本的支持，以便使载湉复位，决定接受大隈的邀请，于10月19日去日本。

但是康有为并没有从日本人那里得到所希望的援助，而且北京宫廷政变一年以后，日本政府同清廷的关系又非常密切起来，竟致不准康有为于1899年10月从加拿大回中国香港途中在日本停留。

1898年9月17日（新历29日），俄国驻日公使罗生曾向外交部报告他同日本首相大隈会谈的经过，大隈认为中国的事件是满洲人同北京朝廷中的汉人斗争的表现（在大隈看来，朝中的汉人得到了坚决革新的光绪帝的支持）。大隈毫不隐瞒日本政府倒向中国守旧派一边的方针，并且宣称满洲人已“通过不让年轻无经验的光绪帝实行过激措施的办法”恢复了慈禧的训政，而“慈禧也的确是一个声誉卓著的经验丰富的女政治家。”

其他列强对宫廷政变也都是完全漠不关心的。

1898 年，美国为了争夺加勒比海殖民地和菲律宾正在同西班牙作战，美国帝国主义“在‘解放’菲律宾的借口下扼杀了菲律宾”。德国正在竭力设法开发山东，并且参加瓜分西班牙在太平洋上的殖民地。法国则忙于使印度支那殖民地化和扩大自己的中国南部和西南部的工商业活动。

沙皇政府 1897 — 1898 年间的注意力则是集中在修筑横贯西伯利亚的铁路干线，开发俄国的远东和滨海地带，完成中东铁路南线的建筑工程（这条支线为渗入中国东北开辟了极其广大的可能性，并把海军根据地旅顺及贸易港大连同俄国连接起来）。

《马关条约》中对中国的侮辱性条件因俄国的干涉而略有减轻，这种情况加强了俄国在中国的地位。贝思福勋爵在他的访华报告中不得不承认：“英国的威望当然低于俄国”，并且举出了中国各种活动家的许多言论来说明国内的亲俄情绪。例如，与变法维新运动有关系的中国著名实业家和铁路总公司督办盛宣怀代表一大部分中国人向贝思福说：

> 希望英国人的帮助有什么好处……俄国人已经给我国出了一些力，他们的国家强大得多。同俄国人亲善的政策将是更为明智的政策。

还在 1896 年 6 月 3 日，俄中两国就在彼得堡签订了一项密约，建立了两国对付日本的军事同盟，规定日本一旦进攻中国、朝鲜或俄国，中俄双方采取共同行动。

沙皇政府密切地注视着外国在中国的活动。沙皇俄国参谋本部上校普洽塔写道：“任其自行其是的中国永远不会成为俄国的危险邻邦，但是在外国代理人控制下的中国（这些代理人硬要向中国提供军火、教官和实现西方政治阴谋的战略计划），这样的中国使我们不得不加以警惕。”

当时俄国报刊中的资产阶级自由派机关刊物（例如，《欧洲通报》杂志）对于中国这次自上而下的、“合法的”变法维新运动抱同情态度，刊载了从中国报纸中选译的某些号召实行改革的文章。杂志认为中国的变法维新运动是外国掠夺的直接后果。

《欧洲通报》就 9 月 21 日的宫廷政变写道：“废立本国皇帝的中国保守派，只是加速了帝国内部瓦解的过程，因为我们看到代替自上而下的、救国的变法维新运动而起的，是自下而上的革命运动，它的结果对中国来说仍会是悲惨的，尽管这个结果对于列强也许更方便，也许是列强所更加期望的。”

但是，沙皇的中国的外交人员对于变法维新运动却根本漠不关心；俄国驻北京代办巴布罗福直到 8 月 26 日（新历 9 月 6 日）李鸿章被免职时才第一次向外交部报告变法维新运动的情形，并且说李鸿章之所以被免职是由于中国皇帝想“得到解放，摆脱原先那些老派顾问的严厉的监督，把治理国家的主动权抓在自己的手中。”

巴布罗福在以后给俄国外交部的为数很少的几件关于北京维新派活动情形的报告中，有时候暴露出他对事情的真相一无所知；例如，他把康有为说成是一个曾长期住在日本的人，把张之洞称为康有为的追随者等等。巴布罗福对于宫廷政变和慈禧再次训政的情形报告得比较详细。他把维新派的全部活动说成是“中国皇帝幼稚地企图摆脱慈禧太后及其党羽的控制，以便在自己新从汉人‘进步分子’中选用的心腹的帮助下独立自主地掌握政权。”巴布罗福在同一份报告中指出，宫廷政变的发生，是由于慈禧已经决定“对于中国皇帝的轻举妄动不能再袖手旁观（他由于性格软弱和缺乏经验已经陷入野心家的手中），应当立即彻底消灭康有为和他的同党的擅权专断……因为这些人是必然会把中国导向灭亡的。”巴布罗福写道，宫廷政变发生得如此迅速和突然，“甚至很难信以为真”，他并且作出完全正确的推测道，慈禧所以采取如此仓促和坚决的行动，是袁世凯告密的结果。

综上所述，没有任何一个资本主义国家反对宫廷政变。不但如此，慈禧的反动政权还被列强正式承认。1898 年 12 月 13 日，即满汉守旧派血腥镇压了变法维新运动以后三个月，英国公使窦讷乐的夫人和其他驻京外国使节的夫人都出席了慈禧在皇宫中举行的正式招待会。帝国主义列强进一步巩固同慈禧的满族反动集团的关系，其目的在于对付中国人民，这件事实清楚地说明了马克思主义的下列原理：帝国主义为了在殖民地寻求社会支柱，首先同统治阶层——封建主和商业高利贷资产阶级结合起来，以反对大多数人民，力求保全并永远保全那些作为帝国主义反动同盟生存基础的资本主义前的剥削形式（特别是在农村）。

变法维新运动的领导者康有为、谭嗣同和梁启超在给光绪帝的奏折中曾不止一次地劝告他把希望寄托在英国，并且力求同新兴的远东强国、日本靠近。

毛泽东同志在他的《论人民民主专政》一书中详细地解释了变法维新运动参加者在对外政策方面倒向英国和日本的原因。毛泽东在阐明19世纪下半期资产阶级社会政治思想的特点时写道：

> 学了这些新学的人们，在很长的时期内产生了一种信心，认为这些很可以救中国，除了旧学派，新学派自己表示怀疑的很少。要救国，只有维新，要维新，只有学外国。那时的外国只有西方资本主义国家是进步的，它们成功地建设了资产阶级的现代国家。日本人向西方学习有成效，中国人也想向日本人学。在那时的中国人看来，俄国是落后的，很少人想学俄国……
>
> 帝国主义的侵略打破了中国人学西方的迷梦……

同时也必须注意到这种情况：恭亲王在世时，特别是中日战争之后，清政府在外交政策问题上开始采取倒向俄国的方针，甚至同俄国签订了反对日本的防御同盟密约。维新派一方面谴责在恭亲王主持下的政府的对内对外措施，同时也反对同俄国靠近的政策。

变法维新运动的参加者虽然满腔爱国热诚，但却把英国和日本的政策理想化了。他们不懂得"帝国主义列强侵入中国的目的，决不是要把封建的中国变成资本主义的中国，而是恰恰相反，要把中国变成它们的半殖民地和殖民地。"

自从变法维新运动失败以后，康有为先后住在中国香港和日本，仍旧指望英国和日本给予援助；但是俄国驻北京代办巴布罗福在1898年11月5日（新历17日）给外交部的报告中说："英国迅速地改变了对北京的政策的方向，最近急剧地转向慈禧太后及其同党一边，日本目前的态度极端审慎和矜持，这些看来已经使康有为深信他的指望是落空了。"尽管如此，康有为还曾再一次企图怂恿列强抗议宫廷政变，在1898年11月初向驻北京各国外交代表散发了冗长的信函，以非常激烈的措辞谴责了慈禧篡夺政权的行为，并且呼吁列强替光绪帝打抱不平。

慈禧的再度训政，载湉一切新政的被撤销以及对维新派的横加迫害，掀起了中国人民反政府和排外运动的新浪潮。守旧派镇压爱国的变法维新运动这件事，在国内被看成是满洲人和外国侵略者、首先是英国人之间秘密勾串的结果。

俄国驻北京代办巴布罗福向俄国外交部报告说，在居民当中"开始越来越多地散布着关于下列各方面的一些极为荒诞的谣言：关于最近宫廷事变的真正原因和真相的传闻,关于这次事变有外国人参加的无稽之谈,以及关于即将把这些外国人像中国一切灾害的真正祸首一样加以惩办等说法……不能否认,目前在中国各个阶级的居民中显露出一种纷扰不安的情绪,这些情绪一有机会就很容易转变成公开的骚动。”因此,在维新派六个领导人被处决以后,英国人和日本人劝告清政府不要再采用过分严厉的惩罚手段,不是没有道理的。

在处决这六个维新派的第二天,京师就发生了大规模的排外骚动,英国和美国公使馆的人员都受到攻击。惊慌失措的英国公使立即把英国军舰调到大沽口。其他驻中国京师的外国使馆也学英国人调来了军舰。

宫廷政变后不久,董福祥将军驻扎在北京近郊的部队开始了排外骚动,在北京附近测量地形的四个英国人在骚动中遭到了士兵的攻击。1898 年秋,四川、广西、贵州、安徽、山东、甘肃和其他各省的排外运动,达到非常巨大的规模,这些运动在 1899 年年底到 1900 年年初汇合成了一次声势浩大的义和团人民起义。1898—1899 年间不断发生的中国人民的排外和反政府骚动以及义和团起义,阻止住帝国主义列强把中国变成它们的殖民地的企图。

11. 谈康有为的空想主义社会学说——“大同”学说

关于“大同”之世的学说,在该世纪末的中国社会思想史上占有特别重要的地位。

康有为在 1887 年所著的《大同书》中详细地阐述了“大同”学说。由于检查条件所限,《大同书》在当时不能发表,但是康有为的门生和变法维新运动的拥护者都认真地读过这部书的手稿。

“大同”学说的许多基本论点,康有为自己后来曾在所著的理论著作《新学伪经书》和《孔子改制考》中加以采用,但是,除去《礼运注》以外,他没有在任何其他著作中阐述过他对未来社会制度的看法。

康有为企图在《大同书》中证明人类是能够通过建立理想社会制度的办法摆脱苦难的,并且号召把所有阻挠建成这种未来社会和达到“极乐”的一切障碍扫除掉。

康有为在《大同书》的开关部分谈到他之所以创立这种使人类摆脱苦难的学说时写道:

乡人之酬酢,里妇之应接,儿童之抚弄,宗姓之亲昵,耳闻皆勃谿之声,目睹皆困苦之形。或寡妇思夫之夜哭;或孤子穷饿之长啼;或老夫无衣,扶杖于树底;或病妪无被,夕卧于灶眉;或废疾癃笃,持钵行乞,呼号而无归。其贵乎富乎,则兄弟子侄之阋墙,妇姑叔嫂之勃谿,为接为搆,忧痛惨悽。号为承平,其实普天之家室,皆怨气之冲盈,争心之触射,毒于黄雾而塞于寰瀛也。若夫民贼国争,杀人盈城,流血塞河,于万斯年,大剧惨瘥。呜呼痛哉!生民之祸烈而救之之无术也,人患无国而有国之害如此哉!……苍苍者天,抟抟者地,不过一大杀场大牢狱而已。

康有为从中国史书和他读过的欧洲各国历史书籍的中译本里,举出许多事例来证明几千年来全部世界史中战争和内乱是连绵不断的,并且指出,促使他创立"大同"学说的主要动机之一就是要拯救人类免受无穷的战祸。描绘德军攻占法国要塞色当的幻灯片使他产生了特别强烈的印象;这些镜头是他有一次在广州偶然看到的。他的反战信念是在不久前结束的中法战争的影响下形成的,因为这次战争的后果对于他的原籍、边疆省份广东的居民生活,影响特别惨重。

康有为虽然承认他不是企图指出人类的困难处境如何才能得到摆脱的第一个人,但是他对于基督教、佛教、伊斯兰教、犹太教、婆罗门教和道教都曾加以分析批判。他断言,尽管这些宗教的创始人和信徒也遵守仁爱精神,可是无论哪一宗教都没有发现使人类摆脱苦难的正确道路。基督教劝人相信,能够得到快乐的地方不是人间,而是天上,天堂;佛教、婆罗门教和道教号召苦行和残酷折磨肉体,号召脱离家庭、社会和国家,号召跳出周围世界;犹太教宣传压制女子;印度教规定人与人之间应保持严格的种姓差别,并且把妇女置于受屈辱的地位。

康有为虽然认为许多年后在未来的理想社会里,家庭和国家是会消失的,但却反对那种鼓吹脱离周围世界的宗教宣传。他宣称,因为人是生于家庭,由家庭抚育培养起来的,那么他对于家庭就负有一定的义务,不应弃绝家庭;每一个人都生活在一个一定的国家里,都接受这个国家的文化,学到各种手艺、艺术和学识,因而他们对于国家也都负有一定的公民义务,这些义务必须履行。康有为写道:"然人人弃家舍身,则全地文明不数十年而复为狉榛草木鸟兽之世界,吾更何忍出此也!"

康有为指出,上述各种宗教学说都存在着缺点,但是它们却都在一定的程度上反映了人类对美好生活的向往。在他看来,不管哪一种宗教所宣传的家庭关系和国家关系都有助于人们为谋生存而进行的共同斗争。无论哪种宗教的教义中所包含的法最初都是给人谋幸福的。人们都喜欢过集体生活而厌恶孤独(喜群恶独),因此,人们都乐于接受那些规定人类社会生存的公平原则的法。但是后来一切的法都被强者所歪曲,用来奴役弱者;法开始为进行压迫服务,人们失去了在人间获得幸福的希望,于是他们的思想就转向乞灵于来世的宗教学说。

"结党而争胜,从强而自保者,人情之所不能免也。故有部落、国种之分,有君臣、政治之法,所以保全人家室财产之乐也……

盖原世法之立,创于强者,无有不自便而陵弱者也。国法也,因军法而移焉,以其遵将令而威士卒之法行之于国,则有尊君卑臣而奴民者矣。家法也,因新制而生焉,以其尊族长而统卑幼之法行之于家,则有尊男卑女而隶子弟者焉。"

从前规定下来的法后来变成了惨重灾难的根源。这些法使得社会上产生不平等现象,使得许多人受到压迫。因此,直到现在,世界上还没有任何一个国家能使人人获得幸福。

由此可见,无论哪一种宗教都没有给人类指出摆脱原来处境的出路。但是出路是有的,创立"三统"和"三世"学说的伟大孔子在二千多年以前就找到了这种出路。不过后来,真正的孔子学说被他的继承者歪曲了。康有为在寻求救人脱离苦难的方法时"发现了"这个被大家遗忘了的孔子学说。

康有为所以把"大同"学说说成是孔子创立的,是为了使自己不致被人指责为有"自由思想"和蓄意触犯占统治地位的官方儒家哲学。但是实际上,就连他那"大同"学说中的一些从据说是孔子本人和他的最亲近门徒所撰述的《礼记》《礼运》篇和《春秋》里借用来的主要论点,也完全是他的一些任意的解释,并且是为了证明他的观点正确用的。

《礼运》篇所记述的,是孔子在和他的弟子言偃(字子游)谈话时对于他的同时代的人脱离太古时代人民所遵行的"大道"所表示的惋惜,并且描绘了"大同"时期理想社会的情景,说那时的人都是和睦相处,彼此关心的。孔子说道:

> 大道之行也,天下为公,选贤与能,讲信修睦。故人不独亲其亲,不独子其子;使老有所终;壮有所用,幼有所长,矜寡孤独废疾者皆有所养。男有分,女有归。货恶其弃于地也,不必藏于己;力恶其不出

于身也，不必为己。是故谋闭而不兴，盗窃乱贼而不作，故外户而不闭。是谓大同。

在中国社会思想史上，康有为最先认为孔子在和弟子言偃对话中所讲的不是过去的社会，而是未来的社会，并且认为所有以前的那些儒经注释家把“大同”时代看作是中国历史上的一个过去的阶段是犯了严重的错误。康有为从对于经文的这种解释出发，把《礼记》《礼运》篇的上面这段引文作了这样的理解：

大道之将行也，天下将会为公，将会选贤于能，讲信修睦。故人将不独亲其亲，不独子其子；亦将使老有所终，壮有所用，幼有所长，矜寡孤独废疾者皆有所养。男将有分，女将有归。货恶其弃于地也，将不必藏于己；力恶其不出于身也，将不必为己。是故谋将闭而不兴，盗窃乱贼而将不作，故外户而将不闭。是将谓之大同。

还在1884年冬，康有为在撰述《大同书》时，曾在另一著作《礼运注》中首次提出了他对《礼记》这一篇的独特解释，他的解释和以前的一切注疏都根本不同。康有为写道：

大道者何？人理至公，太平世大同之道也。三代之英，升平世小康之道也。孔子生据乱世，而志则常在太平世，必进化至大同，乃孚素志，至不得已而为小康，亦皆不逮，此所由顾生民而兴哀也。

康有为在解释“……天下为公，选贤与能”这两句时写道，到那时全世界的人都将亲自参加国家管理。国家和整个世界只是全世界的人所共同掌握的工具，绝非一人一家所能私有的东西。因此，应当集合全体人民共同选出贤能的人来执行他们的职责，而不得把这些职责传给他们的子孙兄弟。这将是对于一切君臣都适用的公理。

“讲信修睦”这句话，在康有为看来，就是说，当所有国与国之间和人与人之间都能按照平等自立的原则交往，互不侵犯，彼此缔结和约并严格遵守的时候，就会充满正义、和平、彼此亲睦的气氛，就不会尔诈我虞，也不会发生杀戮和战争。到那时就没有必要再订立国际公法。这将是朋友有信的公理。

康有为写道，每个人当然最爱自己的父母子女，但是，如果他不爱别人的父母，不爱别人的子女，那么天下一切贫贱与不肖和老幼鳏寡孤独残废的人都将会困苦颠连，失所教养。如果在人中间没有平等，那么教化就不会均，风俗就不会美，人种也不会得到改良。但是，即使教化能在人民群众中广泛推行，使大家都能普遍享受，人与人之间的不平等仍旧不会消除。因为老幼鳏寡孤独残废的人仍然会存在。康有为断言，期待社会的救济要比期待自己亲属的救济可靠得多。因此，到了普遍平等的时代（公世）人人都将拿出一部分为养亲抚幼用的产业和钱财作为公产，以供社会用来养老抚幼，恤贫医疾。一切劳动只由成年壮丁来担任；那时任何人都不会有老病孤贫的忧虑，不但风俗会美，人种会好起来，社会也将日益进步。在康有为看来，这将是父子之间的公理。

康有为在分析"男有分，女有归"这句话的时候解释道，男子虽强，可是他们的权利应当有严格的限制，丝毫不得逾越，女子虽弱，但应当自立，不得对她们加以侮辱和压迫。夫妇应立和约，共同遵守。这将是夫妇之间的公理。

康有为写道，既然所有的财产都将成为公产，就可能产生这样的情况：诡巧的人就会靠别人来养活，自己不想从事工农业生产；懒惰的人将会利用别人的劳动，自己不出劳力，喜欢侵占公产来满足私欲，损人利己。由于这些，大道就会沦亡。因此，大家都应当厌恶那些不出力和不工作的人。但是，因为将来要取消刑罚，社会也只能对这些人表示鄙视。那时大家会认清这些人的作风是不正当的，自己也会努力端正自己的行为。如果文化和习俗能以不断改善，人种能以日益完美，那么，每个人自然会去掉私心，一心为社会服务，不会专爱自己，也会兼受别人。大多数人都会把自己的财产分出一部分交给社会，也会献出自己的劳动力听从社会支配。康有为在这里还发挥了关于必须取消家庭、国家和私有制的论点。他说，如果存在着国家和家庭的界限，那么，每个人就会有自己的小天地，只想到他自己，这样就会给公理带来巨大损害并阻碍进步。人人都是由天所生，所以人人都是直属于天的；凡是属于天的一切，都应当属于整个社会。只有当天下为公的时候，一切才会以公理为本。

康有为返回头来注释他所研究的《礼记》《礼运》篇的开始部分时，写道：

> 公者，人人如一之谓，无贵贱之分，无贫富之等，无人种之殊，无男女之异。分等殊异，此狭隘之小道也。平等公同，此广大之道也。无所谓君，无所谓国，人人皆教养于公产而不恃私产，人人即多私产，亦当分之于公产焉，则人无所用其私，何必为权术诈谋以害信义，更

何肯为盗窃乱贼以损身名，非徒无此人，亦复无此思。内外为一，无所防虞，故外户不闭，不知兵革。此大同之道，太平之世行之。惟人人皆公，人人皆平，故能与人大同也。

康有为根据对《礼记》《礼运》篇一段引文的上述解释，在《大同书》中描绘了未来理想社会的美好情景，并且把孔子关于“大同”世的见解和公羊高在所著的《公羊传》(《春秋》的注释)中第一次提出的“三世”之说混同起来。在公羊高的注释中，“三世”这个名词只是用来给《春秋》所记事件划分时期：孔子亲眼目睹的事件划入“第一世”(所见之世)；孔子从目击者那里听来的事件划入“第二世”(所闻之世)；孔子从间接传言得知的事件划入“第三世”(所传闻之世)。后来注释《春秋》的一些人，首先是自命为公羊学家的董仲舒，企图在《春秋》中发现孔子的微言大义，他们认为这些微言大义是孔子用譬喻和隐蔽的形式写进书里去的。随后，大多数注释《春秋》的儒者在“三世”的分期上找到深奥的意义，把“三世”这个名词加以任意解释，说它所指的是夏、商、周三代的不同社会制度(由此证明政治制度是随环境而变更的)，或者说它是中国历史上的三个阶段：“据乱世”“升平世”和“太平世”。除去这两种最流行的解释以外，还有许多更不切实际的《春秋》注释。

康有为在所著的《大同书》里把公羊学家对《春秋》所作的注释中的“太平世”和“升平世”同《礼记》《礼运》篇中的“大同”和“小康”两个时代混为一谈。

按照康有为所“重新发现”的孔子学说，人类在其发展过程中经历三个时期，每一个时期都应当符合各该时期的公理。继“据乱世”之后应当是“升平世”和“太平世”。“升平世”的特点是“小康”之道，到了“太平世”则应实行“大同”之道。在康有为看来，孔子认为必须按照周围环境的要求来改变公理和习俗。孔子说：“穷则变”；“观其会通以行其典礼”。孔子所最担心的是，人们盲目地遵守旧的观念，不懂得加以变更，也不去寻求摆脱苦难的方法。

由此可见，康有为用解释孔子及其门徒的思想和方法在《大同书》里阐述了他自己的空想主义社会学说，而把这个学说的创立者硬加在孔子本人身上，认为自己只不过是将孔子关于未来社会的主张加以普及。

《大同书》的最初几章谈到人类在“据乱世”和“升平世”的困苦状况。

康有为认为中国正处在“据乱世”，并列举和详细描述了中国人民所经受的无数灾难。人一降生，苦恼和不幸就随之降临，人从有生之初就遭遇到种种社会不平等。穷人、奴隶和被压迫民族代表人物家庭的子女，从极小的年纪就受到贫困之苦。康有为描述了他直接从周围的现实中看到的一些惨绝人寰的社会不平等现象。

作者在谈论贫困的时候说道，在现社会中人是"无财不足以为悦"的。他叙述了许多穷人寻死自尽的事件，描绘了被迫出国寻找工作的华侨的种种苦难。他指出，甚至在那些已经进入"升平世"的富国如英国和美国之中，大的工厂和殷实的商行迫使规模小的厂号破产，贫民栖身在城市中黑暗肮脏的地区；面黄饥瘦，衣裳褴褛的人们，住在地窖里面，靠行乞和窃盗为生；婴儿经常夭折。康有为问道：难道所有的人不是一个天所生的么？难道人不是一样的么？可是，为什么他们所处的境遇又彼此相去如此之远呢？

康有为在说明由不公平的管理制度所产生的苦难时，谈到中国和亚洲其他国家的残酷的刑讯和处罚。接着他还指出，即使在那些已进入"升平世"的各欧美先进国家里也还存在着令人痛苦的监狱制度和刑罚。

康有为反对那些令农民受到苦难的苛税，反对当局和地主的横行霸道。他写道："今土司大田主之役其私属，一家之私事皆役之。"康有为引用了孔子的话，认为孔子仿佛是奴役的反对者，并且盛赞宋朝维新派王安石所实行的免役新法。

作者在批评那些对于论述外国情况的书籍一无所知的愚昧冥顽的人的时候，预言说，这些落后愚陋的人不能建成新的社会——"大同"社会，就和不能蒸沙成饭一样。

那些被迫不得不在田野、矿井和矿山等处从事力不胜任的工作的人，经常受着数不尽的苦难。虽然在欧美的一些国家里实行了八小时工作日制，但是那里的工人也经常忍受着可怕的贫困。

人也由于不能满足自己的欲望而感到痛苦。在这个世界上充满了不平等现象。富人耳接优美的音乐，目染五颜六色的花卉，穿华服，食甘旨，乘舒适轻快的舟车。穷人则经常忍饥挨饿，破衣褴衫，受恶臭气的熏蒸，在泥泞中跋涉。一些人可以尽兴游历，遍访各名山胜地，另外一些人却足迹不能出乡里一步。一些人拥有大量藏书，另外一些人却不识一丁，无论穷人的欲望是多么微薄——只是想弄到一些简单的衣食，他们也还是不能得到满足。在这里，康有为引用了杜甫的诗句："朱门酒肉臭，路有冻死骨。"

康有为谴责"据乱世"和"升平世"的社会不平等时写道：

> 人皆天所生也。同为天之子，同此圆首方足之形，同在一种族之中，至平等也。然太古之世，人以自私而立，则甲部落虏乙部落而奴役之，于是人类之阶级有平民奴隶之分焉。其部落之酋长以武力而魁服其众，自私其子，世传其位，于是王族之尊自别异于众庶矣。其一部落之中，以材武力智佐酋长有功者，亦世传其爵位以握政柄，其婚宦皆不与凡庶伍，于是贵族之名自别立于平民之上矣。

作者在描述阶层划分的产生时，作出结论说，在"据乱世，以强凌弱，以众暴寡，以智欺愚，以富轹贫"，即使在欧洲，"至今贵族平民两争峙焉"。

康有为写道，尽管所有的人都希望富，但是富者的生活也并不美好。他们经常受到火灾、战乱、抢劫和加税之苦。而且在富者的家庭里最常发生内讧和彼此仇视的情形。

为了说明在"据乱世"中就连富人也真正享受不到幸福，作者写道：

> 故乱世富可侔国之人，不若太平世贫无立锥之土也。

人都祈求长寿。但是在"据乱世"中，老人的苦楚特别深重。在欧美，老而富者总有亲戚千方百计地毒害他们的生命，以求早日继承遗产，对于老而贫者无人眷顾，任其贫苦无告。

康有为得出结论说，人的一切痛苦都是由于九个原因，即九"界"所产生的，破除这九界，才能达到"大同之世"，按照康有为的说法，这九界为：

（一）国界，即国家和部落之分。必须去国界，把世界一切国家联合到一起；

（二）级界，即贵贱贫富之分。必须去级界而使人人平等；

（三）种界，即黄、白、黑各种族之分。必须去种界；

（四）形界，即男女不平等。必须去掉这种界限；男女双方都应当独立自由；

（五）家界，应当消灭家庭，所有的人都应当是天的平等的儿女；

（六）业界，即由于人们从事个体农业、手工业、商业活动而形成的界限。这种界限应当通过实行集体生产来消灭；

（七）乱界，由于有不平等现象，由于有人不同意公众的法律而形成的界。这种界应当通过实行"太平"之道来去掉；

（八）类界，即人与鸟、兽、虫、鱼等动物之间的界。应当根据爱众生的原则来去掉这种界；

（九）苦界，即由于各种苦难会接踵嬗替而来，不可能根除而产生的界。这种界能够通过“至极乐”的方法来破除。

《大同书》的以后各条正是讲述破除这九界的方法。为了给人类指出摆脱苦难的道路，康有为批判了以私有制为基础的社会的缺点，并且证明了生产资料公有制的优越性。

他的分析先从农业开始，所提的论题是：“农不行大同则不能均产而饥民。”为了发挥这种思想，他写道：

> 中国许人买卖田产，故人各得小区之地，难于用机器以为耕，无论农学未开，不知改良。而田主率非自耕，多为佃户，出租既贵，水旱非时，终岁劳动，胼手胝足，举家兼勤，不足事畜，食薯煮粥，犹不充饥，甚者鬻子以偿租税，菜色褛衣，其困苦有不忍言者。

康有为指出，在个体生产的条件下，一些农民耕地多些，另外一些农民耕地少些。由于农民的耕地面积和所费的劳动不一样，他们所收获农产品的质量和数量也就互有不同。任何人都不能预先知道，应当耕种多大面积以及种植何种农作物才对他有利。结果就在农业中间产生出剩余的产品。同时，对于肉、鱼、果实、木柴的需要量也是很难预先确定的。如果这些商品准备得少了，社会上就感到不够用。可是农产品生产过多，那也就意味着农民暴殄天物并把劳动浪费到无用的地方。康有为问道，一个农民生产不足，另一个农民生产过多，浪费劳动，那么照整个社会算来，白白浪费的工时和枉费的劳动，该有多少啊？

康有为看到，欧美各国农民的状况也非常困苦，并且认为这是由于社会不均造成的。他写道，即使和欧美的现实情况一样，发展农业科学，种植新品种农作物，大量生产化学肥料，广泛采用各种机器，如不将土地分成各个小区段的状况加以改变，仍然不能获得均一的。为了显示他对欧洲经济学说的认识，康有为写道：

> 英人傅氏之论生计，欲以十里养千人为大井田，其意仁甚。然亦不可行也。盖许人民买卖私产，即各有私产，则贫富不齐，终无由均……盖非太平之道。

至于工业方面，康有为写道，近年来由于技术的发达，斗争日益加剧。从前，商品是由手工业者生产，他们能够独自做完全部活计，可是现在安装在工厂里的机器夺去他们的工作。他们失去了谋生之道。制造厂、轮船厂、铁路、大商号、大农场——所有这一切,都是由厂主所掌握。每一个厂里都有千万工人在劳动,他们的生活依靠厂主的恩赐。因此,富者愈来愈富,贫者愈来愈贫。

康有为指出,每一个厂主在进行生产时都是各自为谋的。各地区的工人数量多少不同。工人多的地方,劳动力的价格贱;工人少的地方,劳动力的价格贵。既然是每一个资本家各自生产一定的商品,其结果必然会造成甲种商品多而有余;乙种商品少而不足;有余的必然销路停滞,价格低落;不足的必然供不应求,价格高昂。在这种情况下,一部分资本家发财致富,另一部分资本家逐渐破产。大量制成品因无销路而损坏;千百万工人的劳动从而白白浪费掉。现在,全世界的统计学家经常在计算供求的情况,以求能避免商品的生产过剩,但是在私有制消灭以前,他们的工作是得不到成就的。

康有为坚决谴责了欧美各国的资本主义制度。他写道:

> 机器之在今百年,不过萌芽耳,而贫富之离绝如此;过是数十年,乃机器发达长上之秋……资本家之作厂商场愈大愈远,银行周国土,铁道贯大地,商舶横五洲,电线裹大地,其用工人至为亿为兆而不止,如小国焉。其富主如国君,其百执事如士大夫,其作工如小民,不止贫富之不均远若天渊,更虑昔者争土地、论贵贱之号为国者,改而争作厂、商场以论贫富为国焉。

康有为预言说,劳动群众为争取平等权利的斗争将日益发展。他写道,近来工人不断组织政党,向厂主提出自己的要求。在欧美各国,工人骚动日渐扩大,但是现在只不过是一个开端。工人的政党今后将会团结更多的群众,并将酿成新的战争——贫与富之间的战争。

接着,康有为对当时的商业状况作了一番分析批判,他写道:

> 若夫商业之途,竞争尤烈,高才并出,骋用心计,穿金刻石,巧诈并生。由争利之故,故造作伪货以误害人。

商人自己经常彼此争斗,他们在争斗的过程中互相倾轧。甲商发财,乙商嫉妒;丙商破产,丁商称快。他们争夺利润的时候,就连至亲,也概不顾惜,一律欺骗。

作者指出,私营商店不消灭,商业中是不可能取得成就的。商人不可能得到关于居民需要和真正销路的确实资料。结果,一个地方商品过剩,另一个地方商品不足。商品的价格也随着供求的消长而变动。这时,有一些商人发了财,另一些商人就破了产。

(张时裕等译)

孙中山——苏联人民的朋友

（谨以此文纪念孙中山先生诞辰一百周年〈1866—1966〉）

列宁曾高度评价孙中山，称赞他是“充满着崇高精神和英雄气概的革命的民主主义者”。孙中山领导的辛亥革命，推翻了清王朝267年的统治，建立了共和制度。

俄国十月革命和苏维埃国家的内外政策对孙中山产生了很大影响。1923年12月31日，孙中山在广州（广东省）新年演说中这样说：“从今以后，我们要以俄为师。”

本文展现了中国革命家孙中山的勇敢形象，展示了他对中国人民彻底战胜内外反动势力的坚定信念，以及他对中国真诚的朋友和盟友——苏联的热爱。

本文作者谢·列·齐赫文斯基，历史学博士，教授，远东地区历史和国际关系领域的杰出专家。

“驱除鞑虏，恢复中华”

伟大的中国革命家、苏联人民真诚的朋友孙中山于1866年11月12日出生在中国南方广东省翠亨村的一个贫穷的农民家庭。在移民夏威夷的兄长的帮助下，孙中山完成了在香港医学院的学业，取得了医学学位。

19世纪末，满清统治（1644—1912）的中国处于半殖民地半封建社会，是一个落后的国家。中国被迫签订了苛刻的不平等条约，中国人民饱受本国封建势力和帝国主义的双重压迫。

中国人民多次发起反对满清帝制的斗争。在争取民族解放的斗争中，年轻的医生孙中山于 1894 年成立了中国第一个革命团体——兴中会。

从 1895 年 10 月 26 日爆发于中国南方城市广州的第一次革命起义到 1911—1912 年辛亥革命期间，中国革命经历了 16 年艰苦而危险的岁月。尽管这些年孙中山侨居海外，但他的住所一直都是反政府武装起义的总部。与此同时，孙中山一直在制定反对满清帝制斗争的理论纲领。

以兴中会为基础的新的革命团体——同盟会于 1905 年在日本成立。孙中山在同盟会纲领的基础上创立了"三民主义"理论，意为推翻满清帝制，复兴中华，建立民主共和国，平均地权。孙中山希望制定一个能够给予中国人民行政权、立法权、司法权、考试权和监察权的宪法。

三民主义既具有先进性，同时也存在着不足。孙中山没能认识到社会矛盾的阶级性和反对帝国主义和封建主义革命任务的重要性，而把矛盾的实质归结为汉族和满族的民族矛盾。

由于惧怕西方强国在革命进程中公然干涉，孙中山在革命纲领中没有提出反帝口号。此外，他多次向帝国主义国家保证，如果西方强国保持中立，那么革命党人将会严格遵守所有先前签订的条约和协议。

以同盟会机关报《民报》为主的中国革命报刊在 1905 年至 1907 年间广泛地报道了俄国第一次革命事件，积极地推广了俄罗斯无产阶级的革命斗争经验，并号召将这些经验应用到实践中去。

中国革命党人称赞俄国人民反对沙皇专制统治的革命斗争，在报刊中这样写道："俄国革命一声惊雷，震惊了整个世界。整个世界都知道了俄国社会革命党人的力量……这个国家可以帮助我们，为我们指明革命方向……"(《民报》，1906 年 5 月 1 日)

然而，无论是孙中山还是同盟会的其他领导人，在《民报》发表的关于俄国 1905 年至 1907 年革命运动的大量文章中，对俄罗斯革命阵营的阶级成分，对列宁主义者反对工人运动中的机会主义者、反对在革命高涨时混入其中的资产阶级政党和地主资产阶级政党的尖锐的政治斗争都没有足够准确和清晰的认识，《民报》将所有俄罗斯革命派活动家都列入虚无主义者的范畴，主要是指民粹主义者，他们的观点在某种程度上和孙中山及其战友的观点十分相似。正如民粹主义者一样，同盟会活动家未能理解科学社会主义以及革命党——工人阶级先锋队的创造性作用。

1905年至1907年间,日本的俄国政治侨民数量大幅度增加,其中很大部分是民粹主义社会革命党人。孙中山在那里会见了于1906年逃离阿卡图依苦役监狱的社会革命党领导人——格·安·该鲁学尼,还会见了于1904—1905年日俄战争末期主编长崎出版的《民意报》的民粹派革命家苏济洛夫斯基(侨居后改名为鲁塞尔)。

中国杰出作家鲁迅在回忆录中说,在日本留学期间可以看出俄国革命派侨民对中国青年的巨大影响。认识到俄国革命经验和俄国文学对中国青年的影响,鲁迅写道:“那时较为革命的青年,谁不知道俄国青年是革命的、暗杀的好手?尤其忘不掉的是苏菲亚……我们岂不知道那时的大俄罗斯帝国也正在侵略中国,然而从文学里明白了一件大事,是世界上有两种人:压迫者和被压迫者!”(《鲁迅作品集》,苏联政治书籍出版社,1955年,第99页)

民粹主义社会革命党的信息是有关1905年至1907年俄国革命事件的最主要的消息来源之一。俄国社会民主工党成员维·康·库尔纳托夫斯基逃离了西伯利亚苦役,于1907年到达长崎,在横滨出版的日本报刊中用英文刊登了自己的文章。孙中山的秘书提及,1905年孙中山在巴黎结识了契切林,并与其长时间交谈。侨居巴黎的俄国杰出革命派马克思主义者米·巴甫洛维奇在1907年至1911年间与这位中国革命家广泛会晤,为其校订传单,并在其出版机构担任编辑。

日本社会党人的活动对在日中国政治侨民产生了很大的革命性影响。中国民主革命者通过日本社会主义刊物有了对马克思主义理论的最初认识。孙中山最亲密的战友朱执信在《民报》刊登了一些德国社会主义者及马克思的传记,以及《共产党宣言》的翻译选段。朱执信向读者介绍马克思革命理论,并尝试将马克思主义的一些理论和中国的实际情况结合起来。

尽管20世纪初的中国处于半殖民地社会,反清斗争不断发生,中国的工业却得到了快速发展。从1901年至1911年相继开设了340家中国民族资本企业,对外贸易额大大增加。国家经济和社会的进步更加推动了反清反封建起义。在很多省份,甚至在军队都产生了骚动。

满清统治灭亡前夕,侨居海外的孙中山积极领导同盟会进行活动,制订起义计划,筹集资金,购置武器,对革命进行广泛的宣传。

中华民国的第一位总统

革命最终爆发了。在反对满清统治的武昌起义(1911 年 10 月 10 日)取得成功之际,革命党人宣告成立中华民国,建立湖北军政府,号召全国人民推翻满清帝制。武装起义迅速蔓延到中国的南部和东部省份。到 11 月底,只有三个省未脱离清朝统治:直隶、河南和甘肃。

1912 年 1 月 1 日,孙中山在南京举行了隆重的中华民国临时大总统就职仪式。孙中山在就职誓词中承诺,将保护国家利益,忠诚为民众服务,在推翻满清帝制和"民国卓立于世界,为列邦公认"后卸去总统职务。

南京革命政府面临的最大现实问题是完成与北洋政府关于彻底废除满清帝制的谈判,并使共和政府为海外强国所承认。

得知革命爆发的消息,封建买办统治阶级很快将权力交给了受西方强国青睐的"自由派"袁世凯的手里。为防止革命风暴威胁到北方,袁世凯与清朝政府进行谈判。1912 年 2 月 12 日,隆裕太后以年幼的清朝最后一位皇帝溥仪的名义宣布清室退位。中国几千年的封建帝制结束了。然而,国家政权并没有掌握在孙中山的国民政府手中,而是落到了伪装成"自由派"的总督袁世凯手里。1912 年 2 月 15 日,袁世凯当选为中华民国临时大总统。

在任职大总统的短暂时期里,孙中山实行了一系列维护公民财产的民主政策和法令。在这期间,通过了资产阶级民主宪法,撤销了所有旧买卖法令,废除了监狱中的严刑拷问,允许出版、集会自由,禁止艺术品出境,禁止投机倒把行为,等等。

孙中山的个人品质在这一时期最为鲜明地体现出来:坚定的原则性(特别是他拒绝任命他的哥哥担任重要官职)、诚实、真诚、无私、与人相处时的单纯、平日的谦逊。

推翻满清帝制后,在追随孙中山的同盟会成员中,右派妥协分子逐渐占了上风,他们脱离人民群众的力量,单纯地希望通过"议会道路"来免去袁世凯党羽的参政权力。1912 年 8 月 13 日,同盟会和华中、华南的几个资产阶级政党合并成为新的政党——国民党。国民党和同盟会的纲领有很大不同,纲领提倡政治统一,开展地方自治。

辞去大总统一职后,孙中山倡导在中国建立"社会主义",积极进行有关发展中国经济和提高人民福利政策的宣传活动。孙中山在美国和欧洲的工人阶级罢工运动中看到了正在瓦解的资本主义世界的矛盾。可以肯定的是,中国的资本主义尚处在萌芽阶段,因此,孙中山倡导共和政府实行在帝国主义国家不可行的政策——国家经营政策。孙中山提出对生产、资源加工、大型民族企业和铁路实行国家监督,地租归国家所有。

然而,孙中山的"社会主义"与科学社会主义却截然不同。在尚未摆脱半封建半殖民地性质的中国社会,孙中山没有将反对帝国主义和封建残余势力的决定性斗争列入他的计划,他的思想是脱离实际的,非现实的。孙中山没能找到一条正确的道路来实现他的富国强民的理想,而是提出了空想式的"防止"资本主义计划:国家掌控级差地租,"使地产价值的增值额,成为创造这一价值额的人民的财产,而不是成为那些侥幸成为土地私有者的个别资本家的财产。"(《孙中山选集》,苏联科学出版社,1964 年,第 566 页)

孙中山领导的中国人民反对满清帝国的革命运动和民主革命活动得到了列宁等人的支持。布尔什维克的刊物系统地刊登了有关中国革命运动的消息。在 1912 年 1 月的布拉格会议上,俄国社会民主工党还特别讨论了关于中国革命的问题,并由列宁倡导做出决议,反对沙皇政府和自由资产阶级欲乘中国革命运动之际占领中国领土的掠夺政策。

孙中山在比利时《人民报》上发表文章《中国革命的社会意义》,此文得到了俄国无产阶级领袖列宁的响应。列宁在布尔什维克机关报《涅瓦明星报》上给予孙中山高度评价,称赞他是一位"充满着崇高精神和英雄气概的革命的民主主义者"。列宁这样写道:"孙中山的纲领的字里行间都充满了战斗的、真诚的民主主义。它充分认识到'种族'革命的不足,丝毫没有忽视政治问题……这是带有建立共和制度要求的完整的民主主义……它直接提出群众生活状况及群众斗争问题,热烈地同情被剥削劳动者,相信他们是正义的和有力量的。"(《列宁全集》,第 21 卷,第 401 页)

然而,列宁强调,孙中山的这种战斗的民主主义思想首先是同社会主义空想、同使中国避免走资本主义道路的愿望结合在一起的,其次是同宣传和实行激进的土地改革的计划结合在一起的。列宁指出,孙中山认为在中国可以"防止"资本主义,认为中国既然落后就比较容易实行"社会革命",孙中山的理论同俄国民粹主义者思想有很多共同之处。

列宁以孙中山为例,指出"在亚洲却还有能够代表真诚的、战斗的、彻底的民主派的资产阶级,他们不愧为法国 18 世纪末叶的伟大宣传家和伟大活动家的同志。”(《列宁全集》,第 21 卷,402 页)列宁强调了劳动群众在中国民主革命中的巨大作用,他指出:“只有革命人民群众的英雄主义才能振兴中国……能不能做到这一点,能做到什么程度,—— 这是另一个问题……这要看国际形势和中国各种社会力量的对比而定。”(《列宁全集》,第 21 卷,第 406 页)

然而,形势的发展对于中国革命来说很不利:自由资产阶段畏惧人民群众,投靠反革命势力。国际形势也变得对孙中山愈加不利:袁世凯不顾共和党人的坚决反对,与外国银行财团签订协议获得巨额借款,同时,公开实行针对国民党领导人的反动恐怖政策。

孙中山被迫再次移居海外,开始了革命工作的新阶段——同篡夺革命果实,代表中国封建主、买办阶级和帝国主义利益的袁世凯军国主义集团的斗争时期。对孙中山来说,这是一个可以对发生的国内政治事件进行思考的时期,是一个寻找新的革命活动形式和方法的时期,是一个寻找无论在国内还是站在国际舞台上都能给予支持的盟友的时期。

反对北方军阀,努力统一全中国

1914 年 6 月 8 日(其他史料记载为 7 月 8 日),孙中山在东京组建了新的革命组织——“中华革命党”,其任务是捍卫 1912 年建立的共和制度,反对袁世凯及其复辟企图。随后,在中国南方和东部许多省份突然爆发了军队起义,其指挥将领与“中华革命党”保持着联系。不久,宣布从袁世凯政府中独立出来的云南、贵州、广西和广东等省在广州成立了“南方自治省联盟”。1916 年 6 月 6 日,在全国反对帝制运动的浪潮中,袁世凯突然去世。

北洋军阀集团在袁世凯死后控制了北京政府。6 月 21 日,孙中山由侨居地返回到“南方联盟”的首都——广州,以组建反对北洋军阀集团的斗争根据地。

1917 年的夏天,北京国会议员们陆续南下广州,于 9 月 18 日召开非常国会,成立了反对北洋军阀的军政府,孙中山当选为大元帅,接受了“南方联盟”军事指挥权。但因“南方联盟”军队的实权控制在相互暗斗的各省军阀手中,孙中山并没有掌握军队的实际控制权。1918 年 5 月初,广西军阀首领陆荣廷联络直隶军阀,要求改组军政府领导层。孙中山被迫辞去大元帅之职,离开广州赴上海。

蛰居上海期间,孙中山暂时放下革命实践活动,着手完成了他的革命文献——《建国方略》。该著作由三本独立著作构成:《心理建设》(《孙文学说》)、《物质建设》(《实业计划》)和《社会建设》(《民权初步》)。

在《孙文学说》中他展现给读者一个狂热的爱国主义者的情感,他追求"乘时一跃而登中国于富强之域,跻斯民于安乐之天也"。可是,当时的孙中山还没有意识到,改变中国长期落后的唯一可行的办法就是全民族反对帝国主义者和军国殖民主义者的斗争,他们才是造成中国半殖民地半封建社会落后现状的罪魁祸首。除此之外,他在书中还列举了一些中国民众的心理病疾,需要具有"智慧而远见卓识的人"唤醒他们。孙中山认为,中国要达到民主社会还需要经过相当漫长一段的"军阀政府"和"政治托管"阶段。

孙中山在他的《物质建设》(《实业计划》)一书中详细阐述了经济发展的系统规划。他建议"将一概工业组成一极大公司,归诸中国人民公有",从本质上阐述了中国发展国家资本主义的宏大规划。他认为,借助外国资本建立的企业所有权理应归属国家公有。他在结束语中这样写道:"此乃吾之意见,盖欲使外国之资本主义以造成中国之社会主义。"

孙中山把他规划的预算开支寄希望于帝国主义国家无私的援助,这注定了规划必将落空。十月革命后,产生了社会主义性质的新国家,它开始倡导国际关系中的新原则——国家不论大小,其主权平等、相互尊重,无产阶级的国际主义精神和全世界劳动人民团结一致。新国家为被奴役被压迫的人民提供了一条现实可行的解放道路和获得无条件的经济援助及其他方面援助的途径。

十月革命后,列宁领导的年轻的苏维埃国家开始坚定的坚持这些原则。依据这些原则,孙中山或许可以实现他的理想。

第三部著作《社会建设》(《民权初步》)——按照作者的思路,应当在中国推行资产阶级民主思想。在屈从于本国军国主义者和外国帝国主义者的封建社会中没有任何法律建设的条件下,孙中山倡导的资产阶级民主主义思想具有积极的意义,他号召各阶层人民团结起来为争取民主权利而斗争。

与孙中山的《社会建设》中的观点相矛盾的是中国民族资本主义存在的软弱性和两面性,他们害怕完全依靠民众与殖民主义者进行彻底斗争。

孙中山希望 1914—1918 年间工业大发展的西方国家改变对中国的

政策，但是在这些不切实际的理想驱使下产生的规划被现实无情的推翻了。刚刚签署了一系列和平协议，帝国主义国家就重新开始对中国进行变本加厉的殖民掠夺。

1919 年 5—6 月开展的反帝反封建的“五四运动”是十月革命思想传入中国的直接影响，也深刻影响了孙中山日后的实践活动和他的革命理念。为抗议《凡尔赛和约》中对中国不利的可耻条款，在北京爆发了学生游行，很快得到了北京的工人、商人和服务人员的支持，并迅速蔓延到天津、南京、武昌和其他城市，到 1919 年 5 月末和 6 月份发展成为全民运动。在上海、南京、广州和其他大工业中心城市的工人和中国北方的铁路工人开始抵制日货，爆发了大规模的罢工运动。在反对帝国主义和反对封建主义的旗帜下，无产阶级第一次作为独立的政治力量登上了中国的政治舞台。

1919 年底至 1920 年初，孙中山在公开出版的著作和在上海的政治演讲中多次强调，中国必须通过武力革命重建议会制共和国。号召与反动官僚集团、军阀集团和政客们进行斗争，孙中山把他们称作“三层淤泥”，在建设新的共和国大厦之前必须将其从基坑中挖去。

1920 年 10 月后，军阀头目陈炯明冒充孙中山的守卫者，成功把陆荣廷击退出广州。孙中山重回中国南部，反对北洋政府的政治家们逐渐汇聚起来。1921 年 4 月 7 日，广州召开非常国会，选孙中山为大总统。但是广东的实际政权掌握在陈炯明手中，他担任着陆军部长、内政部长、广东省长兼粤军总司令职务。

为了尽快统一全国，孙中山开始着手准备北伐。北伐的军队刚刚出发去前线，陈炯明就在 1922 年 6 月 16 日夜里炮轰总统府并宣布广东“自治”。孙中山尝试平息叛乱，但因英国和美国明显支持陈炯明，他只好再次离开中国南方。

伟大的十月革命与孙中山

陈炯明的兵变再一次向孙中山证明，集团政治和联合一派军阀反对另一派军阀的做法是错误的。在摆脱现状寻找出路过程中，孙中山开始专心致志的研究布尔什维克党成功的经验。她不仅胜利的完成了十月革命，还在 1922 年前，彻底赶走了外国干涉者武装到牙齿的军队。中国革命的新阶段开始了，中国革命者的实践和理论活动达到了前所未有的高潮。

十月社会主义革命给孙中山留下了深刻的印象。还在1918年的春天，在同日本和印度杂志记者们的谈话中，孙中山就谈到亚洲国家对苏俄的赞赏，并希望日本和印度的刊物宣传十月革命的成就。被迫离开广州返回上海之后，孙中山以中国南方议会和革命党的名义通过在美国的中国华侨向列宁致贺电："中国革命党对贵国革命党所进行的艰苦斗争，表示十分钦佩，并愿中俄两党团结共同斗争。"第五届全苏维埃代表大会外交人民委员会的汇报总结中谈到："中国南方民主运动领导人认为，在俄罗斯建立社会主义共和国至今8个月的事实给了东方人民建立类似新制度的信心。"

受俄罗斯苏维埃联邦社会主义共和国人民代表苏维埃的委托，外交人民委员契切林回复了孙中山的贺信。他在回信中表示，对"中国革命浪潮"宣言中"俄罗斯和中国革命的共同目的和愿望就是解放劳动人民和实现建立在两国伟大无产阶级共同利益共识上的持久和平"的观点完全赞同。在结束语中，契切林衷心祝愿中国劳动阶级幸福繁荣，祝愿令人尊敬的导师朋友孙中山幸福安康。

1918年5月，在上海出版的由孙中山领导的报纸《民国日报》刊登了评论苏联政府外交政策的文章指出："俄罗斯新政府致力于终结资产阶级垄断和官僚集团的肆意妄为。在殖民地的问题上，新政府从不干涉的原则出发，积极实行反压迫政策……并努力实现人民对幸福的追求……俄罗斯的列宁政府得以稳固的原因是，他的执政方针是不干涉的和平原则，这对于中国来说值得学习。"(《民国日报》，1918年5月27日)

孙中山的亲密战友何香凝在对历史事件的回忆中写道："十月革命的消息像警钟敲醒了世界上被压迫的民族。孙中山逐渐倾向这样的观点，即中国革命如果不向苏联学习将无法取得成功……"(《人民日报》，1961年10月6日)。除此之外，何香凝证实，孙中山准备派遣人员赴苏俄学习，并交给廖仲恺、朱执信和李章达学习俄语的任务。

随着苏俄第一波对外政策措施的消息于1918年中传入中国后，紧接着与中国人民建立兄弟般友谊的其他友好政策也随之而来。

1918年12月2日，全俄中央执行委员会主席团通过决议："中止1901年8月25日与中国政府签署合约中确定的中国应支付的战争赔款，既免除未来需要支付的数额，也免除过去拖欠的数额，并委托外交事务人民委员向中国政府通告免除中国应向俄罗斯支付战争赔款的决议。”(《苏联对外政策文献》,第一卷,苏联政治书籍出版社,1957 年,593 页)

1919 年 7 月 25 日,俄罗斯苏维埃社会主义共和国政府向中国人民、南方政府和北方政府发布了特殊宣言,陈述了年轻的苏维埃政府的外交政策原则。苏维埃政府郑重宣布放弃沙皇俄国在中国取得的一切权力和利益,宣布旧的不平等条约为无效条约,并表达了对中国人民解放斗争的认同。“宣言中强调,如果中国人民想同俄罗斯人民一样获得自由及摆脱凡尔赛和约集团国为其安排的命运……他要明白,他唯一的同盟者和为自由而战的兄弟是俄罗斯的工人、农民和红军”(《苏联对外政策文献》,第二卷,苏联政治书籍出版社,1958 年,第 223 页)

苏维埃政府的宣言引来中国新闻界和众多组织的热烈赞扬。孙中山的党机关在上海报纸《民国日报》中表达了中国社会对此事的第一反应:“上海周知的工农政府给中国人民的信件不同寻常的感动了中国人的心。在过去几周里社会组织非常明确和真诚的表达了对俄罗斯照会的态度。这证明正义来到中国人身上,中国人深知它的到来。”

1918 年 12 月,在彼得堡召开了在俄罗斯的中国和朝鲜工人组织会议。根据会议达成的决议,所有中国在俄组织统一为“旅俄华工联合会”。根据它们的任务,联合会超出了职业联合会的范畴,赋予“广泛宣传的革命组织”的性质。会议决定向中国人民发出呼吁书,希望他们进行反对中国北方卖国政府的斗争。“只有同俄国工人阶级紧密团结起来,才能在被压迫的中国取得革命的胜利。”呼吁书中这样写道。

1920 年 6 月底至 7 月初在莫斯科召开第三次代表大会,会议支持苏维埃政府对中国人民友谊的意向。代表们选出列宁和孙中山作为大会荣誉代表。中央执行委员会委员卡林宁和外交委员会人民代表契切林在大会会议上发表演讲。“旅俄华工联合会”代表刘泽荣以代表名义于 1920 年 6 月 25 日向上海发了两封致孙中山的电报。

在第一封电报中刘泽荣通报了孙中山与列宁一起当选为大会荣誉代表,并受大会委托邀请孙中山前往苏维埃俄国。第二封电报报文如下:

> 上海,致孙中山先生,为了所有中国同胞,所有社会组织,社会团体和政党。
>
> 侨居俄罗斯和西伯利亚的万余名侨民选出第三次全俄华工大会的代表。大会决定向同胞们发出电报声明:

1. 我们号召所有同胞们团结起来,全力支持中国青年们消灭敌人的革命行动,即反对帝国主义侵略和资本主义专制的革命行动;

2. 我们号召中国尽快承认工农共和国,她领导了被压迫人民为自由的共同斗争。我们同样号召祖国万勿不要支持那些反对俄国的国家们。

3. 我们号召祖国尽快派出官方代表团到俄国,建立俄中友好关系。这对中国来说是第一重要的问题,万勿不能拖延。

4. 我们请求尽快采取措施,使希望回国的中国侨民可以发表相应声明,在任何时候都可以无障碍的返回中国。提前表达感谢之情。

上诉决议文件 1920 年 6 月 25 日在莫斯科通过。

以在俄国召开的华工第三次代表大会的名义,大会代表,刘泽荣

发自俄国首都——莫斯科,6 月 25 日

孙中山于 1920 年 7 月 13 日收到该电报,并将其全文发表于《民国日报》。同时,孙中山进行了回复,但是,控制在帝国主义国家手里的上海电报局拒绝发电报到莫斯科。孙中山不得不通过纽约的马素转发电报,然后,马素同样转发给哥本哈根的李维诺夫。孙中山的电报这样写道:

莫斯科刘绍周君:莫斯科中国工人大会七月五日来电,我于七月十日在上海收到,并已立即向全国公布。但是,请允许我指出,当前中国仅仅在名义上是一个共和国,政权仍掌握在封建军阀手里,人民是没有自由的;还应再来一次革命,以扫荡这些当权集团,您来电中谈到的第四点内容才能够实现。此复电因上海电报局拒绝拍发,只好托在纽约的马素转给您。孙中山

1920 年末,孙中山在上海接见了来自莫斯科的共产国际使者、苏维埃共产党员格·纳·维经斯基。孙中山向他详细询问了关于苏维埃共和国的社会经济结构等方面的各种详情。孙中山希望与苏维埃俄国保持经常联系,“在海参崴建设动力强大的广播站,以便广州政府可以及时了解俄国经验并学习效仿。”

1920 年 10 月 31 日,契切林再次致信孙中山,孙中山从广州的进行了复信。孙中山写道:“希望与您及莫斯科的其他友人获得私人的接触。我非常注意您的事业,特别是你们苏维埃的组织、你们军队和教育的组织。我希望知道您和其他友人在这些事情方面,特别是教育方面所能告诉我的一切。像莫斯科一样,我希望在青年一代——明天的劳动者们的

头脑中深深的打下中华民国的基础。”孙中山这样结束他的回信：“向您和我的朋友列宁以及所有为了人类自由事业而有许多成就的友人们致敬”（《苏联对外政策文献》，第五卷，苏联政治书籍出版社，1961 年，85 页）。

1922 年 1 月 4 日，孙中山在广西召开的广东同乡会欢迎会的演讲中说：“吾人今日欲改造新国家，当实行三民主义”他以苏维埃俄国为例，说道：“法、美共和国皆旧式的，今日惟俄国为新式的。吾人今日当造成一最新式共和国。新式者何？即化国为家是也。人人当去其自私自利之心，同心协力，共同缔造。”（《孙中山文选》，第一卷，第 438 页）

在出任中国南方政府总统职位的时候，孙中山乐意与来到广州的苏维埃俄国人进行会晤。孙中山会见了在广州参加 1922 年 5 月 5 日“中国青年社会主义联盟会”开幕的苏维埃青年代表马林，在会谈中孙中山向他表示，在适当的时机准备“北伐”，并毫不拖延的调整中苏关系。

对孙中山的世界观及他的内政外交政策产生巨大影响的是中国共产党的诞生和他们的社会实践活动。

中国共产党第一次代表大会于 1921 年 7 月 1 日在上海秘密召开。大会通过了章程，讨论了组织原则，确定了工作方针和选举产生了党的领导机构中央局。在代表大会上还讨论了给予孙中山领导的人民革命斗争给予必要的帮助。

据妻子宋庆龄的证实，早在 1919 年，即中国共产党成立的两年前，孙中山就与共产党的缔造者之一、马克思列宁主义在中国的宣传者、北京大学教授李大钊保持着热情友好的关系。李大钊曾是孙中山上海住所的常客。常常在李大钊离开后，孙中山与妻子交流思想，他认为，李大钊及其他中国共产党员们是他真正的革命战友。

1922 年，孙中山和苏维埃外交人员积极进行了通信，并确立了私人联络。由此，孙中山正确理解了苏维埃共和国的内政外交政策。弗拉基米尔·伊里伊奇·列宁不顾自己的病痛和繁重的党和国家工作，认真关注中国民族革命运动的发展，并关心孙中山的活动。

1922 年 2 月 7 日，契切林再次发信给孙中山，在信中他通报了刚和正在莫斯科参加远东人民代表大会的国民党代表会见的情况。在信中契切林使孙中山确信“不管我们在欧洲或其他地区的政治立场如何发展，我们政府从来没有远离与中国人民最忠诚、真心和诚挚的友谊与合作，中国人民的丰衣足食和民族自由的发展是我们最真诚的愿望。”契切林在信的结束语总写道：“列宁同志也极感兴趣的读了您的来信。他满腔热情地注视着您的活动。”(《苏联对外政策文献》,第五卷,第 84 页)。

随着俄罗斯苏维埃联盟社会主义共和国第二届外交委员会到达北京,其领导人越飞开始与孙中山进行通信联系。越飞向孙中山通报了苏维埃共和国的内政外交政策,自己与北京政府建立联系的对话,及所遇到的困难。孙中山同样通报了中国国内政治状况,分享了自己政治和军事计划,尖锐的批评了北京政府像“某些国外帝国的代理人”“这个评价是特别公正的”—孙中山写道:“适用于与苏维埃俄国的关系和联络。非常明显,这些帝国的一些人不希望中国与俄国达成协议,就像他们自己从莫斯科不得不做出经济让步。同时,他们不欢迎我们之间达成任何使我国走出政治经济困境的协议。”

1922 年 12 月,孙中山派张继代表自己到北京与越飞进行会谈,探讨关于越飞去日本途中在上海安排私人会面的可能性,为打破俄国与中国北方政府长时间谈判的僵局,越飞拟去日本访问。1923 年 1 月孙中山与越飞在上海会面,达成发表联合宣言,完成两国“达成对中俄关系的完全共识”。(《科学》,1959 年,第 64—65 页)

在联合宣言中,孙中山完全赞同苏联对中国的政策,强调“因承认全部中东铁路问题,只能于适当之中俄会议解决”。会谈使中国民主革命者明确了解苏维埃国家的政策。

孙中山渴望更多了解苏维埃国家、其组织和活动、俄国共产党和其原则与组织情况,决定派自己的亲密战友廖仲恺赴日本,与赴日会谈的越飞进行细节商谈。在日本热海度假地,越飞和廖仲恺进行了长时间的会谈,探讨关于中—俄关系、同帝国主义进行斗争等问题。据何香凝说,这是“中俄友好历史上的第一次对话;对话发生在复杂的情况下,不得不躲避英国和日本帝国主义的密探”。

陈炯明叛乱后居住在上海的孙中山忙于筹备各省国民党负责人大会,并与 1922 年 9 月 4 日与 53 名代表共同召开。此次会议上,讨论了国民党与北京政府的关系和与陈炯明的斗争计划,及改组国民党使其更有利于实现中国的统一。此次会议对国民党的改组由孙中山发表于 1923 年 1 月 1 日。鉴于自身不足和认识模糊情况下,此次改组是在自身不足及态度模糊的情况下,团结中国进步分子的一大进步。

1923 年 1 月陈炯明被驱逐出广州,孙中山重新入主中国南方政府。返回广州后,孙中山开始十分关注工人运动、关注保障人民享有民主自由等,提高了广州政府的声誉。

1923年6月，中国共产党在广州举行第三次全国代表大会。这是共产党第一次合法召开会议。大会的主要议程是讨论与国民党建立统一战线的问题。

不久，共产党员和社会主义青年联盟成员开始大规模加入国民党。随后，无党派的工人、大学生、知识分子代表、全体军官、手工业者、职员也纷纷加入国民党。国民党成为一个规模浩大的革命政党，促进了其对国内民主自由斗争的领导。

孙中山改组党机构的同时，着手培养忠实的军队干部。为此，1923年夏派遣国民党军人代表团到莫斯科学习红军的经验。在莫斯科，代表团三个月内熟悉了苏联武装力量的组建模式。返回广州后，小组成员根据在苏联学到的经验着手改建军队。

孙中山十分关注中苏北京谈判进程。1923年8月，就建立两国外交关系问题，苏联政府派出以苏联外交人民委员部副部长列·米·加拉罕为团长的代表团赴中国谈判。中国社会各界热烈欢迎了苏联代表团。抵达北京后，加拉罕立即给孙中山发电报，赞赏他“在俄罗斯争取民族独立解放斗争经受严峻考验时期所表现出的友谊”，告知代表团在中国的目的和任务，最后希望，双方政府进一步全力以赴“完成建立两个民族间最密切关系的伟大任务。这种友好关系是两个民族自由与和平发展的保证”。(《苏联对外政策文件集》，第6卷，苏联政治书籍出版社，1962年，第435页)

在复电中孙中山写道：“我对新俄国始终不渝的友谊，得到您们高度的评价，使我深为感动。我确信，对您所捍卫的思想体系的任何批评，不可能妨碍也没有妨碍我和您的共同看法：我们两国间真正的利益要求是制定一个共同的政策，这个政策使我们能够在和其他大国平等的条件下生活，并使我们从凭借武力及帝国主义的经济方法而行动的国际体系所强加的政治经济奴役中摆脱出来”。孙中山继续指出，加拉罕的最大困难将出现在和政治团体谈判时，“它除了绝对不能代表中国人民以外，且已失去国家政府的样子。它的外交实质上宁愿遵照某些外国列强的意愿和指示，也不把国家的独立和主权这个准则作为中国的切身利益”。(《苏联对外政策文件集》，第6卷，苏联政治书籍出版社，1962年，第435页)

在电报里，孙中山高度评价了加拉罕针对北京政府代表王正廷建议苏联按照美国的榜样制定苏维埃政策的说辞给予的尖锐批评。孙中山写道：“我应该以中国人民的名义向您致敬，并感谢您给现在的北京主子这个忠顺奴仆上了难忘的现实主义政治的这一课”。(《苏联对外政策文件集》,第 6 卷,苏联政治书籍出版社,1962 年,第 436 页)

1923 年 9 月 17 日,孙中山在致苏联代表团团长的信中说:“我未必需要表明,您可以期望我能够给予您的帮助,以使您在中国的目前使命得到进展……

我毫不怀疑,北京政府一定会力求把正式承认苏维埃政府的条件,同美国和其他资本主义列强承认曹锟所领导的任何一个新的行政当局的条件联系起来。

如果您发现没有希望在不损害中国人民的主权、并使新俄国和其他列强处于国际平等的条件下和北京谈判,您也许会明白,到广州与我现在组织的新政府进行谈判是适合时宜的,以免空手回莫斯科。资本主义列强将试图通过北京和利用北京使苏维埃俄国遭受一次新的外交失败。但是,请您时刻注意,我已经准备并且现在就可能粉碎任何使您和您的政府蒙受侮辱的企图。您的非常真诚的孙中山”。(《苏联对外政策文件集》,第 6 卷,苏联政治书籍出版社,1962 年,第 436 页)

1923 年秋,应孙中山之邀,俄国共产党员米·马·鲍罗廷和苏联军事专家组抵达广州。孙中山称鲍罗廷为自己改组国民党问题上的参谋,并认真听取了他的建议。

俄国革命的经验为孙中山指明,只有纪律严明并团结一致的政党才能成功地领导群众进行革命性变革。

1923 年 11 月 25 日,孙中山在广州大本营代表大会上对国民党党员发表演说。他的演说成为国民党纲领性文件,并反映出资产阶级民主革命世界观的巨大转变。孙中山公开承认其早期实行的与军国主义联盟政策的错误性。他提出,中国的统一不能单独倚靠兵力,首要任务是改组政党使其更加稳固并获取人民的信任。演说中孙中山还指出,党要有忠实的军队干部。

孙中山公开号召国民党向苏俄学习。他说:“俄国革命之发动迟于我国六年,而俄国经一度之革命,即能贯彻他等之主义,且自革命以后,革命政府日趋巩固。同是革命,何以俄国能成功,而中国不能成功?盖俄国革命之能成功,全由于党员之奋斗。一方面党员奋斗,一方面又有兵力帮助,故能成功。故吾等欲革命成功,要学俄国的方法组织及训练,方有成功的希望……”

最后,孙中山指出:“俄国和中国皆是大国,将来成功亦必一样”。

孙中山第一次公开发表对苏联政府如此高的评价。显而易见，孙中山坚定地把革命党的对外方略确立为学习苏联。在这种情况下，孙中山提出国民党的三大基本政策：联俄、联共、扶助农工。

孙中山——苏联忠诚的朋友

中国民主力量与苏俄联合的方针不仅标志着孙中山对外政策的根本转折，而且也是他观点体系确定的时刻，对他实施的对内政策产生了实质性的影响。

在辛亥革命酝酿和爆发期间，在反对袁世凯和各军国主义集团的斗争中，孙中山没能提出要推翻帝国主义对中国的压迫，只是寄希望于有可能利用帝国主义国家之间的矛盾来削弱压迫。在转向联合苏俄之后，孙中山开始在内政方针上紧密联系劳苦大众，与中国共产党合作，积极参加以列宁和共产国际为指导的共产党组织的反帝国主义统一战线。

从 1923 年末开始，孙中山的政治纲领具有明确的反帝国主义方向，而他的政治活动也已远远超出南方政府的范畴。

"孙中山密切注视俄国革命的进展，——作为孙中山的妻子和战友的宋庆龄写道，——生命的最后时期，他十分珍视十月社会主义革命的教训，明白了中国共产党和工人阶级是国家最强大的推动力，他立刻把这些教训变成了行动，修改了他的革命纲领"。(《民国日报》，第 22 期)

1923 年 11 月 25 日，孙中山在演说中宣布了改组国民党的决定，在《国民党改组宣言》中加以重申。宣言通告，根据召开的国民党代表大会实行一系列改组准备工作，党组织面临清除形形色色消极分子、强化组织工作的任务。

在 1923 年 12 月至 1924 年 1 月的一系列公开演说中，孙中山把国民党大本营的注意力放到必须在人民各阶层中开展群众工作，必须保障人民对国民党的全力支持上。他说："欠缺人民心力，无异无源之水，或者无根之木"。

孙中山广泛宣传十月革命的经验，同时号召党员深入学习十月革命。"此次改组，——1923 年孙中山在对国民党员的演讲中说，——乃以苏俄为模范"。他强调，我们"以俄为师"。

1924 年 1 月 20 日，国民党第一次全国代表大会在广州召开，来自各省和国外党支部的199名代表出席了会议。

孙中山担任大会主席和主报告人。大会通过了国民党改组决议和国共合作方针。在大会通过的宣言和孙中山的演说中,都详细叙述了孙中山的新政治纲领和反帝反封建统一战线内容:中国人民为摆脱帝国主义压迫、争取中国各民族完全平等、人民享有广泛的民主自由和权力而斗争,中国经济发展遵循国家资本主义的道路,给所有无地农民划分土地,规定土地使用法,制定劳工法,向失业人员提供国家援助,节制资本,银行国有化,交通线国有化等等。

在亟待解决的问题当中,大会提出废除不平等条约,在双方国家平等和完全尊重国家主权的原则下与外国签订新的条约和协议,恢复民主自由,整顿土地使用秩序,开展工会工作,明确权利中心机构与省级机构职能的划分。

国民党第一次代表大会通过的宣言成为具有重要意义的纲领性文件,反映出孙中山近四十年革命工作和汲取十月革命经验后总结出的新观点。宣言由三部分组成:第一,中国之现状;第二,国民党之主义;第三,国民党之政纲。大会还通过了党章和正式接受中国共产党员参加国民党的决定。

当大会正在进行的时候,电报获知,全世界劳苦大众和被压迫群众的领袖弗·伊·列宁逝世。1924年1月25日,得到列宁逝世的消息后,大会停会。广州各机关致哀三天。

孙中山在群众追悼大会上宣读了悼词:"茫茫五洲,芸芸众生。孰为先觉,以福齐民。伊古迄今,学者千百。空言无施,谁行其实?喂君特立,万夫之雄。建此新国,跻我大同。并世而生,同洲而国。相望有年,左提右挈。君遘千艰,我丁百厄。所冀与君,同轨并辙。敌则不乐,民乃大欢。邈焉万里,精神神往。天不假年,于君何说。亘古如生,永怀贤哲"(《消息报》,1924年3月27日)。

孙中山在发给苏维埃政府的唁电中写道,"他的名字和对他的纪念将永世长存,人们将继续珍视他那种造成最高度的政治家和有创造力的领袖的英雄品质。他的著作也将永存,因为他的著作是建立在一定会掌握和统治未来人类的思想和希望的这样的社会观念上的"。(《孙中山选集》,下卷,北京,1956年,第538页)

孙中山在国民党第一次代表大会上悼念列宁的演说中说:"列宁先生之思想魅力,奋斗精神,一生的工夫,全结晶在党中;他的身体虽然不在，他的精神却仍在”。在后来的演说中孙中山经常号召以伟大的列宁为榜样。

国民党第一次代表大会停会后继续召开，确定了党新的对内和对外政策，有组织地建立了国内所有进步力量的统一战线，极大地促进了中国人民民族解放斗争的普遍高涨。

大会向苏联表达了深深的谢意。在致加拉罕的电报中写道：“代表大会热望获得各国人民的同情，并向首先表现这种同情的俄国人民表示感谢。中俄两国人民应当沿着自由和正义的道路携手并进。我代表国民党全国代表大会谨向我们伟大的邻邦苏俄致以兄弟的敬礼”。（《孙中山选集》，下卷，第 534 页）

为了在国民党大本营普及“新三民主义”理论，1924 年 1 月至 8 月，孙中山在广州发表了系列演说，毫无疑问，这对开展国内反帝运动起到了重要作用。

孙中山在演说中把宣传其建立中国与苏俄坚不可摧联盟的思想放在重要位置。

他在第四次演说中说：“……无意中发生了一个人类中的大希望。这个希望就是俄国革命……列宁提倡被压迫的民族去自决，为世界上被压迫的人打不平。列强之所以攻击列宁，是要消减人类中的先知先觉，为他们自己求安全。但是现在人类都觉悟了，知道列强所造的谎言都是假的，所以再不被他们欺骗。这就是世界民族的政治思想进步到光明地位的情况”。（《孙中山选集》，下卷，第 630－632 页）

孙中山在第一次演说中就盛赞了苏维埃国家的外交政策，“俄国在欧战之后，发生革命，打破帝制，现在成了一个新国家……

这种变化，成功不过六年，他们在这六年之中，改组内部，把从前用武力的旧政策，改成用和平的新政策。这种新政策，不但是没有侵略各国的野心，并且抑强扶弱，主持公道”。（《孙中山选集》，下卷，第 596 页）

孙中山指出苏俄是全世界和平的支柱，号召国民党向俄国社会主义革命学习，学习其成功经验。同时，他提出，联合俄国对于力求达到民族平等的中国而言是唯一正确的道路。

这些演说证明，孙中山拒绝了威尔逊鼓吹的“民族自决”主张。战后，孙中山说：“越南、缅甸、爪哇、印度、马来群岛以及土耳其、波斯、阿富汗、埃及与欧洲几十个弱小民族，都大大的觉悟，民族自决的口号，完全是骗他们的”。（《孙中山选集》，下卷，第 629 页）

但是,孙中山在演说中正确理解国际形势和半殖民地中国斗争道路的同时,也体现出诸多唯心主义和资产阶级民族主义论点。例如,在第五次关于民族主义理论的演说中,孙中山建议,反帝要建立先是农村规模,然后是县级、省级规模,最后是全国规模的中国氏族公社联盟。孙中山错误地理解了民族的范畴,将其视为亘古不变的概念,而不是随历史发展的,也忽视了诸如经济统一性之类的民族重要特征,常常混淆民族和种族概念。

与此同时,1924 年,孙中山多次对工人、农民、南方政府士兵发表演讲,论及对内政策和对外政策一些亟待解决的问题,与苏俄建立坚不可摧的联盟抗击帝国主义。

在对湘军官兵的演说中,他详细评述了苏维埃政府的对内政策,强调指出:"为了革命胜利后更直观的显现我们的未来,应该关注这个所描绘的俄罗斯人民的幸福生活。"

在军校开幕式的演说中,孙中山再次援引中国人民在民族解放斗争中应该效仿的十月革命为例。1924 年 8 月 23 日,孙中山在国民党执行委员会创办的农民运动讲习所的演说中也谈了苏维埃革命的经验。"现在俄国改良农业政治之后,便推翻一般大地主,把全国的田地,都分给一般农民,让耕者有其田。耕者有了田,只对于国家纳税,另外便没有地主来收租金,这是一种最公平的办法。我们现在革命,要仿效俄国这种公平办法,也要耕者有其田,才算是彻底的革命"。(《孙中山选集》,下卷,第 867 页)

国民党改组时期,孙中山为加快完成北京中苏谈判,继续发表演说。他与契切林和加拉罕保持积极的通信联系。孙中山积极拥护苏日建交。1923 年 11 月 16 日,孙中山带着一封长信去看望已移居国外的老熟人、不久前成为内阁成员的日本著名政治活动家犬养毅。在这封信中孙中山建议犬养毅和日本内阁立刻认可苏联,因为日本政府轻率地追随英国、法国和美国会给日本的利益带来巨大的危害。"日本当首先承认苏俄政府,宜立即行之,切勿与列强一致"。

孙中山斥责了日本加入反对苏维埃联盟的武装干涉。他驳斥了日本那些政治活动家们由于苏联和日本的主义完全不同而不可能认可苏联的论调。孙中山写道:"不敢承认之,此真坐井观天之论也。夫苏维埃主义者,即孔子之所谓大同也……苏俄立国之主义,不过如此而已,有何可畏!况日本为尊孔之国,而对此应先表欢迎,以为列国倡"。(《孙中山选集》,

下卷，第 471 页）

致犬养毅的信对于理解孙中山提出的亚洲人民在反帝斗争中要团结一致的观点具有重要意义。

孙中山指出，现在所有国家都倾向于苏俄——欧洲被压迫人民的救世主和压迫者的主要对手。“今亚洲人民之受屈者比欧洲人民尤甚，故其望救亦尤切，本洲既无济弱扶倾、仗义执言之国，故不得不望于苏俄。波斯、土耳其已遂其望矣，中国、印度亦将赖之。”孙中山号召日本仿效苏联，保护被压迫人民。

帝国主义反对孙中山领导的中国民族独立运动和对苏联的友好政策。西方列强仇视中国南方政府，他们全力支持吴佩孚、曹锟、陈炯明和其他军阀，反对南方革命政府。

1923 年 12 月 17 日，孙中山在美国发表《致美国国民书》，表达了他对美帝国主义列强政治势力反对南方政府的极大愤慨。他写道：“当我们开始发动革命、以推翻专制腐败政府并在中国建立共和国之时，就以美国为鼓舞者和榜样。我们曾经热切期望能有一位美国的拉法叶特同我们一起为这一正义事业而战斗。然而，在我们为自由而奋斗的这第十二个年头，来到的不是拉斐特，而是一美国舰队司令率领较他国更多的军舰驶人我国领海，妄图共同压垮我们，以消灭中国的共和国”。（《东方时报》，1923 年 21 期）

孙中山在接受美国编辑格・克拉克采访时就指出，外国领导活动家们一贯帮助中国的反动分子，镇压国内革命运动。克拉克写道：“孙中山激烈反对美国，虽然觉得美国人民完全赞同他的志向。由于某些奇怪的原因，美国政府从华盛顿会议后开始持反华立场……为对此证明，他指出，美国的法庭在广州要比别的城市多得多，美国驻华公使舒尔曼帮助曹锟选举并承认他的政权”。（《北京导报》，1924 年 15 期）

在那次采访中，孙中山满怀敬意地介绍了苏联的政策，着重指出“中国和俄罗斯是天然的朋友，他们的联合实际上无懈可击。”孙中山指出，在未来的世界大战中，竭力追求真正自由的人民——中国人、印度人、俄罗斯人、德国人、爱尔兰人、菲律宾人和美国黑人将联合起来反对压迫者，他们没有种族和肤色差异。

1924 年 5 月 31 日，由于美国向北方军国主义者提供军事装备和仪器，孙中山的南方政府向驻广州美国总领事表示坚决抗议。全中国掀起了国民党积极领导的反帝运动的浪潮。英帝国主义的直接武装干涉威胁没有吓倒孙中山。

孙中山拒绝了驻广州英国领事向他转达的最后通牒，得到了全国人民的支持。在全国范围内举行群众大会和抗议示威游行。1924 年 7 月“全国反帝国主义运动大联盟”成立，北方政府五十多个社会团体的代表加入其中。8 月，上海三十个社会团体也结成反帝联盟。鉴于英国的最后通牒，“全国反帝国主义运动大联盟”发布了保护南方政府不受外国武装干涉的号召书。

英国人谋划在广州借助 1911 年成立的旨在摆脱军阀欺凌，保护自己利益的“商团”发动反革命叛乱。英帝国主义希望利用这些武装部队推翻国民党政权。“商团”叛乱时，人民鄙视地称其为“纸老虎”。

1924 年 10 月 10 日，爆发了英国人支持的“商团”叛乱，“商团”部队向参加共和国成立周年纪念游行活动的广州群众射击。孙中山将镇压反革命叛乱的主要任务交给黄埔军校的学员。黄埔军校成立于 1924 年 6 月，旨在培养国民党军队干部，由苏维埃军事顾问和教官执教，指挥人员中有 1923 年作为军事代表团成员访问莫斯科、熟悉红军组织和经验的军官。

军校全体官兵光荣地经受了战斗的考验。10 月 25 日前，全歼“商团”部队并将其驱逐出广州。这样，企图假借走狗之手推翻孙中山国民政府的英帝国主义的冒险行为失败了。

除了英国，美国也积极支持反革命活动，美国统治阶层视孙中山及其革命政府为不共戴天的仇敌。根据华盛顿命令，美国海军陆战队登陆广州，准备援助买办资产阶级傀儡。

1924 年 10 月 10 日，孙中山在广州前线为黄埔军校指挥人员做的指示对于迅速、成功地镇压叛乱具有重大意义：“革命委员会当要马上成立，以对付种种非常之事。汉民、精卫不加入未尝不可。今日革命非学俄国不可，而汉民已失此信仰，当然不应加入，于事乃为有济……”

汪精卫本亦非俄派之革命，不加入亦可。我党今后之革命，非以俄为师，断无成功(《孙中山选集》下卷，第 876 页)。在指示中，关于动员黄埔军校全体官兵、为政府军提供武器保障等也做了具体的指示。

上述文献表明，孙中山坚决要求撤除国民党内反苏分子的领导职务，认为他们不配党和人民的信任。依照孙中山的意见，所有反苏观点与担任国民党领导职务不能并存。身居广州政府首脑之职，孙中山为建立中苏紧密联盟而不懈斗争。

1924年2月16日致契切林的信中，孙中山说："您说的完全正确，我党的主要目的是创立强大的中国人民运动，同时也是革命的、积极的运动，而为取得此成就，必须组织和宣传。目前我们加紧在此方面的工作；我们希望最终在中国完成贵党在俄国所完成之事业，创建新的国家构想和新管理体制。

出于此原因，我们需要并期待来自您和其他同志的建议与帮助。

我热烈祝贺您在外交上取得的卓越成就，贵政府获得英国政府正式的认同。毋庸置疑，为了获得胜利果实，还要做很多事情。您战胜寇松主义取得的成就将指引取得外交上其他的成就"。(《1917—1957年苏中关系文件集》，第78页)

由于1924年5月31日签订中苏协定，孙中山发表了特别宣言，宣言以国民党中央执行委员会的名义号召中国人民投身到与俄国人民牢不可破的联盟中。在宣言中孙中山说，"北京政府多年来试图阻止苏俄对我们的认同并阻挠中俄缔结新条约，盲目遵循帝国主义列强的反苏政策。但这样的立场，——孙中山指出，——违背了中国人民的利益和愿望：俄国革命后根本改变了沙皇制度的帝国主义政策。俄国明确对中国宣布，准备且愿意放弃特权，抛弃所有使中国主权受损的条约……

至于中俄协议，中国人民对俄国表现出的公正和友谊充满了感谢。数十年来，中国被迫与外国列强签订各种丧权辱国的条约。这一方面是由于旧统治者的软弱无能，但根本原因是贪得无厌的外国帝国主义政策的结果。

中俄协议完全符合平等和互相尊重双方国家主权的原则。"

宣言结尾，孙中山以国民党中央执行委员会的名义写道："我们党相信，中国人民将感谢俄国在此协议中体现出的善意，双方国家的人民将力求未来更好地互相理解，以期在加强独立、主权、互相尊重和帮助等方面的相互合作"。(《孙中山全集》，台北，1960年，第760—761页)

孙中山不止一次指出，中国有苏联作为自己忠诚和无私的朋友。因此，他不得不战胜来自国民党著名活动家方面的竭力抵抗。正如维经斯基在自己的回忆录中所写，"那时他们不理解，我们友好地对待整个中国并和北方政府签订条约，是以此来减少南方政府的危险。现在中国人都明白了这一点，但当时可能担心，很多人不会明白。就此问题，我谨慎地询问孙的意见。他表示，深深理解苏联和中国政府签订条约的含义和对中国人民利益的意义，他开诚布公地讲了自己的观点"。(《真理报》，1925

年 3 月 15 日）

1924 年 3 月，孙中山评价自己政府对苏联的态度时说："劳农俄国与吾等政策合一，亲密关系如兄弟；与吾等既有兄弟之关系，似无再求互为形式的承认之必要"。

1924 年 9 月 12 日在致加拉罕的信中孙中山说，在中国，与帝国主义势力公开斗争的时刻到来了。"在这场斗争中，我愿得到贵国这个伟大国家的友谊与支援，俾可帮助中国摆脱帝国主义的强力控制，恢复我国在政治和经济上的独立。"

1924 年 10 月 8 日，第一艘载有苏联赠予军校武器、弹药和装备的苏联军舰"沃罗夫斯基"号抵达广州。这次航行是苏联定期为南方政府供应物资的开端。孙中山向全体舰员致以热烈的欢迎祝词，后来广州所有报纸都刊登了该祝词："苏维埃联邦共和国与中华民国关系为最密切。且苏维埃联邦共和国以推翻强暴帝国主义、解除弱小民族压迫为使命……现在贵司令帅舰远来，定使两国邦交愈加亲睦，彼此互相提携，立排障碍，共计大同，亦为两国之福，亦世界之幸也。敬祝苏维埃联邦共和国万岁！"。（《孙中山选集》下卷，第 879 页）

广州热情接待了军舰，修建了凯旋门以欢迎苏联水兵，举行了政府接待仪式，孙中山在接待仪式上致欢迎贺词。随后，孙中山登上军舰向全体船员致敬。

苏联人民对革命政府无私的支持在中国劳动人民心中引起了热烈的反响。孙中山高度评价了苏联的帮助，在《告国民书》中写道："我们不要忘记，是独立自主的俄国提出不许干涉中国的口号……莫斯科提出的口号贴近人心，它闪电般地传遍全球，并且在每一个劳动者的心中得到了响应。

我们知道，对于不公正的事苏维埃从来不袖手旁观。如果他们支持我们，也就意味着真理站在我们这一边，而真理是战无不胜的，法律不可能不战胜强权"。

所有有幸见过孙中山的苏联人民都看出他在待人、穿着、生活中异常的简朴和谦虚，甚至在最困难情况下表现出的镇定自若与沉着冷静。在生命最后的几年里，他不顾病情日益加重，一直坚守在斗争的最前沿。

1924 年 8 月，广州政府革命军重新开始讨伐英美帝国主义支持的军阀吴佩孚的军事行动。

1924 年 10 月 23 日，直系将军之一冯玉祥占领了北京，推翻了曹锟—吴佩孚政府并宣布自己拥护国民党政府，主张停止内战。

依靠张作霖支持在北京执政的段祺瑞政府，也被迫宣布在北京召开中国领导人会议来决定未来国家体制问题。

为了促成召开真正的国民会议，孙中山决定亲自北上。1924 年 11 月 10 日离京赴广州前，孙中山发表了《北上宣言》，宣言中陈述了自己对即将在北京举行的与张作霖、段祺瑞和冯玉祥会谈的立场，号召中国所有力量联合起来与军国主义和帝国主义斗争。

1924 年 11 月 13 日孙中山出发北上。一路上，在上海、天津和北京孙中山都受到了热烈欢迎。中国人民欢迎自己的革命领袖。然而孙中山此行却引起了帝国主义列强的极大恐慌。1924 年 11 月 17 日孙中山乘船北上抵沪前，英国报纸《士林西报》发表一篇文章，鼓动上海租界政权不允许孙中山在上海登岸。

孙中山无情地批判了外国帝国主义这种无耻的示威。他在新闻记者招待会上指出，上海是中国领土，在中国领土上中国人是主人，外国人只是在中国的客人。

孙中山要求废除资本主义借以控制中国的屈辱条约，同时建立摆脱帝国主义的政治和经济独立。他援引苏联——废除了中俄间所有不平等条约并踏上与中国友好之路的唯一的强国为例。

孙中山赴天津途中，在神户、长崎和东京停留时，提出废除帝国主义列强强加给中国的不平等条约的要求。

1924 年 11 月 28 日，孙中山以自愿废除和中国所有不平等条约的第一个外国强国苏联为例，在神户讲话时说："近来俄国也废除了那种条约，俄国之所以要废除的原故，是因为俄国革命之后，很主张公道，知道那种条约不太平等，对于中国太不讲道理，所以他们自己甘心情愿要废除那种条约，要送回俄国在中国已享有的特别权利"。

孙中山把废除不平等条约作为必备条件，他号召日本在此方面效仿苏联。"现在欧洲有一个新国家，这个国家是欧洲全部白人所排斥的，欧洲人都视他为毒蛇猛兽，不是人类，不敢和他相接近，我们亚洲也有许多人都是这一样的眼光。这个国家是谁呢？就是俄国。俄国现在要和欧洲的白人分家，他为什么要这样做呢？就是因为他主张王道，不主张霸道；他要讲仁义道理，不愿讲功利强权；他极力主持公道，不赞成用少数压迫多数。像这个情景，俄国最近的新文化便极合我们东方的旧文化……欧洲人因为俄国的新主张，不和他们同调，恐怕他的这种主张成功，打破了他们的霸道,故不说俄国是仁义正道,反诬他是世界的叛徒”。

最后孙中山指出,按照日本盛行的“大亚洲主义”的观点,应该把受压迫的亚洲人民从帝国主义列强的横行霸道中解放出来,并消灭整个地球上民族间的不平等和压迫视为已任。

可见,在生命旅途的最后一段时光,孙中山战胜并抛弃了所谓的亚洲国家“种族一致”狭隘的资产阶级民主革命构想,能够公开宣布受帝国主义压迫民族的民族解放斗争和苏联领导的实现列宁主义的斗争密不可分,和国际无产阶级消灭所有帝国主义剥削制度的斗争密不可分。孙中山不止一次强调,中国及所有受帝国主义压迫民族与世界上第一个社会主义国家建立紧密联盟具有重要意义。

伟大的中国民主革命家对外方略四十年演化的主要结论就在于此。

1924 年 11 月末,在神户时孙中山便感身体不适,抵天津即病卧在床。虽然重病在身,1924 年 12 月 31 日他仍扶病入京,受到首都民众的热烈欢迎。

1 月 26 日,孙中山在北京实施手术,但他所患的肝癌已经无法医治。1925 年 3 月 12 日孙中山与世长辞。

人民呼唤孙中山

孙中山临终前,口述并签署了写给国民党及苏联中央执行委员会的《总理遗嘱》。孙中山,这位中国伟大的民主主义者和爱国主义者,在最后的文献里,嘱托党和全体中国人民实现他毕生奋斗不息的纲领。

在《总理遗嘱》中孙中山写道:“ 余致力国民革命,凡四十年,其目的在求中国之自由平等。积四十年之经验,深知欲达到此目的,必须唤起民众,及联合世界上以平等待我之民族,共同奋斗。

现在革命尚未成功。凡我同志,务须依照余所著建国方略、建国大纲、三民主义及第一次全国代表大会宣言,继续努力,以求贯彻。最近主张开国民会议及废除不平等条约,尤须于最短期间,促其实现。是所至嘱!”。(《孙中山选集》下卷,第 921 页)

孙中山意识到苏联是中国唯一忠实的、无私的朋友,在写给苏联中央执行委员会的遗书中,希望自由独立的中国人民与苏联携手走向人类崭新未来的一天即将到来。

"亲爱的同志,"——孙中山写道,"——我在此身患不治之症。我的心念,此时转向于你们,转向于我党及我国的将来。

你们是自由的共和国大联合之首领,此自由的共和国大联合,是不朽的列宁遗与被压迫民族的世界之真遗产。帝国主义下的难民,将藉以此保卫其自由,从以古代奴役战争偏私为基础之国际制度中谋解放。

我遗下的是国民党,我希望国民党在完成其由帝国主义制度解放中国及其他被侵略国之历史的工作中,与你们合力共作。命运使我必须放下我未竟之业,移交与彼谨守国民党主义与教训而组织我真正同志之人。

故我已嘱咐国民党进行民族革命运动之工作,俾中国可免帝国主义加诸中国的半殖民地状况之羁绊。

为达到此项目的起见,我已命国民党长此继续与你们提携。我深信你们政府亦必继续前此予我国之援助。

亲爱的同志!当此与你们诀别之际,我愿表示我热烈的希望,希望不久即将破晓,斯时苏联以良友及盟国而欢迎强盛独立之中国,两国在争世界被压迫民族自由之大战中,携手并进取得胜利。

谨以兄弟之谊祝你们平安!北京,1925 年 3 月 11 日"。(《真理报》,1925 年 3 月 14 日)

苏联真诚、至终不渝的朋友孙中山的逝世对苏联人民是巨大的损失。俄共(布)中央给国民党中央执行委员会发来唁电,表达苏联人民对孙中山逝世沉痛的哀悼。

电文中写道:"俄国共产党中央委员会确信无疑,孙中山虽然逝世,但他的伟大事业将永世长存,永远活在中国工人、农民心中。

俄国共产党中央委员会相信,中国国民党将不顾它的敌人而在伟大的反帝斗争中高举孙中山的旗帜,直至取得反对帝国主义及其代理人的斗争的最后胜利。

孙中山去世了,孙中山的事业万古长存!孙中山的未竟事业万岁!"。(《真理报》,1925 年 3 月 14 日)

孙中山没能亲眼看到中国人民争取民族解放斗争的胜利。他在革命蓬勃发展之时、在美好的希望和设想即将实现之际辞世。

1925 年开始的中国人民反帝反封建斗争于 1927 年以革命力量暂时失败告终。为取得革命的彻底胜利,中国共产党领导英勇的中国工农阶级进行了多年艰苦卓绝的斗争。斗争中共产党成为孙中山基本政策方针的忠实捍卫者。

1949 年中华人民共和国的成立是现代史上最伟大的事件。中国的人民革命给亚洲帝国主义以致命打击,极大地促进了有利于社会主义的和平力量对比关系的转变,为民族解放运动提供了新的强大动力。中国人民的优秀儿子孙中山为这个光荣的胜利做出了巨大贡献。

苏联的挚友孙中山的名字深受苏联人民的敬爱。对孙中山的所有纪念苏联人民都感弥足珍贵。苏联人民的伟大卫国战争时期,荣获红旗勋章的阿穆尔河区舰队第一支队在中国东北(满洲里)与部分苏联红军一同抗击日本军国主义和满洲国伪军,舰队中一艘浅水重炮舰便以"孙中山"这个中国人民伟大儿子的名字命名。由于在战斗中表现出的英勇无畏和坚强勇敢、组织纪律性和英勇精神,1945 年 8 月 30 日"孙中山"号浅水重炮舰的船员们被授予近卫军称号。

孙中山光荣的革命活动被载入历史教科书,成千上万不同民族的苏联学生学习他。孙中山的作品被翻译成俄文。

孙中山作为中国人民忠实的儿子、满腔热情的爱国主义者和为自己祖国自由独立而战的斗士、苏联人民忠诚的朋友、被帝国主义压迫民族勇敢的同盟者而永载史册。

孙中山生前嘱托中国人民要万分珍视与亲如兄弟的苏联人民的友谊,他们在中国艰难困苦时期始终给自己的邻居以无私的帮助。1949 年 9 月 6 日,在中苏友好协会筹备委员会会议上宋庆龄说:"孙中山把他衷心的愿望遗下给我们,要我们和中国人民唯一的友人苏联亲密合作。"

苏联人民坚信,世界上任何力量都无法动摇中国杰出的民主革命家孙中山所捍卫的两个民族间的伟大友谊。

(孙玉华、李凡、安然、于萍译)

周恩来与中国的独立和统一[①]

1. 孙中山对五四运动的评价

孙中山在五四运动的直接影响下开始吸收青年参加革命事业。1919 年 10 月 8 日他在上海青年会的会议上作了题为《改造中国之第一步》的演说，严厉批评北京政府，认为“现在武人官僚的贪婪，亦较满清时代为甚”。他把盘踞在首都和各省政府机关中的旧官僚，把中国的军阀、首都和各省的政客称作“三种陈土”即“要建筑灿烂庄严的民国，须先搬去的这三种陈土”[②]。他号召青年积极投身革命运动。对中国的改造应从何处着手呢？——孙中山提出了这个问题并作出了回答，他指出：不能像有些人说的那样从普及教育入手，不能像有些人说的那样从兴办实业入手，也不能像有些人说的那样从发展自治入手，而应从革命这个主要问题入手，要进行反对官僚和军阀的革命。

1919 年 11 月 18 日孙中山向上海学生会发表了题为《救国之急务》的演讲，他在演讲中对五四运动作了高度评价，认为这

---

① 本文选自齐赫文斯基著：《周恩来与中国的独立和统一》，何宏江、张祖武等译，北京：中央文献出版社，2000 年。文中部分标题系编者所加。原书是：Путь Китая к объединению и независимости，1898—1949 ：По материалам биографии Чжоу Эньлая . М：Вост. лит. РАН，1996，575с.《中国通向统一与独立之路(1898—1949)·据周恩来生平资料》.

② 《孙中山选集》第 2 版，第 475—476 页。——译者注

次运动具有高度的组织性，收效巨大。孙中山指出这次运动是由外部原因引发的，他号召青年对国内问题同样予以关注，支持“护法运动”，力争恢复合法国会的活动。他强调指出，反对同外国人签订丧权辱国的奴役性条约的斗争与反对军阀集团、争取国家统一的斗争密切相关①

2. 周恩来领导的早期学生运动

1919 年 9 月 25 日，周恩来出席南开大学开学典礼，成为该校文科一年级学生，9 月 30 日他赴北京参加全国学生联合会的会议②，讨论在国内发起要求解决山东省前途的大规模请愿运动。10 月 1 日，前来参加全国学生联合会会议的 7 个城市的代表在北京的总统府门前举行示威游行。他们本来打算向当局递交请愿书，陈述自己的要求，却遭到警察的逮捕。周恩来号召于 10 月 10 日即辛亥革命纪念日举行大规模示威游行，抗议当局逮捕请愿者，10 月 7 日，《联合会报》登出布告，指责当局压制言论自由并宣布由于书报检查方面的原因，《学生联合会报》今后不能每日出版，改为三日刊。10 月 10 日，在天津南开大学操场举行群众集会，参加集会的有来自全市各社会团体和各学校的 4—5 万名代表，会议通过的宣言谴责北洋军阀实行专制，谴责北京警察逮捕请愿学生。地方当局组织大批军警包围操场，竭力阻挠原计划在会后举行的游行示威。但是还是有几批人冲破包围，前往市警察厅大楼要求会见警察厅长杨以德。但是杨以德避而不见。

天津学生联合会和天津女界爱国同志会为抗议警察当局的暴行，决定举行为期 4 天的罢课(后来又延长两天)。周恩来起草了短期停课宣言书，指责市警察厅长对天津学生采取暴力。青年人的抗议行动得到了北京各界——商人、产业工人和手工业者的响应。10 月 20 日，1 万多天津市民聚集到直隶省公署支持学生的要求。与此同时，前来参加集会的男女青年在天津市内各处慷慨激昂地谴责警察当局的罪恶行为。由于这些行动的压力，再加上全国学生联合会的有力支持，北京当局不得不于 11 月 7 日释放在首都被捕的请愿学生。11 月 15 日，由周恩来主持的觉悟社特别会议决定将该社变成青年人“预备牺牲、奋斗的战斗组织”，变成“作战的大本营”，并在接收新成员时对其能否有决心履行这些要求进行

① 《孙中山选集》第 2 版，第 477—481 页。——译者注

② 原文如此。——译者注

严格考查。

号召抵制日货的学生纷纷遭到毒打，反日运动因此掀起新的高潮。当时当选为天津中等以上学校学生联合会领导人的周恩来与几位同志一起去大津商会协调全市抵制日货的行动。12 月 20 日，天津各社会团体代表当着 10 万多市民的面公开烧毁大批日货，然后组织了反日示威游行。

周恩来在他撰写的《宣言》中阐述了觉悟社 1919 年年底秘密会议热烈讨论的结果。《宣言》指出，凡是不合于现今时代的一切：甚嚣尘上的军国主义、资产阶级、党阀、官僚、男女不平等、顽固思想、旧道德和旧伦常，都应该铲除应该改革。

北京当局对反日情绪的不断增长感到非常恐慌，他们本打算通过“直接交涉”与日本就山东问题达成协议，这时开始采取断然措施，镇压各地规模越来越大的抵制日货运动。直隶省长下令天津各校提前放寒假，阻挠他们参加抵制日货运动。觉悟社社员针对这一情况，在例会上根据周恩来的提议决定成立日货调查团，积极投入反日运动。1920 年 1 月 23 日当联合会派出的志愿者在市内一些店铺检查日货时遭到一伙日本浪人的毒打。此事激怒了天津市的市民。天津各社会团体的代表向直隶省公署请愿，要求惩治日本浪人和藏匿日货的店主。警察不准请愿者进入省公署，殴打他们并逮捕了 20 名请愿者，马骏也未能幸免。与此同时警察还对学生联合会会所和其他社会团体所在地进行了搜查。

觉悟社社员曾几次在警察无权进入的法租界秘密聚会，讨论时局，决定组织大规模示威游行，抗议殴打和逮捕请愿者，指定周恩来负责筹备这次活动。

1920 年 1 月 29 日周恩来率领天津的几千名学生前往省公署递交请愿书，要求政府：(1)驳回日本关于通过“直接交涉”解决山东问题的建议；(2)尽快与日本人就福州惨案展开谈判；(3)撤销对天津学生联合会的禁令；(4)释放 1 月 23 日被捕的请愿者，今后不再干涉人民行使集会和结社的权利，不再干涉人民的言论自由和出版活动。直隶省长曹锐拒绝与集会的请愿者见面，于是他们委派以周恩来为首的 4 位领导人进入省公署递交请愿书。这 4 个人马上遭到逮捕，聚集在省公署门口的请愿者遭到军警毒打并被驱散。2 月 6 日，周恩来和他的同志们被转送到市警察厅，警察厅长杨以德指责他们受人利用煽动风潮。当局在警察厅 2 月 17 日的审讯中要求周恩来供出为天津《学生联合会报》提供资助的人的姓名。

警察厅在遭到周恩来的严辞拒绝后没有及时将此案转交法庭审理。周恩来和他的同志们被关在没有窗户的潮湿的地下室里，4 月 1 日，他们宣告，如不尽快将此案移交法院，不改善狱中生活条件，不允许被捕者互相往来，他们将进行绝食。4 月 3 日，警察厅长被迫接受这些要求，绝食斗争于当日晚结束。4 月 5 日，天津学生联合会的 24 名代表来到警察厅要求释放被捕的全体请愿者，并表示，在法庭审理此案之前他们情愿代替这些被捕者坐牢。在天津社会各界的压力下，警察厅长杨以德同意改善被捕者的生活条件，允许他们的亲友探监。今后不再限制在押人员之间的往来。

4 月 21 日，包括周恩来在内的 21 位被捕者被转到市立监狱。他们由于坚持斗争，终于获准同住一间牢房，在监狱院中散步和阅读书报，他们给自己规定了严格的起居时间表并分了工，还制定了课程表。早晨起来做早操，然后请愿的人为自我申辩作准备，下午是上课和读书时间。晚饭后政治学习，讨论迫切的社会问题和政治问题。这些工作由周恩来和另外两个理论造诣高的人主持。周恩来还受托记每日日记。大家在牢房里过纪念日——“五一”(五一这天对牢房进行大扫除，不上课)、“五九”“国耻日”(1915 年的这一天袁世凯接受了日本的“二十一条”)，为狱中同志过生日。他们上课时讨论的题目包括世界各国工业革命史、政治革命史和新思潮。周恩来在 5—6 月里曾几次讲授唯物史观基本原理、马克思的经济观点、马克思有关资本和阶级斗争的学说及马克思传记。

在五四运动一周年时他们专门开会纪念这个日子，马骏作了关于过去一年的事变和青年人今后斗争任务的报告。辩论俱乐部以社会服务为题。召开的各次会议均由周恩来主持。大家决定在同情学生的商人中间建立爱国运动积极分子小组，专门出版阐释民主主义原理的小报，组织讲演团到民间开展工作，向各社会团体扩展影响，以便在这些社会团体的成员中传播为根本改造社会所必需的政治知识。

6 月 1 日，周恩来与被捕的同志一起给著名进步律师刘崇佑写信。他们在信中描述了被捕者的恶劣处境，揭露了警厅无中生有指责青年煽动风潮的真相并请刘律师出庭辩护。7 月 6—8 日对周恩来及其他请愿者“妨害安全及骚扰”一案进行了公开听审。这次公审不但引起了天津市学生而且引起了各爱国团体代表的极大关注。几天来审判厅前常常是人头攒动，而审判厅内也挤满了旁听的人群。周恩来和他的同志们在法庭陈述中指责警察当局对学生的暴行，并指出，捍卫爱国主义精神和拯救祖国不是犯罪而是正义的事业。刘崇佑律师为青年爱国运动作了精彩的辩护。1920 年 7 月 17 日，法庭作出判决，因周恩来及其同志“均足执行刑罚终了之期”遂予释放，天津各社会团体 100 多名代表对经半年监禁终于获释的同志们表示热烈欢迎。为他们戴上了铸有“为国牺牲”4 字的银质纪念章和红绸花。他们分乘 9 辆汽车来到天津市商会，每辆汽车的标语牌上都写着“欢迎被拘代表出狱”字样。欢迎会在商会举行，周恩来在会上介绍了被捕者同警察当局暴行进行斗争的情况。

周恩来和马骏在坐牢时被南开大学除名，与他们一起被捕的几位中学教师也被解职。

1920 年 8 月初，周恩来在由他主持的觉悟社社员会议上总结了天津学生一年来的爱国斗争。8 月 16 日，觉悟社的 12 位发起人来到北京。他们在北京陶然亭公园的一个亭子里举行秘密会议，首都青年学生的 4 个进步组织，即少年中国学会、青年工读互助团、曙光社和人道社的代表出席了会议。会议的任务是交流青年爱国运动的经验，展望下一步救国运动的前景。与会者有 20 多人，会议由少年中国学会代表李大钊主持。他建议到会的 5 个社团的代表明确自己的思想立场，选出自己的代表以便保持联系和继续讨论问题。陶然亭公园会议后的第二天，又在李大钊任馆长的北京大学图书馆召开会议并决定建立名为“改造联合”的联合组织。新组织的宗旨是联合青年学生的一切进步社团共同为拯救中国和改造社会而斗争。由与会者通过的《改造联合宣言》对这个宗旨作了阐述，还向青年发出了“到民间去”的号召。

周恩来被南开大学除名后决定去法国继续求学。1920 年年初，周恩来和他的同党李福景得到华法教育会同意由政府部分资助他们赴法学习。一家有影响的地方报纸《益世报》在周恩来出国前同意接受这位在天津颇有名气的出色记者和编辑作该报的旅欧通讯员。周恩来打算靠为报纸撰稿的稿费补贴赴法初期的生活。

1920 年 11 月 7 日，周恩来作为第 15 批赴法“勤工俭学”的中国青年搭乘法国邮船波尔多号离开上海。途中他一直在整理狱中日记《检厅日录》的手稿，他到达法国后通过邮局将稿件寄给天津一家进步报刊——《新民意报》。1921 年的《新民意报》发表了《检厅日录》的部分内容。1920 年 11 月 13 日周恩来到达马赛，从马赛乘火车去巴黎，在拉丁街的一家廉价旅馆里住了下来。

他的生活开始进入一个新阶段。

3. 关于中共早期革命活动的评价

尽管“新文化运动”和五四运动为共产主义思想在中国扎根提供了适宜的土壤，但是中国的工人运动本身非常薄弱。年轻的中国共产党的部分领导人在中共开始从事革命实践活动之初就机械地照搬当时国际共产主义运动中普遍存在的“左”倾模式——认为“世界无产阶级革命”正在临近，拒绝寻找工人阶级的同盟者，实行宗派主义，忽视农民，低估民族资产阶级的革命和反帝的积极性，在估计革命发展阶段时表现冒进，等等。中共的许多领导人对3次俄国革命的经验采取不加批判的态度，不顾中国的特点照搬照用。中共领导人时而犯“‘左’派幼稚病”，时而盲目地不加批判地追随中国资产阶级和自由派地主政党国民党的政策，对此，以斯大林、托洛茨基、季诺维也夫和布哈林为代表的共产国际领导人负有很大的责任。

共产主义思想在中国的迅速普及使西方列强和中国军阀深感恐慌。北京政府早在1920年4月就致电各省军事和民政当局，要求他们采取严厉措施惩治“过激分子”；1920年12月又根据步兵统领王怀庆的呈文下令采取措施将“过激党人”消灭在萌芽状态中。

年轻的中国共产党的党员因此不得不以极其秘密的形式开展活动，与此同时也并不放弃任何合法活动。例如，1921年8月11日在上海成立了受共产党领导的合法组织——中国劳动组合书记部。它的影响遍及上海的卷烟工人工会、机器制造业工人工会、纺织工人工会和邮电工人工会，在北京、武汉和广州设立了地方分部。国内的罢工运动此起彼伏。1922年年初长沙的纺织工人采取了大规模行动。与此同时受孙中山的拥护者影响的中国海员工会（1921年3月成立）也开始举行为期55天的反对英国船主的罢工。这次罢工使香港、6条太平洋航线和9条近海航线陷于瘫痪。结果以罢工者的胜利而告终。华北的铁路工人也配合海员采取了行动。

1922年9月，由共产党人毛泽东、李立三和刘少奇组织的江西省萍乡县安源路矿工人的政治罢工胜利结束。

1922年10月，河北省唐山附近的开滦煤矿的5万名矿工开始罢工，他们不仅提出了经济要求，而且也提出了政治要求。罢工持续了20多天，尽管遭到当局镇压，但仍以矿工的胜利宣告结束。

1922年5月，中国劳动组合书记部在合法条件下在广州召开全国第一次劳动大会，来自国内12个城市的近30万工人的162名代表出席大会。1923年2月爆发的京汉铁路政治罢工遭到军警残酷镇压；40多人被打死，几百人被打伤，大批罢工者被逮捕，1000多名罢工者被解雇。

中共在第一次代表大会后加强了同国际共产主义运动的联合，1921年11月至1922年2月，9个强国在华盛顿召开会议（苏维埃俄国的代表和团结在孙中山周围的中国民主共和派代表未获准出席），目的是重新确定在太平洋特别是中国有利于美国的均势；共产国际则召开远东各民族代表大会来与华盛顿会议相抗衡。远东各民族代表大会于1922年1月21日至2月2日在莫斯科和彼得格勒举行。中国代表团是出席人数最多（44人）的代表团之一。代表团中不但有共产党员和社会主义青年团员的代表，而且有国民党以及妇女团体和工会组织的代表。共产国际在这次大会上引导中共支持民族革命运动，批驳关于中国即将进行的革命是社会主义革命的看法。列宁在会见中国代表团代表时指出，中国革命的性质是资产阶级民主革命，其目标是反对殖民主义和封建主义，为实现这一目标，中国的无产阶级必须与国内的其他革命阶级实行联合。

中国的当代历史学家承认，远东各民族代表大会"阐明了列宁关于民族和殖民地问题的理论"并指出了中国"当前的第一件事便是把中国从外国的羁轭下解放出来，把督军推倒，创立一个民主共和国。这些思想，对于党制定当前阶段的革命纲领给予了直接的帮助"。（第304号文献第31页①）

但是共产国际的这些建议在中国引起了激烈争论，也并未很快被中共领导人采纳。为参加在广州合法举行的中国社会主义青年团第一次代表大会（1922年5月）而来到中国的共产国际执委会代表亨·马林和青年共产国际代表瑟·A.达林为澄清这些问题发挥了很大作用。因此，在上海秘密举行的中共第二次代表大会（1922年7月16—23日）的与会者作出了联合国内外力量共同进行反帝斗争的决定。出席第二次代表大会的代表为12人，代表中共的195名党员。陈独秀作了工作报告，张国焘与会者介绍了他参加的远会各民族代表大会的情况。会议还讨论了全国第一次劳动大会和社会主义青年团第一次代表大会的报告。中共第二次代表大会的决议把中国革命的性质确定为反帝（民族）反封建（民主）革命，为党在中国民族民主革命阶段的战略和策略奠定了基础，对工人阶级

① 《中国共产党的七十年》，中共党史出版社，1991年版，第32页。——译者注

的历史使命和无产阶级国际主义作了原则性的概括。

但是代表大会没有接受亨·马林关于建立统一战线，让共产党人加入国民党的建议。取代这一建议的是代表大会关于由国民党召集一个有社会主义青年团的代表参加的预备会议来筹备由各革命民主团体，即工会、商会、学联、妇女同业工会、出版者和律师俱乐部及部分议员等共同参加的代表会议的建议。

关于共产党人加入国民党的建议最终还是得到了采纳。这已经是1922年8月底的事，当时正在召开中共领导人扩大会议，马林也参加了这次会议；到了9月初，孙中山已亲自把中共早期最著名的领导人陈独秀、李大钊和从法国被驱逐回国的中共旅欧支部创始人蔡和森以及参加过远东各民族代表大会的张太雷（亨·马林的翻译）吸收进国民党。

4. 孙中山1921年5月5日就任大总统后宣布的对外政策

1921年5月5日，孙中山发表就任大总统职宣言和对外宣言。他在就职宣言中声明，南方政府要根据民意来解决对外政策问题，他的对外政策纲领是“维持”中国的“国际平等地位，保障远东永久和平”[①]。

孙中山在对外宣言中指出，北京政府是由卖国军阀组成的政府，这些人竟雇用俄国的白卫分子来对付捍卫共和的南方。孙中山提请列强注意，自1917年6月解散国会起，北京政府即已丧失合法存在的权利。为取代旧国会而成立新国会是没有法律根据的；1918年8月“选举”徐世昌当总统也同样没有法律根据。中国的惟一合法总统是孙中山，因为只有他才是依据宪法由合法的旧国会议员专门在广州召集会议选出的总统。孙中山在对外宣言中宣布，南方政府将尊重和保护外国政府和公民的合法权利，一如既往地执行“开放门户”政策，欢迎外国的资本和技术进入中国。

1922年6月6日，徐世昌下台后孙中山再次发表对外宣言，他在宣言中号召各国政府无论在任何情况下都不要干涉中国的内政，不要支持吴佩孚—曹锟的北方新政府，因为这样做会使内争更趋激烈。他还要求列强重申不干涉中国内政的宣言，并对此宣言的精神及字面予以同样尊重。

然而无论是这个宣言还是专程派往美国和日本的代表都未能使列强

---

① 《孙中山全集》第5卷，第531页。——译者注

承认南方的共和政府，都未能对列强的政策产生影响，列强依然在支持军阀集团并在挑动他们之间争斗的同时挑动他们共同对付孙中山政府。

列强像往常一样只承认北京政府并且不断地对南方政府施加压力，为其设置种种障碍。1921 年春，孙中山为给军队筹集军饷而向旅居东南亚的华侨借款 1000 万美元，这时港英当局公开发出警告说，孙中山政府是靠不住的临时政府，永远不可能具备偿还债务的能力。

1921—1922 年的华盛顿会议就限制军备问题和太平洋及远东问题作出的决定使美国在中国的地位得到加强，使日本在中国的地位受到明显削弱。这次会议实质上是帝国主义分子为谋划掠夺中国和对付苏维埃俄国的途径及手段而进行的一次新的勾结，作为太平洋地区大国的苏维埃俄国竟未被邀请出席会议。代表中国出席会议的只有北京政府，1921 年 8 月 13 日美国向北京政府发出了邀请。广州政府为表示抗议，宣布拒绝承认会议作出的任何决定。

中国资产阶级的希望和夙愿没有在华盛顿会议的决议中得到反映。帝国主义列强拒绝承认中国的平等地位，拒绝废除损害中国主权和民族独立的一切旧条约。与中国民族资产阶级利益攸关的海关问题的解决也对中国不利。允许增加的占商品总值 2.5%的关税仅仅是给中国的一点小小的施舍，海关依然掌握在外国人手里。另外，他们还把海关当作外国资本，其中主要是英国资本对中国国内政治生活施加压力的有力杠杆，因为海关是中国国家预算最主要的收入来源。

华盛顿九国公约拒绝承认日本在中国享有“特别权利”。华盛顿会议也使日本在限制海上军备问题上遭受重大挫折。日本舰队与美国和英国的舰队相比处境不利，三者的吨位对比关系为 3∶5∶5。日本在太平洋地区的旧盟友——英国在美国的压力下退出英日同盟。在欧洲战争快要结束的时候才参战的美帝国主义靠战争发了财，在华盛顿会议上对那些被世界大战和对苏维埃俄国的武装干涉搞得筋疲力尽的国家摆出高人一等的姿态。由于对俄国远东进行武装干涉而花掉 7 亿多日元的日本在经济上遇到严重困难，1920 年 3 月爆发的严重经济危机又使日本的经济雪上加霜。英国在第一次世界大战后重返远东市场对日本的对外贸易造成严重打击。

由于上述原因，日本的对华政策在华盛顿会议后曾一度失去原有的进攻态势。日本人不得不从山东撤军，不得不放弃在“二十一条”基础上与中国签订的各项协定和条约。尽管日本的军国主义者仍然希望通过张作霖将军的帮助继续恢复在华北的影响,但是张作霖当时的实力已不足以战胜英美帝国主义分子的傀儡——吴佩孚军阀集团。

华盛顿会议的决议极大刺激了中国人民反帝情绪的增长。

5. 国民党一大后孙中山对"三民主义"的解释

孙中山对他的"三民主义"作了新的阐释。他写道:"国民党之民族主义,有两方面之意义:一则中国民族自求解放;二则中国境内各民族一律平等。"孙中山解释说,因此,民族主义的第一个目的就是为争取中国人民的解放与独立而斗争。孙中山在宣言中阐释"民权主义和民生主义"时也赋予"民权主义和民生主义"以反帝的内容。

"民权主义"即意味着要为人民争得广泛的民主自由和权利。"民生主义"的内容包括沿着国家资本主义道路发展中国的经济。农民之缺乏田地者,国家当给以土地,颁布土地使用法和劳工法,国家为失业者提供救济,节制资本,银行和交通国有化等。

宣言的最后一部分阐述了国民党的对外政策,着重强调对外政策与国内社会生活民主化、吸引广大劳动群众积极投身政治生活的一贯纲领之间的密不可分的联系。

6. 周恩来在法国期间领导和参加的共产主义小组活动

周恩来为了继续求学于 1920 年年底来到法国。生活在这里的中国人都积极参加了法国战后高涨的革命运动,并且完全理解与他们共事的法国工人和青年学生的积极号召和行为。

第一次世界大战快要结束时,法国反战的革命情绪骤然高涨起来。1917 年,作家亨利·巴比塞与波尔·瓦扬-古久里、莱蒙·勒弗夫尔共同成立了法兰西共和国退伍军人联合会,到 1920 年年初参加联合会的已达 2 万人,在全国各地有近 500 个小组。联合会召开各种会议声援革命的俄国,散发有关俄国事件的革命宣传材料,维护法国的民主制度。1919 年 5 月,根据退伍军人联合会组建者的倡议,在巴黎成立了"光明社","光明社"出版了《光明》杂志,号召开展法国知识分子争取和平与民主的群众运动。1919 年 10 月 26 日,《人道报》刊登了 72 位著名作家、学者、新闻工作者的宣言,号召声援苏维埃俄国,这一宣言引起了社会上的强烈共鸣。签署这一宣言的有阿纳托尔·法朗士、让-理查德·布洛克、亨利·巴比塞。1920 年夏,法国社会党代表——《人道报》社长马塞尔·加香和法国社会党总书记吕多维克·弗罗萨尔前往俄国参加共产国际第二次代表大会。他们会见了列宁,并参观了俄国的许多城市。加香回到法国后讲述了俄国的情况和革命俄国的对内对外政策,揭露了法国政府推行的武装干涉俄国的政策。

1919 年夏秋,罢工和街头示威游行的浪潮席卷全法国,提出的口号是提高工资、实行 8 小时工作制、停止对俄国的武装干涉。1920 年上半年,罢工运动达到最高潮。参加罢工的有波尔多的码头工人、铁路工人、冶金工人和建筑工人。

1920 年 12 月在图尔召开的法国社会党代表大会上,多数与会者赞同加香关于共产国际第二次代表大会的报告,大会决定法国社会党加入共产国际。1921 年 5 月,在马赛召开法国共产党第一次代表大会。1922 年 10 月,在巴黎举行法国共产党第二次代表大会,大会通过了关于动员群众建立工人阶级统一战线和积极投入工会运动的决定。

周恩来到达法国之前,那里就已有了一些由中国青年学生组成的爱国组织,如"新民学会"和"觉悟社"等;还成立了一个人数不多的共产主义小组,是以蔡和森、李富春及其夫人蔡畅(蔡和森的妹妹)为首的一些来自湖南省勤工俭学的青年知识分子组成的。

美国为周恩来作传的徐开玉证实,法国最积极的左翼作家之一亨利·巴比塞此前就已同在巴黎的中国青年学生代表建立了联系,并每星期都同他们会见一次,讨论当前的政治问题。

周恩来抵达法国后不久,北京大学讲师张申府(即张崧年)应里昂中法大学之聘也来到法国,他是北京共产主义小组的成员,受陈独秀和李大钊委托,旅欧期间在旅欧华人中建立共产主义小组。(第 287 号文献第 44 页)

周恩来在巴黎拉丁街一间廉价租来的房间里住了下来,并同当地的华侨协社建立了密切的联系。在这之前,周恩来就已在旅法中国青年学生中很有名,大家都知道他是天津学生运动的领导人之一,是很受欢迎的《天津学生联合会报》的编辑,写有大量热情洋溢的论战性文章,曾遭到警察的迫害。

周恩来住在巴黎时一度曾在有不少华人做工的雷诺汽车厂当过工人。他去过其他许多城市,研究住在那里的同胞们的劳动条件和情绪,在他们中间进行爱国主义宣传。他曾在里尔煤矿和里昂附近的圣沙蒙冶金工厂干过几个月。周恩来穿上工作服,与中国和法国劳动者没有什么不同。他一边从各个方面了解法国的社会生活，一边把自己撰写的通讯定期寄给中国的《益世报》。

1921 年 2 月 28 日，赴法“勤工俭学”的中国留学生得知华法教育会决定不再资助他们。以蔡和森和蔡畅等人为首的 400 余名留法学生聚集在中国驻巴黎公使馆大楼旁，要求资助学业、发放助学金。法国当局派出上百名警察，其中还有马队，驱散聚焦在这里的学生。一些学生被捕。

3 月 21 日的《益世报》上刊登了周恩来对这一事件的详细报道，对中国留学生表示了极大的同情。他有很多通讯是专门评述国际问题的，如德国赔款、西欧各国对俄对德之方略、英法分歧、西里西亚问题，等等。

1921 年春，周恩来经张申府和刘清扬介绍加入巴黎的共产主义小组，这个小组是后来联合成中国共产党的 8 个发起组①之一。

4 月 13 日至 6 月 20 日，周恩来发往天津 9 篇关于英国百万矿工持续 80 天罢工情况的报道，描述了英国矿工因忍受饥饿、贫困和剥削而陷于绝境的苦难状况，并严厉谴责了英国政府。

周恩来在 6 月 16 日《益世报》上发表的一篇分析英法在近东问题上的态度的通讯中，报道了土耳其和希腊战争的经过，并指出只有苏维埃俄国受世界革命思想的推动，才能保证各族人民完全独立。

1921 年 6 月中旬，法国报刊报道说法国政府同北洋军阀专使朱启钤和财政次长吴鼎昌就有关向北京提供借款购买军火问题进行了秘密谈判，周恩来同蔡和森开始对这一报道进行非正式的调查，弄清借款的条件和目的。

旅法华工会、中国留法学生联合会、国际和平促进会、亚东问题研究会、巴黎通讯社和旅欧周刊社等 6 个旅法华人团体的代表成立了反对向北京军阀提供借款的联合委员会。他们发表共同通告，揭露用于购买军火、继续打内战的借款是反人民的。这一通告译成法文后在法国社会各界散发了千余份，以引起社会各界对法国政府和北京军阀这笔交易的关注。

周恩来在 6 月 30 日寄回国内的专题通讯中，报道了旅法华人坚决反对借款的斗争情况。同一天，巴黎召开了拒款大会，300 余名华人出席。在法国舆论和旅法华人的压力下，吴鼎昌被迫离开巴黎前往英国，而法国政府也不得不暂停借款谈判。

---

① 原文是“коммупнстиоеские ячейки(共产党支部)”。——译者注

7 月 30 日，周恩来向天津报道了北京政府代表与巴黎已达成向中国提供借款的协议和旅法华人坚决反对这项借款的情况(通讯于 1921 年 9 月 29 日和 30 日发表)。

8 月 13 日，巴黎召开了第二次旅法华侨抗议向北京当局提供借款的群众大会；通过了谴责达成借款的声明。这一声明通过电报发往中国的各大报馆，并发给法国外交部。法国政府慑于声势浩大的拒款运动，宣布暂缓借款。

周恩来 1921 年为《益世报》写的文章涉及以下各种问题：欧洲经济状况、英国议会中的辩论经过、英法矛盾、英国的经济危机、召开华盛顿会议的筹备情况、大西洋两岸对太平洋问题的看法；他还写了俄国西部的旱灾情况，并怀着同情的心情评论了俄国政府同饥荒作斗争的措施、列宁的新经济政策、德国复辟情绪的滋长以及德国知识分子脱离工人阶级的现状。

虽然在巴黎的中国共产党支部收到了派遣代表出席中国共产党第一次代表大会的邀请，但由于法中路途遥远，巴黎支部未能出席这次大会。

中、法当局担心留法"勤工俭学"的中国青年不满情绪的不断增长和他们的爱国行动，于 1921 年 9 月 15 日作出决定，停发给他们的政府助学金。禁止他们入里昂中法大学学习。

9 月 17—19 日，中国留法勤工俭学学生联合会连日召开会议，制定对策，特别是通过了组织"先发队"和誓死夺回里昂大学的决定。周恩来在这几次会议上都发了言，号召详细制订分阶段的行动计划，采取不同的斗争形式，然而他的号召却未被采纳。1921 年 9 月 21 日清晨，百余名"先发队"的代表在赵世炎、蔡和森、李立三、陈毅等人带领下，进入里昂大学，并推举越世炎与校方进行交涉。第二天，全部代表都被法国宪兵逮捕。周恩来得知消息后立即同聂荣臻、王若飞和徐特立一起，从巴黎赶往里昂营救同志们。但是谈判毫无结果，10 月 13 日，根据法国当局的命令，参加此次行动的 104 人被从法国强行遣送回国。

周恩来给《益世报》寄去关于里昂事件的长篇通讯，文章最后号召留在法国的全体勤工俭学学生在"马克思和恩格斯提出的"口号下团结起来。

周恩来不断从欧洲寄给国内"觉悟社"社友的信件表明，他到欧洲后兴致勃勃地深入研究了马克思主义经典作家的著作和马克思主义书籍。他经常阅读法国《人道报》，关注英国的共产主义和社会主义期刊，还了解欧洲流行的无政府主义和无政府工团主义的理论，并用马克思主义观点对这些理论给予了严厉批判。

1921 年 11 月 12 日，九国会议在华盛顿开幕，会议赞同美国提出的关于“门户开放”和在中国“机会均等”的政策的决议。在会议召开前夕，即 11 月 5 日和 8 日，周恩来给《益世报》寄去一篇长文，他在文章中令人信服地论证说，华盛顿会议的中心议题是列强在中国重新划分势力范围。此后，他又撰写了一系列关于法国在这次会议上的地位、英法在华盛顿的竞争、削减军备等问题的文章。

1922 年 1 月，周恩来重访英国，这一次是为了撰写国际问题搜集材料。《益世报》刊登了他的一组文章，谈 1922 年年初欧洲的局势、英国人血腥镇压爱尔兰和埃及的人民运动、英国的选举运动、英法关系等问题。1922 年 2 月 6 日，他寄给编辑部一篇专述“劳动世界之新变动”的文章，文中指出，劳动问题和社会主义在欧洲各国已结成不解之缘，很多陈旧的社会主义理论已破产，工人运动在俄国十月革命的影响下正向左转、劳动者反对资本家的斗争日益加强。

1922 年 3 月初，周恩来迁居柏林，因为这里的生活费用要比巴黎低廉。在柏林他同张申府、刘清扬和中共党员张伯简建立了中国共产党德国支部，在旅德华人中积极开展宣传工作。同时，周恩来经常因党的事务和新闻工作的需要去巴黎，筹组旅欧中国共产主义青年组织。他从国内友人的来信中得悉，“觉悟社”社友黄爱被湖南省督军、军阀赵恒惕杀害。黄爱于 1920 年 11 月在长沙组织了湖南劳工会，劳工会成功地领导了为改善长沙纱厂工人劳动条件的斗争。1921 年年底，劳工会组织了纱厂大罢工，提出经济要求。1922 年 1 月 17 日，被派去同当局进行谈判的黄爱和劳工会的另一领导人庞人铨遭到逮捕并被当众杀害，罢工遭到镇压。军阀对黄爱和庞人铨的残酷迫害使中国很多工业中心群情激愤，各地为帮助罢工者家属进行了募捐活动。

周恩来为纪念友人的牺牲写了悼诗，他在诗中号召，纪念黄爱继续为新中国而斗争。

1922 年 5 月底，周恩来和赵世炎同旅居法国、德国和比利时的中国青年代表商定：成立中国旅欧共产主义青年组织。23 位代表出席了 6 月在巴黎布伦森林举行的成立大会。会议由赵世炎主持，周恩来提出新组织的章程草案，确定组织名称为“旅欧中国少年共产党”。会议决定出版《少年》杂志，杂志刊名下方还印有法文“La Jeunesse”字样。赵世炎当选为党的书记；他的副手周恩来负责宣传，李维汉同志负责组织。成立大会后周恩来返回柏林。

《少年》第一期于1922年8月1日问世，刊登了周恩来的“共产主义与中国”一文。他批判了国家主义、无政府主义、工团主义和宪章运动等各种思潮，证明只有共产主义才是中国的指路明星。周恩来为后来几期杂志写了大量文章，论述十月革命对全世界劳动者的历史意义、工会运动及其任务、旅法华工与旅法“勤工俭学”青年之间建立联系的必要性、宗教与迷信等。

1922年10月，著名的四川将军、辛亥革命的参加者、格丁根大学哲学系学生朱德在柏林拜访了周恩来。朱德早在国内时就请求陈独秀接收他加入共产党，但未得到回音。他带着同样的请求找到周恩来，周恩来和张申府一起介绍这位将军加入了中国共产党。从此这两位卓越的中国革命家之间结下了长达许多年的友谊。

1922年10月，旅欧中国少年共产党召开会议，会上选举了党的领导人(5位领导人中包括周恩来)，并决定旅欧中国少年共产党加入中国社会主义青年团。1920年11月在国内正式成立的社会主义青年团提出的任务是：研究社会主义，为根据社会主义原则改造社会而斗争(青年团于1921年5月自行解散，后根据青年共产国际的倡议又恢复活动)。中国社会主义青年团第一次代表大会于1922年5月在广州公开举行，青年共产国际代表瑟·A.达林出席了会议。代表大会宣布，大会忠于马克思主义，大会的目标是争取青年学生和青年工人。

1923年2月1日[①]，中国共产党旅欧组织和中国共产主义青年团旅欧之部合办的机关刊物《赤光》杂志第一期在巴黎问世。该杂志为半月刊，不仅在旅欧华人中，而且在中国国内都非常受欢迎。

编辑部在《赤光》创刊号上发表宣言说，该杂志的目标是：反军阀政府的国民联合，反帝国主义的国际联合。杂志宣布正式代替《少年》杂志。

周恩来在《赤光》第一期上发表了几篇文章。他在其中一篇题为“军阀统治下的中国”的文章中，号召中国的工人、农民、商人和学生联合起来，实行国民革命。周恩来在第二期上发表的“革命救国论”一文中，分析了革命与反革命的力量对比状况，他把英、美、日等国的帝国主义分子、中国的新旧军阀、封建分子、外国人的仆从买办、官僚统统归入反革命力量。

---

① 原文如此。——译者注

在同一期上还刊登了他的“告工友”[①]一文，指出旅法华工和青年学生应联合起来反对北京当局和无政府主义者吴稚晖在法国的追随者所推行的分裂华侨协社的政策。周恩来在第三期上发表的“救国运动与爱国主义”一文，号召中国同全世界被压迫阶级联合起来。他在《赤光》第六期上，驳斥了资产阶级报刊认为喀琅施塔得左派社会革命党人暴动和安东诺夫匪帮叛乱表明俄国革命已经失败的说法。最后几期(第七至十期)杂志还刊登了周恩来就中国国内政治和国际政治问题写的几篇出色的文章。这本杂志与它的前身《少年》杂志一样都是油印的。负责油印的是年轻的邓小平，因其技艺高超，人称“油印博士”[②]。

1923年2月17—20日，在巴黎召开了旅欧中国少年共产党成立大会[③]，大会批准了1922年10月筹备会议关于加入中国社会主义青年团和将旅欧中国少年共产党的名称改为旅欧中国共产主义青年团的决定。周恩来当选为5名执行委员会委员之一，任执委会书记。他向国内寄回一份关于代表大会的详细报告。

1923年3月18日，12名旅欧中国共产主义青年团团员在接到国内的指示后赴莫斯科东方劳动者共产主义大学学习。这12个人当中包括赵世炎、王若飞、陈独秀的两个儿子——陈延年和陈乔年。周恩来陪送他们到柏林，并帮助他们办好了去莫斯科的手续。这年夏天，周恩来返回法国，住在巴黎戈德弗鲁瓦街17号，并全身心地投入到党的工作中去。他领导了《赤光》的出版工作，经常在华工和学生会议上发表演说，与中国的无政府主义派和国家主义派的代表人物进行辩论。此外，他还忙于筹建共产主义研究小组，宣传马克思主义理论，与旅法华人各社会团体保持联系。

为周恩来撰写传记的所有作者都一致指出，他在旅欧期间，一直过着十分清贫、俭朴的生活，他平时的装束就是一套工作服，他自己做饭、洗涤和缝补衣服。周恩来一生都保持着早在南开中学学习时养成的勤俭节约的习惯，即使担任中华人民共和国总理和外交部长后，平日生活中仍极为俭朴，从不讲究吃穿。

6月12—20日在广州公开举行的中国共产党第三次代表大会赞同

---

① 原文有误，“告工友”刊于《少年》第2期。——译者注

② 原文为“Професоор мимеографии(油印教授)”。——译者注

③ 原文如此，应为“临时代表大会”。——译者注

共产国际执行委员会1923年1月12日作出的关于中国共产党与国民党关系的决议。决议说,"中国惟一重大的民族革命集团是国民党,它既依靠自由资产阶级民主派和小资产阶级,又依靠知识分子和工人"。

共产国际执行委员会认为,国民党和年轻的中国共产党必须携手合作。共产国际执行委员会认为,共产党党员留在国民党内是适宜的,并建议共产党员必须保持自己的组织,完成自己重要而特殊的任务——教育工人群众、建立工会,等等。共产国际执行委员会的决议指出:"在这一工作中,中国共产党应当在自己原有的旗帜下行动,不依赖于其他任何政治集团,但同时要避免同民族革命运动发生冲突。"①

中国共产党第三次代表大会决定同国民党合作,建立同所有民主力量的统一战线,协助孙中山及其最亲密的战友廖仲恺改组国民党。中国共产党党员和中国社会主义青年团团员可以个人身份加入国民党,同时保持自己在政治上、组织上的独立性。

6月16日,周恩来同中国共产主义青年团执行委员会的其他两名成员抵达里昂,迎接奉孙中山之命到这里筹建国民党支部的王京岐。不久王京岐被任命为国民党驻欧支部执行部长。在法国的中国共产党和国民党代表商谈后达成一项协议:旅欧中国共产主义青年团80余名团员加入国民党。不久,孙中山和国民党中央执行委员会委任周恩来为筹备国民党新闻通讯社巴黎分部的负责人。山东省临城事件之后,旅法华人中开始了一场反对列强粗暴干涉中国内政的运动。1923年7月3日召开华人各团体代表联席会议,会议商讨了共同抗议的行动计划,7月8日,通过了由周恩来制定的行动纲领。7月15日,周恩来在反对国际共管中国铁路的群众大会上发表演说,猛烈批判了资本主义列强和对他们奴颜婢膝的中国军阀的政策,号召将帝国主义者赶出中国、推翻北京政府。7月31日,中国旅法各团体联合会举行记者招待会,法国24家报馆的代表出席。

1923年11月25日,在里昂召开了国民党驻欧支部成立大会,大会选举周恩来为领导人,替代了回国的王京岐。他以这一身份领导了设在法国和欧洲其他国家以及东南亚国家各支部的工作。

1924年6月和7月,周恩来经常在旅法华人各团体的会议上发表演

① 《共产国际、联共(布)与中国革命文献资料选辑(1917—1925)》第2卷,第436—437页。——译者注

说，在这些会上对中国的前途展开了热烈争论。国民党的一些追随者谴责了孙中山主张同中国共产党结成统一战线和同苏维埃俄国建立联盟的方针。无政府主义者和国家主义者既批评国民党，也批评共产党。中国共产主义青年团的领导人要求进行“普遍的全面革命”，反对他们认为的共产国际优柔寡断的政策。这些会议充分展示了周恩来的演讲才能和组织才能以及他善于从爱国主义和反帝的立场出发调解敌对双方的能力。

1924 年 6 月，中共中央指示周恩来向巴黎的共产党和国民党方面移交工作后返回广州。7 月 20 日，周恩来主持了国民党驻欧洲支部第二次代表会议。7 月下旬，他和一些中国同志从法国启程，由海路回国。临行前，旅欧中国共产主义青年团执行委员会对周恩来作了以下评语：为人“诚恳温和、活动能力富足，说话动听，作文敏捷，对主义有深刻的研究，故能完全无产阶级化。英文较好，法文、德文亦可以看书看报。本区成立的发启(起)人，他是其中的一个。曾任本区三届执行委员，热心耐苦，成绩卓著”。

周恩来在旅欧 3 年半之后，于 1924 年 9 月初回到了广州，在码头他受到了共产党广州组织执行委员会委员和中国社会主义青年团执行委员会委员的热情迎接，周恩来开始了革命活动的新阶段。他在参加 1919 年五四运动被监禁半年时还是一个倾向马克思主义的革命民主主义者，此后他于 1920 年年底离开了中国；待他回国之时已成长为一个坚定的共产党人。

7. 周恩来在第一次东征中发挥的作用

1925 年 2 月 1 日，东征出师之前，周恩来在青年军人联合会成立大会上发表演说，参加成立大会的都是来自黄埔军校、粤军讲武堂、滇军干部学校、桂军军官学校和其他部队具有革命情绪的青年。周恩来号召青年军人积极投入摆脱帝国主义者和军阀压迫、拯救祖国的斗争，联合工、农、学、商，维护人民的利益。主要由国民党左派、中共党员和社会主义青年团团员组成的青年军人联合会在黄埔军校政治部领导之下开展工作，坚决贯彻孙中山的“三大政策”。

然而国民党右派却加紧了反对国共合作政策的孙文主义学会的活动。

在东征准备过程中，黄埔军校政治部派宣传队先到作战地区，向当地民众宣传东征目的。同时在部队中进行广泛的解释工作，强调必须遵守严明的纪律，人道地对待俘虏，严禁没收居民的粮食和商品，对从居民那里得来的所有商品和服务都必须付钱。

由共产党人领导的黄埔军校宣传部写了很多给士兵和农民的传单及革命歌词。农村居民，特别是在由共产党员彭湃组织的农会影响十分强大的海丰县和陆丰县的农村居民，向革命军提供了一切可能的帮助。人民通力合作，保证了东征的胜利。

第一次东征持续了近两个月，从1925年2月到3月。1925年2月初，收复了广九铁路线，此后，南方政府军队将陈炯明赶出广东省东江地区。从敌人手中缴获了大量战利品：1.2万一1.3万支步枪、110挺机关枪、36门大炮、大量子弹和炮弹。俄国顾问和教官不仅直接参加了作战计划的制订，而且直接参加了战斗。

黄埔军校政治部为保证东征而做的宣传工作立即收到了成效：革命部队所到之处都得到当地居民的友好帮助，居民为部队充当向导，运输弹药和粮食，为司令部及战士休息和治疗提供场地。周恩来多次在已收复的城市和农村举行的集会上发表演说，解释东征的目的，号召军民建立密切联系，在农民、手工业者、工人、学生和商人中间成立群众性爱国组织。

在已收复的城市和乡村中，恢复了被陈炯明解散的工会和农民组织，分别成立了国民党、共产党和社会主义青年团支部。在农村特别重视建立同支持陈炯明的当地地主作斗争的农民自卫军。

农民的生活条件给第一次接触到中国农村生活的俄国军人留下了深刻的印象。例如，国民革命军两次东征的参加者亚·伊·切列帕诺夫写道："我们亲眼目睹了中国佃农、半佃农、小私有者那令人震惊的贫困……农业劳动者平均必须把产量的65%交租或纳税。有些地方向农民索取的税高达40种，其中包括偿付'义和团赔款'……士绅只有借助他们的警察——由各种渣滓败类拼凑起来的民团才能控制农民。民团也靠向农民征税来维持。地方土匪也时常向他们征税。"

1925年3月13—22日，周恩来亲赴前线。他非常关心伤病员，将很多恢复了健康但又不宜参加战斗的士兵和黄埔军校学生组成宣传队。周恩来不止一次地发挥他的外交才能，来消除某些参加东征的国民党右派军官和国民党左派及共产党员之间有时由于政治观点分歧而产生的摩擦。

4月初，蒋介石任命周恩来兼任黄埔军校军法处处长。周恩来根据中共中央的决定于5月初参加中国共产党南方临时委员会执行局。他和执行局其他成员一样，同国民党中央执行委员会和中国南方政府顾问鲍罗廷保持密切联系。

第一次东征的胜利完成使得群众性社会团体更加活跃起来。1925年5月1日，在广州同时举行第二次全国工会代表大会和第一次农民代表大会。代表着54万工人的工会代表大会通过了成立中华全国总工会和加入红色工会国际的决定，选举产生了共产党员占优势的总工会执行委员会。在广东省农民代表大会上，成立了省农民组织，主张减租减税、组织和武装农民。代表大会通过了关于加入农民国际的决定。南方政府、国民党和共产党在群众中的威信大大提高。

1925年5月中旬，滇军和桂军将领利用忠于政府的部队在第一次东征胜利结束后尚未回师之机，在广州发动反政府叛乱、这一叛乱事先得到了在广州的英国人的支持。6月12日，叛乱被彻底平定。同叛乱者进行斗争的作战计划是由俄国顾问制定的。叛乱期间，黄埔军校的政治工作者做了大量工作以保证人民广泛支持南方政府和革命部队。这期间，周恩来向黄埔军校学生和南方政府其他部队官兵作了关于国内外政治形势和革命力量在争取中国民族独立、实现孙中山遗教的斗争中的作用的讲演。1926年国民革命军总司令部政治部在《政治工作须知》这本小册子里发表了周恩来这些讲演词。

8. 周恩来组织领导上海工人武装起义

1926年12月，根据中共中央的决定，周恩来作为中共中央组织部长和中共中央军事委员会委员被派往上海开展工作。他集中主要精力制订上海工人新的武装起义的计划，以支持当时从福建、浙江和江西等省向上海推进的国民革命军部队。

周恩来在国民革命军两次东征过程中获得的军事经验和政治经验，再加上他留欧期间和担任黄埔军校政治部主任时积累的知识，使他得以成功地在毕庶澄的北洋舰队水兵中开展宣传工作，促使他们投向国民革命军一边。他向英国人从印度调来的殖民军士兵、向外国军舰的水兵和陆战队员解释国民党的政策、北伐的目的和任务，说服他们不要武装干涉中国的内部事务。

周恩来组织散发了大量传单。传单的内容包括：反对外国军队增兵，反对北洋海军舰队抵沪，反对直鲁联军并号召作好起义准备，要“以武力回答武力”。周恩来为工人纠察队筹集武器并组织对他们的军事训练。

他在做这件事时借鉴了 1925 年上海总罢工和省港大罢工的经验，当时在中国首次出现了工人武装纠察队。

周恩来作为筹划起义的领导人向国民革命军北伐军总参谋长白崇禧将军（当时他的部队从西面即江西省向上海推进）和国民革命军第二军军长何应钦将军（当时他从浙江向前推进）提出，请他们的部队加速前进。

然而中共中央领导人当时在应否武装工人和策划武装起义来支持国民革命军部队等问题上意见不一致。中共中央总书记陈独秀反对在城市中开展罢工运动和武装工人，认为这会导致同帝国主义列强和中国资产阶级发生冲突。但大多数中央委员和上海党组织以及总工会的领导人都倾向战斗。

1927 年 2 月 11 日举行中共上海区委代表会议，会议向与会者宣读了共产国际执行委员会第七次扩大全会通过的《中国问题决议案》。这次全会是 1926 年 12 月 16 日在莫斯科举行的，中共中央的代表和国民党中央执行委员会的代表都出席了会议。决议详尽分析了中国革命运动的进程，帝国主义列强对中国革命运动的态度，中国革命总的前景，革命在农民、无产阶级、武装力量、革命政府方面的任务，中共的组织任务，决议还建议帝国主义国家的共产党支持中国革命并防止列强武装干涉中国。在关于"国民革命的武装力量"一节中写道："国民革命军是保证战胜孙传芳和扩大国民政府统治区域的最重要因素。国民革命军过去发挥了自己的作用，今后在普通士兵及其指挥人员的革命自觉性得到加强的情况下也能发挥自己的作用……在国民革命军取得节节胜利的情况下必须向群众说明，没有他们的直接斗争，光是由人民军队在军事上粉碎军阀是不可能带来重大胜利的，只有加强革命的组织和群众的独立斗争才能使这一胜利得到保证。共产党的一个极其重要的任务是吸引广大工人群众和工人组织尽全力支持国民革命军的日常工作。"

这个决议还说："中国共产党应当促使国民党发展成为真正的人民政党，即无产阶级、农民、城市小资产阶级和其他坚决反对帝国主义及其代理人的被压迫阶层的坚实的革命联盟。"（第 100 号文献第 99 页①）

共产国际执行委员会第七次扩大全会关于中国问题的决议有助于克服中共领导人中间的动摇情绪。当国民革命军部队占领浙江省省会杭州

---

① 《共产国际有关中国革命的文献资料(1919—1928)》，中国社会科学出版社 1981 年版第 1 辑，第 283 页。——译者注

(2月17日),离上海只有75公里时,上海总工会于1927年2月19日决定举行总罢工,并提出“欢迎北伐军”“打倒孙传芳”等口号。口号还包括:在上海建立人民政府,保障公民自由,以及工会关于提高工资、承认工会、给工人提供保险等传统要求。

2月22日,中共上海区委和总工会号召上海市民举行总罢工和武装起义。但周恩来没有参加这次行动,因为他当时正在较远的区视察工作。上海工人的第二次起义很快就被得到上海公共租界和法租界工部局协助的孙传芳和李宝璋将军的部队镇压下去。

在有大约36万工人参加的总罢工爆发的第二天,李宝璋将军下令将20名罢工工人公开斩首,并将他们的头颅挂在十字衔头示众,吓唬市民。有300多人被捕。1927年2月23日,中共中央和中共上海区委召开联席会议,决定暂时停止武装斗争,以便保存力量并为新的战斗作好准备。第二天上海各工厂的工人恢复了工作。在这次会议上成立了准备上海工人阶级新的、第三次起义的特别委员会。参加该委员会的有8位中共领导人员,包括中共中央总书记陈独秀、中共上海区委书记罗亦农和周恩来。同时成立了由5人组成的特别军委,其中有周恩来和顾顺章。

2月24日,召开了中共上海区委各部书记联席会议,会议赞同采取“为进而退”的策略,并分析了第二次起义失败的原因:缺少一个明确的起义计划;上海总商会和上海各马路商界联合会拒绝支持罢工,工人纠察队依旧人数不多,几乎没有任何武器;而当时驻扎在距上海40公里处的国民革命军部队却奉蒋介石之命停止向上海进军。

周恩来在会上讲话时谈到必须为新的起义抓紧进行军事准备并严守秘密。他提出了具体的任务——组建一支维持市内社会秩序的5000人的纠察队,一支500人的自卫团和一个机动团,组织对上述队伍的军事训练,筹集武器,组建情报侦察部门,建立在敌人海军中进行工作的专门委员会。同时决定与松江、龙华、南京和无锡的党委建立联系。

联合罢工委员会告上海市民书指出,第二次起义失败的原因是缺少应有的武装准备和武器不足,上海工人阶级今后应当充当独立的先锋,为推翻孙传芳的政权而与全市市民共同奋斗,捍卫孙中山的“三民主义”,支持武汉政府。为实现这一目的建议成立上海市民民主政府——市民代表会议——并将全部权力转交给这个政府。

军事委员会责成周恩来再次派遣联络员去见白崇禧将军和何应钦将军,催促他们迅速进兵上海。对有关购买地方军火库的武器甚至夺取军火库、有关破坏敌人铁路和其他交通线、有关组织工人纠察队进行军事训练等问题进行了详尽的研究。在这些日子里，周恩来奔走于上海最大的出版社“商务印书馆”的印刷厂、法商上海电车公司的车库、上海各大工业企业之间，了解工人对即将举行的起义的准备情况。他同上海商人保卫团建立了联系，希望能利用他们的靶场对纠察队员进行军事训练。同时周恩来加强了瓦解孙传芳部队和北洋舰队水兵的工作；这些部队中的一部分人因此投向国民革命军一边。

3月初，山东军阀张宗昌的部队开始源源不断地开抵上海增援孙传芳。但沪宁铁路工人的罢工极大地限制了这一行动。从1927年3月初起，上海的罢工运动声势越来越大，越来越具有政治色彩。

在1927年3月3日召开的中共上海区委军事委员会会议上，周恩来再次分析了第二次上海起义的错误，并批评了中共中央领导人过去的方针，这些方针实质上使党在革命运动中不能发挥独立作用并把中共的任务只归结为支持国民政府和国民党。周恩来表示完全赞同共产国际执行委员会扩大全会关于中国问题的决议案。决议案指出，“中国革命的结果并非一定要造成导致国家向资本主义发展的社会政治条件”，未来的革命国家“将是无产阶级、农民和其他被剥削阶级的民主主义专政。这将是向非资本主义（社会主义）发展的过渡时期的反帝革命政府”。①

周恩来向与会者提出了两个首要任务：实现目的在于夺取政权的武装起义和召开市民代表会议，上海的政权应当转归市民代表会议。

在3月5日的会议上，军事委员会决定直接责成中共上海区委书记罗亦农、周恩来、上海总工会领导人汪寿华与中共中央总书记陈独秀协商解决所有有关组织起义的迫切问题。会议还任命了8个区起义指挥部的领导人。

3月8日，在讨论关于扩大原先提出的市民代表名单时，军事委员会建议将上海各马路商界联合会、南市商会、全国学生总会、上海学生联合会等团体的代表列入名单。

根据中共上海区委的要求开始选举市民代表会议的代表。3月12日举行了有200名代表参加的会议。成立了一个委员会来制定未来革命权力机关的章程并选举了由31人组成的执行委员会（其中有8名工厂工人）。市民代表会议作出举行新的总罢工的决定，并将日期定在国民革命

① 《共产国际有关中国革命的文献资料(1919—1928)》第1辑，第278页。——译者注

军部队抵达之时。

在中共上海区委主席团会议上，罗亦农听取了各地关于起义准备情况的汇报后强调指出，市民同武装队伍的合作将是决定性因素，起义的主要目的是建立以民选市政府为代表的上海市民革命权力机关。

3月20日上午，在军事委员会会议上再次决定紧急致电白崇禧将军和第一军第一师师长薛岳将军。到傍晚他们的部队就占领了上海近郊龙华。

3月21日上午，中共上海区委发出开始起义的指令，中午12时根据上海总工会的命令开始了全市总罢工。80万工人停止了工作，上海第三次武装起义开始。周恩来被任命为起义领导人，其副手为赵世炎。起义同时在全市7个区进行；后来闸北区也参加进来，那里驻扎着北方军阀的主力部队。这里的军事行动由周恩来和赵世炎直接指挥。

周恩来率领一支200多人的队伍攻占了邮政局，后来又占领了警察局。起义军遭到张宗昌和上海防守司令毕庶澄的正规军、宪兵和警察部队共5000多人的抵抗。在张宗昌的部队中作战的还有一列由涅恰耶夫白卫分子组成的铁甲车队。

到3月21日晚，上海华界大部分地区已由工人纠察队掌握——占领了军火库、兵营、电话局、电报局，只有闸北仍在进行巷战。北火车站地区以及"商务印书馆"大楼周围的战斗尤为激烈。沪东和沪西地区的纠察队赶来支援在闸北作战的工人。

到3月22日晚6点，起义者占领了敌人在闸北的最后一个据点——北火车站。军阀部队的残部进入公共租界躲藏起来。当闸北激战正酣时，总工会不断派联络员去龙华找国民革命军部队，请求他火速驰援起义者，但白崇禧将军奉蒋介石的直接命令按兵不动。只是在北火车站已被占领、毕庶澄和张宗昌的部队被彻底歼灭之后，薛岳的第一师才进入城内并受到上海市民的热烈欢迎。

上海工人的最后一次即第三次起义能够取得胜利，在很大程度上是由于周恩来和与他一起领导军事委员会的罗亦农和赵世炎进行了忘我的高超的工作，是由于他们进行了起义的准备和组织，是由于他们亲自参加了闸北的战斗。在上海大多数地区，工人纠察队解除了军警的武装后，担当起了维持社会秩序和街道巡逻的任务，制止了各类刑事犯罪分子的活动。在上海许多地区立即建立了临时地方权力机关——市民代表会议。3月22日召开了全上海市民代表会议，参加会议的约有4000多人，他们代表全市1000个组织。会议选举产生了由19名成员组成的临时政府。除了上海资产阶级著名代表人物以外，参加政府的还有白崇禧将军、中共上海区委书记罗亦农、上海工会领导人汪寿华、各工会和民主团体的代表。政府成员中有10名共产党员。这是整个中国历史上第一个民主选出的城市自治机关。

9. 周恩来领导组织南昌起义

7月27日，周恩来到达南昌。他极其秘密地在朱德（时任南昌公安局长和军官教育团团长）的家里住了下来。起义时间定在7月30日。7月28日，国民革命军部队在贺龙的指挥下进抵南昌。但7月30日中共中央政治局委员张国焘传达了中共中央和共产国际代表极其含糊的指示：起义如有成功把握才可举行。但由于得知敌人已经获得起义正在准备之中的消息，于是1927年8月1日早晨，国民革命军部队在贺龙、叶挺、朱德、刘伯承及张发奎（当时正在庐山出席由汪精卫召集的会议）部队中其他革命军官的领导下开始了武装行动。

革命部队（2万多人）解除了不愿参加起义的国民革命军部队的武装。8月1日，在南昌召开了有中共和国民党左派代表参加的联席会议，会上组成了起义领导机关并通过了起义的纲领性文件。第二天，国民党革命委员会宣告成立。委员会成员有25人，其中包括孙中山的遗孀宋庆龄、武汉政府外交部长陈友仁、廖仲恺的遗孀何香凝、担任国民革命军总政治部主任的国民党左派邓演达、国民党驻冯玉祥大本营的代表于右任、张发奎将军及其几位副手。然而所有这些人当时都不在南昌，也没有参加起义。实际参加革命委员会工作的有中共中央政治局委员周恩来和张国焘，中共中央委员林伯渠、李立三、谭平山、吴玉章，以及朱德、恽代英、郭沫若和被任命为革命军总司令的贺龙。总参谋长为刘伯承，副总参谋长为周恩来。（8月1日后来被宣布为中国红军建军日，而后为中国人民解放军建军日，中华人民共和国成立后将这一天作为建军节）。

革命委员会发表的政治宣言说，革命委员会继承被蒋介石和汪精卫政府抛弃的孙中山革命遗训，它的目的是在广东建立革命基地和准备新的北伐。宣言宣布了进行土地革命、建立农民协会、改善工人的经济状况和法律地位的方针。

然而革命委员会所宣布的主张一个也未能实行，因为南昌处于反革命军队的四面包围之下。张发奎拒绝参加起义并同国民党其他右派将军相勾结，调动他的全部军队进攻起义军。

在敌人优势兵力的压迫下，起义部队不得不放弃南昌并分三路向南（广州）和向东南（汕头）突围。周恩来担任先头部队指挥部成员。行军条件极其艰苦。缺乏挑夫来搬运武器、弹药、粮食和伤员，许多远征战士患了痢疾和疟疾。部队不断遭到国民党部队、地方军阀部队的袭击。在他们路经的山区还未曾建立农民协会，因此不能指望得到当地居民任何像样的帮助。

南昌起义的参加者在付出巨大牺牲之后，终于穿越江西省和福建省到达广东北部。当贺龙和叶挺的部队于 9 月 23 日逼近汕头时，日本海军陆战队借口保护日租界而在汕头登陆。日本军队的到来限制了革命部队在城内的驻扎，他们不得不在短暂休整之后继续同抵达汕头的敌主力部队进行战斗。

起义军分散驻扎在几个独立的方向上，彼此之间失去了联系，继续同数量上占优势的国民党部队、地方军阀部队和地主武装——民团进行力量悬殊的战斗。起义军得到了广东尚存的农民自卫队和省港大罢工参加者的帮助；后来他们中的许多人进入贺龙和叶挺的游击队控制的地区。

8 月 7 日，留在汉口的中共中央委员（22 人）在接替罗易担任共产国际代表的巴索·罗米那兹的领导下极其秘密地在汉口举行紧急会议。会议分析了革命失败的原因，谴责了陈独秀的右倾机会主义错误，宣布建立工农革命政权，认为首要任务是土地问题。成立了以瞿秋白为首的中共中央临时政治局；周恩来当选为政治局候补委员。

1927 年 8 月 7 日的会议确定了秋收期间组织农民起义并在此基础上在土地运动中心省份建立由中国共产党领导的工农军队的方针。

10. 1925—1927 年大革命的失败原因

在分析 1925—1927 年革命失败的原因时必须考虑许多客观因素和主观因素的作用：年轻的中国共产党人数少；工业无产阶级的人数相对较少和软弱；农村商品货币关系不够发达，农村中占统治地位的主要是封建宗法关系；多少世纪以来中国的各个省相互隔绝，各个军阀集团的长期统治。再加之外国资本在中国经济、外贸和内贸中的地位强大，外国资本不承认孙中山的革命政府，外交使团经常向由北方和东北军阀控制的北京政府施加压力，列强——英国、法国、美国和日本在 1926—1927 年间的反共反苏政策，外国武装力量和海军舰队在中国集结了前所未有的兵力。

英国人、美国人和日本人站在直奉军阀一边对国内战争进程的直接武装干涉行动,表明了外国帝国主义的强大和被内部矛盾弄得四分五裂的革命力量的软弱。

英国人对华中、华东和华南实施的贸易金融封锁,不仅沉重打击了中国资产阶级的经济利益,而且打击了广大劳动群众的经济利益,使千百万工人、手工业者、商人和企业主失去了工作,使投机商得以哄抬米价。

无论是中国共产党还是国民党都未能把民族解放斗争同完成资产阶级民主革命的任务正确地结合起来,实现孙中山的“三民主义”。

这两个党都未能通过统一战线完成孙中山在国民党第一次代表大会上提出的任何一个任务。被工人和农民群众的主动精神吓得胆战心惊的绝大多数国民党领导人背弃了孙中山的遗训,他的“三民主义”和“三大政策”,分裂为相互为敌、争权夺利的右派集团和左派集团。

共产党人力图在国民革命的过程中保护工人阶级和农民的利益,但遭到了地主和大资产阶级的顽固反对。代表地主和大资产阶级意志的国民党右派宁愿同军阀和帝国主义列强达成妥协,也不愿向以中国共产党和国民党左派为代表的民主力量让步。

封建地主分子在国民革命军指挥人员和国民党领导人中势力很大,上海资产阶级公开收买国民革命军指挥人员,中国共产党没有自己的武装力量等等,此外还有一系列其他主观因素。

具有重要意义的是,从广东出发北伐的国民革命军的主力军到 1926 年 11 月有 30%的士兵和 40%的军官阵亡。国民革命军的中级军官阵亡了,而其将领们实际上则与在国民革命军胜利北进的高潮中归附国民革命军的前军阀组成的国民革命军同路人沆瀣一气。蒋介石同唐生智之间的个人之争也起了相当重要的作用。唐生智作为武汉政府的军事部长,希望得到国民革命军北伐总司令一职并力图尽快攻占北京。对此蒋介石坚决反对,他试图在上海、浙江金融界和华东帮会组织头目的支持下建立自己的个人独裁。

导致革命失败的还有蒋介石的个人独裁野心和以陈独秀为代表的当时的中共领导人的右倾机会主义错误,他们没有下决心在国民革命军指挥人员中建立可靠的支柱,一味向国民党让步,号召把党的宣传工作严格限制在得到国民党右派公开赞成的三民主义的范围内,没有广泛动员人民群众反击国民党和地方军阀的反革命行动。

中国共产党没有及时建立自己的军事指挥干部队伍,而只是培养政治工作人员。然而中国红军以及后来的中国人民解放军未来的指挥员,包括周恩来在内绝大多数都是北伐的参加者,并在北伐过程中获得了指挥部队的宝贵经验。此外,国民党和共产党两党党员人数的对比也不利于共产党,特别是在蒋介石和白崇禧在上海,各地军阀在北京、天津、长沙、武汉和其他城市进行血腥屠杀之后,以及针对共产党员、工会活动家和工人积极分子的大规模恐怖行动之后,更是如此。

中国共产党的年轻和人数少,对中国工农实际生活状况知之不多的大学知识分子和留学生干部在中共领导层中占优势,也起了一定作用。而且共产国际驻中国的代表(马林、维经斯基、鲍罗廷、达林、罗易、罗米那兹等)对中国的特点也知之甚少。他们把希望当成现实,过高估计中国共产党、其他左派力量和反帝运动在全国的影响和威力,从而决定了共产国际执行委员会全会的决议(特别是把国民党变为工农政党的计划)和共产国际执行委员会给中共中央的指示越来越"左"。农民运动和工会运动中传统的秘密帮会的强大影响也是消极的因素。所有这些再加上其他许多客观因素导致国共统一战线的破裂和革命高潮在 1927 年秋天的低落。

11. 中共六大

中国共产党中央委员会在共产国际的协助下决定于 1928 年夏在苏联召开中国共产党第六次全国代表大会。5 月初,周恩来装扮成商人经大连、长春、吉林、哈尔滨前往莫斯科出席代表大会。1928 年 5 月 16 日周恩来抵达莫斯科后,即投入到代表大会前的筹备工作中去。他参加了南昌起义讨论会。6 月 3 日,周恩来受政治局委托,起草致共产国际和红色工会国际的申请报告,指出鉴于帝国主义势力,特别是日本在中国加紧活动,请求给中国共产党以物资援助。6 月 6 日,周恩来会见了苏联军委代表,讨论了红军的建立、编制以及政治教育工作等问题。

6 月 7 日,周恩来同瞿秋白、苏兆征一起召集已到达的代表开会,讨论了关于起草代表大会决议草案和成立秘书处及各工作委员会的问题。由于国民党实行白色恐怖,许多党组织处境很难,因而出席第六次代表大会的代表不是由各地选举产生的,而是由地方党组织推荐,经中共中央和共产国际执行委员会代表协商确定的。

1928 年 6 月 9 日,联共(布)总书记斯大林接见了中国领导人瞿秋白、向忠发、周恩来、李立三等。

斯大林在会谈时指出,创建红军是中国农民运动和土地革命最重要的结果。他同时强调指出，在任何时候，农民都不能领导工人阶级和革命；革命应当由无产阶级来领导。6月14日和15日，布哈林以共产国际代表的身份会见了中国领导人。他同他们进行了几次政治会谈，瞿秋白、苏兆征、周恩来、蔡和森、李立三、邓中夏、张国焘等21人参加了会谈。其间周恩来和王若飞报告了陈独秀拒绝来莫斯科出席六大的理由。会谈讨论了中国目前的局势以及应当从1924—1927年事件中汲取的教训。

6月17日，周恩来主持召开各省代表团书记联席会议。初步确定了主席团、秘书处和代表资格审查委员会的名单。

1928年6月18日，中国共产党第六次代表大会开幕。代表大会出于保密原因没有在莫斯科举行，而是在莫斯科州纳罗福明斯克区的"五一"国营农场召开。代表们首先对在革命斗争中死难的烈士表示哀悼；接着通过了代表大会主席团、秘书长、副秘书长以及代表资格审查委员会名单。周恩来当选为大会主席团委员、秘书长和代表资格审查委员会委员。同一天，代表大会主席团会议讨论了各种组织工作问题，包括成立代表大会各个工作委员会的问题。周恩来参加了政治、组织、土地问题、苏维埃、青年、财政审查等7个委员会，[①]并担任组织委员会及军事委员会的召集人。

中共六大的大多数代表为了保密都使用俄文姓名或是欧洲姓名。例如，周恩来就叫莫斯克温。

16年之后，1944年3月3—4日周恩来在延安中共中央党校（当时党内正在开展"整风运动"）发言时承认，第六次代表大会的代表成分是"不很健全的"。来自全国各地的代表共75人。农村上层分子纷纷投向反革命阵营。农民的小资产阶级自发势力影响到中共。这就造成了客观上的障碍。周恩来指出，工业无产阶级是党的社会基础；其余力量——农民、流氓无产阶级及其他社会阶层则对加强党的组织性造成障碍。根据周恩来引用的资料，党员人数为130194人；其中76.6%来自农民，10.9%是工人，0.8%是士兵、6.9%为知识分子和其他社会阶层代表。

周恩来承认，中共中央组织部对各地党组织的工作做得很差。他认为组织工作的主要不足是对吸收工人参加党的队伍的问题没有给予足够的认识。1927年8月之前，中共领导人几乎全部由知识分子代表组成，后来才补充了农民出身的人。周恩来指出，许多从莫斯科回国的共产党

① 原文如此，漏掉"军事委员会"。——译者注

员都渴望担任党内高级职务，他们不愿意从事基层的实际工作，没有受过在秘密条件下活动的训练，纷纷离开城市来到农村；这种倾向削弱了党在各工业中心和大城市的影响。周恩来受共产国际领导人的直接影响，把增加党内的工人成分和争取工农群众称作中国共产党重要的组织任务之一。报告还谈到要加强党的纪律，以及建立红军和在各县、各村建立苏维埃的必要性。

1928 年 6 月 30 日在代表大会的晚间会议上，周恩来在总结发言中再次作了自我批评，承认“党基本上没有依靠群众，所以……健全和加强党的主要任务是提拔和加强党内的工人核心。”①

1928 年 7 月 3 日，周恩来作了《关于军事工作》的报告。他认真地作了自我批评，指出，“我们的主要错误是我们不懂得我们在军队中工作的基本任务，不懂得这一工作的目的。当时是所谓的统一战线时期，我们当时不懂得这个统一战线最主要的任务是争取革命的领导权，为了实现这一任务不能不去夺取军队，不去建立无产阶级的武装力量……我们犹豫不决，未能及时把工农武装力量变成保卫我们在城乡中政权的武装力量……我们不断为巩固国民军（即国民革命军——本文作者注）而工作。我们在解除商团或地主武装力量的武装时，每一次采取行动都不是以工农的名义，而以国民党的名义通过资产阶级军队去做。我们对雇佣兵这一军事力量的意义没有明确的认识；我们只注意将军的运动……

“我们说：冯玉祥万岁！蒋介石万岁！我们的政治工作喊道：将军们万岁！当时我们的政治工作不是为了加强工农，而是为了加强国民军……

“我们没有有步骤地派遣工农进黄埔军校接受军事教育，改进这所学校的社会成分……我们不仅在国民政府控制的地区不努力武装工农或没有决心这样去做，而且在国民政府未控制的地区，如上海也不重视武装工人。例如，上海第一次和第二次起义时工人根本没有武装起来；只有上海第三次起义时工人才有 250 条枪……党把最优秀的军事工作人员都派往国民军，而对工人纠察队很少重视……党从来没有武装农民的计划。党一贯认为，北方军阀的军队应该由南方军队去消灭。因此党没有去做瓦解北方军阀陆海军的工作……军队中的党组织从来不注意保密……因此

① 根据俄文直译。——译者注

在南京和武汉叛变后我们从事军队工作的同志都被驱逐出军队。"①

谈到红军的建立，周恩来称朱德和毛泽东的队伍是红军的"萌芽形式"。

周恩来在报告中详细分析了上海、南昌和广州起义。他认为上海工人第三次起义失败的主要原因是中国共产党在普遍对蒋介石不满的国民革命军第二、第六军将领和军官中没有盟友；没有做好上海郊区农民的工作。中共中央领导人对蒋介石的态度摇摆不定，同样对起义起了消极的作用，因为党的领导人不去作好一旦蒋介石发动反革命政变就同其斗争的准备，却忙于组建上海临时政府，和上海资产阶级代表进行合作。

周恩来以同样的自我批评精神评价了南昌起义失败的原因，指出，南昌起义的领导人不能控制由相互没有联系的各支部队组成的军队，没有消除不断发生的关于部队进军路线和目的地的意见分歧。周恩来承认，"和上海起义时一样，我们不知道该做什么和怎么做。"②

至于广州起义，周恩来强调指出，"从政治上讲这次起义是正确的，有必要的。但是应当说，群众并没有很好地被动员起来，做好起义的准备；组织上的准备工作同样很差……军事工作、政治工作和党的工作全部集中在张太雷同志一人身上。他集所有职能于一身。他牺牲后，起义一下子就失去了军事领导。"③

周恩来在报告结尾列举了党所面临的任务：组建红军，开展农民中的军事工作、工人的武装训练、党在士兵中的工作，建立士兵组织，开展军队中的宣传工作，培训指挥干部，招收工农参军。他还提出一项任务——设法使群众不再支持警察、商人自卫队、民团和土匪，在外国干涉者的部队中加强反宣传工作。

1928 年 7 月 2 日，周恩来在代表大会讨论李立三关于农民和土地问题的报告的会议上发言，强调指出，不能只根据农民所拥有的土地数量来确定他们的成分。过去是这样做的，即把他们划分成自耕农、半佃农和佃农，因为"有时半佃农和佃农有可能是富农、富裕农民，而自耕农民有时并不富裕。"④

---

① 根据俄文直译。——译者注
② 同上。
③ 同上。
④ 同上。

中共六大通过了由共产国际执委会代表参与起草的一系列总结性文献。

中共六大政治决议明确中国革命是反帝、反封建的资产阶级民主革命，其主要任务是：为民族独立和国家统一而斗争，废除地主土地所有制和一切封建残余，推翻国民党反动政权，即地主资产阶级联合政权并代之以工农兵代表苏维埃形式的工人阶级和农民的革命民主专政。为防止再次发生对形势的“左”倾估计，决议专门谈道：“如认为中国革命目前阶段为已转变到社会主义性质的革命，这是错误的，同样，认为中国现时革命为‘无间断革命’也是不对的。”大会同时指出，“现时的形势，一般说来是没有广泛的群众的革命高潮”，但“凡是引起革命的矛盾，没有一个是能解决了的……将来的新的高潮，更加要使党将准备武装暴动……这是完成资产阶级性的民权主义革命……的惟一出路”。大会决议着重指出，目前“武装暴动在全国范围的意义，还只是宣传的口号。”

中共六大通过了扩大农村苏维埃基础，建立“成为更大发展的基础”的区域的方针，即在土地革命的口号下开展农民运动和游击战争，并在未来在游击队的基础上建立工农红军。政治决议强调指出，“因为特殊的政治环境”，即“目前没有革命高潮的条件下”，在农村建立红军是可能的。①

中共六大给党提出了明确的方向，制定了确保党摆脱严重危机的斗争纲领，在制定中共战略战术上前进了一步。但是政治决议中的许多论点并不十分客观。代表大会把革命的失败同民族资产阶级违背国民党第一次代表大会的决议及孙中山的遗训联系起来，把民族资产阶级看作反革命力量，在反帝斗争中已经丧失革命性，甚至不能部分地完成资产阶级民主革命的任务。这种评价散发出严重的宗教主义气息，妨碍了寻找与国民党反动政府进行斗争的同盟者，因而不可能利用国民党阵营内部和民族资产阶级及资产阶级知识分子各种派别之间的矛盾。

1928 年 7 月 10 日，中共六大选出新的中央委员会，其中委员 23 人，候补委员 13 人。选举是在各派别激烈斗争的条件下进行的。最有影响的是“左”派集团（李立三、瞿秋白、邓中夏、蔡和森等）。与这一集团相对抗的是当时受到严厉批评并已是孤家寡人的张国焘。代表大会上还有一小部分陈独秀的拥护者，尽管他们表面上已同他划清了界限。周恩来持调和立场，主张不同派别联合起来。他以及苏兆征、项英和向忠发在选举

---

① 《中共中央文件选集》第 4 册，第 295—328 页。——译者注

中央委员会委员时获得的票数最多。农民运动领导人毛泽东和方志敏虽然没有出席代表大会，但仍被选入中央委员会。1928 年 7 月 19 日，六届一中全会选出中共中央政治局（委员 7 人，候补委员 7 人）。周恩来在 22 票中获得了 21 票。他同时当选为中央政治局常务委员会委员。周恩来还被提名为中央总书记候选人，但最终由工会运动主席——上海船工[①]向忠发担任此职。

7 月 20 日，周恩来被任命为政治局常委秘书长兼中共中央组织部长。同时他作为中共代表团成员出席此时（7 月 17 日—9 月 1 日）正在莫斯科举行的共产国际第六次代表大会。（共产国际执委会书记处档案第 514 全宗第 1 目录第 427 卷宗第 84 页）

参加代表团的除周恩来外，还有 28 人，其中有瞿秋白、邓中夏、李立三。第六次代表大会召开的第一天，与会者向中国工人及全体劳动者发出呼吁书。他们对国民党白色恐怖下的牺牲者表示深切的悼念，对中国共产党的英勇精神表示钦佩，中国共产党仍然走在斗争的前列，以大无畏的精神揭露和改正自己的错误。呼吁书强调指出，组织国际无产阶级力量支持国民革命斗争，加速中国革命胜利的到来，是共产国际最主要任务之一。周恩来在大会上当选为共产国际执行委员会候补委员。

1928 年 10 月初，周恩来在动身回国前多次会见在莫斯科学习的中共党员及国民党左派。他向他们阐述中共六大的决议，并着重批评了托洛茨基主义。1926—1927 年，托洛茨基虽然在此之前从未关心过中国问题，但在当时共产国际执委会主席季诺维也夫的支持下提出了他的中国革命理论。托洛茨基的理论发展了他过去关于东方的错误观点，即认为这一地区正在进行“疯狂的工业化”过程，“以令人头晕目眩的速度”将各殖民地卷入革命。托洛茨基、季诺维也夫、拉狄克及其他反对共产国际关于中国方针的人否定中国革命具有民主的、反封建的性质，不承认农民在同封建土地所有制斗争中的作用，将中国革命过程中民族民主阶段的全部意义简单归结为必须消除国家海关对帝国主义的依赖。托洛茨基分子把 1926 年 3 月 20 日的广州事件，即蒋介石第一次夺权的图谋说成是资产阶级放弃革命，而且当时就开始要求中断中国共产党与国民党的统一战线并在中国建立苏维埃政权。在国民党丧失革命性之前，提出在中国建立苏维埃这一口号，是因为托洛茨基分子否认中国革命具有资产阶级

① 原文如此。——译者注

民主的性质，因此共产国际执委会第八次全会谴责这个冒险主义的口号。

美国作家康·布兰特在《斯大林在中国的失败》一书中大量引用了托洛茨基的档案材料，他承认说，“托洛茨基只是在利用来自中国的坏消息同斯大林进行斗争”，并不真正关心中国革命运动的命运。

托洛茨基反对派影响了一部分在苏联学习的中国学员和学生。1927年底以前，拉狄克任莫斯科中山大学校长。托洛茨基多次对中国青年学生发表演讲，以扩大他在学生中的影响。（俄罗斯联邦总统档案第3全宗第65目录第578卷宗第73—77页）

许多在莫斯科学习过的中共党员和国民党员回国后都开始宣传托洛茨基的观点。中共六届二次全会（1929年6月25—30日）注意到托洛茨基反对派的敌对行为并宣布对其进行毫不留情的斗争。

中共第六次代表大会闭幕之后，周恩来于1928年11月上旬来到上海，积极投身于中共中央的工作。由于当选的中共中央总书记向忠发既未受过足够的教育，又缺乏领导党的工作的经验，周恩来不得不实际上代替他行使职权，起草文件，建立秘密联络点，制定稳妥的联络、接头办法，挑选并指导联络员，等等。

中共中央为了向各省委通报中共第六次代表大会的决议，于1928年11月11日向各省委发出《告全体同志书》。其中第四部分由周恩来撰写，题为《坚决肃清党内一切非无产阶级的意识》。他所指的非无产阶级的意识包括："极端民主化的倾向"、反机会主义的认识上的错误、个人的意气之争、小组织的倾向、怀疑改造党的路线、工作中的形式主义、雇佣革命的观念、把党看成救济会、消极怠工。[①]

1928年11月间，中共中央政治局采取了一系列措施，将中共第六次代表大会关于军事工作、关于成立特务委员会（由向忠发、周恩来、顾顺章组成）、关于成立中共上海市委工作检查委员会（周恩来为委员会主席）的决议传达给南方的中共武装力量。政治局还讨论了顺直党组织的工作问题，并决定派周恩来率领一批领导干部前往华北。为同地方党组织建立联系，采取初步措施，着手建立中共两个地下无线电台（一个设在上海，另一个设在香港）并开始培养报务员。两个电台于1930年1月开始发报。政治局会议还讨论了上海的罢工运动。

1928年12月底，根据政治局决定，周恩来出席了在天津召开的中共

---

① 《周恩来选集》上卷，第8—13页。——译者注

顺直省委扩大会议。会议是在十分保密的条件下召开的。他在就党的第六次代表大会决议所作的报告中，强调要争取群众，发动力量，准备迎接新的革命高潮。

周恩来还在党的地下刊物上积极宣传中共第六次代表大会决议及共产国际第六次代表大会决议。

在上海，周恩来不得不处理各种繁杂的事务：解决中共中央和江苏省委之间的纠纷（后者有分离主义表现并违反党的纪律和保密要求）；针对维护中小地主利益并与民族资产阶级代表有联系的冯玉祥在河南加强军事行动，制定党的方针；处理同内蒙古国民党左派的关系问题，防止蒙汉两族敌对。他还确定了中共对1929年3月爆发的蒋桂战争的立场。在3月5日召开的中共中央政治局会议上，周恩来警告不要对这一冲突太乐观，认为这是反革命阵营内部的争斗，决不是新的革命高潮。政治局3月15日就此问题通过决议，警告党要防止右倾的危险，不要同国民党作任何形式的妥协。

周恩来起草了中共中央政治局的指示信并分别发给满洲省委、顺直省委、广东省委，提请它们注意必须在群众中开展军事工作。政治局还根据周恩来的提议批准了这些地区党组织的领导成员。

在中共中央3月17日致贺龙及湘鄂西苏区前委的指示信中，周恩来特别指出："现在，在全国范围内，还没有一种直接革命的形势，故工农兵士贫民武装暴动夺取政权，在目前还是一个宣传的口号。在农村斗争中，自然不能说没有从日常生活斗争发展到武装斗争以至暴动推翻豪绅政权、建立农村苏维埃政权的可能和事实……故农民暴动的直接行动，我们不但不应加以阻止，且应对农民自发的暴动极力加以领导，对农民的武装斗争极力加以扩大，使群众对于推翻豪绅乡村统治、建立农村苏维埃的观念日益明了与热望其实现，并使这一行动能渐渐与城市工作配合起来，得到城市的领导……"①

周恩来在谈到前委下一步的军事任务时，驳回了前委攻占常德或宜昌的建议。他写道："目前所应注意者，还不是什么占领大的城市，而是在乡村中发动群众，深入土地革命。故你们此时主要的任务，还在游击区域之扩大。"②

① 《周恩来选集》上卷，第14—15页。——译者注

② 同上书，第17页。——译者注

1929 年 3 月 25 日，周恩来给顺直省委（又称北方局、中共河北省委。它曾领导北平、天津、河北、察哈尔、绥远、山西[①]、陕北和河南北部的党的工作）[②]发出了《在白色恐怖下如何健全党的组织工作》一信。信中说："嗣后凡是下层组织没有工作，或是破坏之后……应是领导同志走入工厂农村社会中，寻找职业，深入群众，以恢复和建立党的组织……如与社会一无关系而又畏怯深入社会，不努力寻找职业，这种人……无甚利于党。"[③]

3 月 26 日，政治局讨论并赞同共产国际执委会 1929 年 2 月 8 日来信。信中仔细分析了国际形势和中国国内形势，提请中共注意右倾危险。

3 月 31 日，中共中央政治局向中共各省委发出指示信，指出必须做军阀军队中士兵的工作，选送共产党人到这些军队中去，确保士兵投向游击队或红军。

在周恩来亲自起草的中共中央致顺直省委和山东省委的指示信中，谈到要加强做国民党控制的"黄色工会"的工作，联合举行罢工活动。周恩来以唐山煤矿工人罢工为证，谴责了工会运动中出现的"赤色工会"坚决拒绝同"黄色工会"合作的倾向，主张工会运动两派之间寻求配合行动。

在中共中央政治局 4 月 16 日会议上，周恩来提请大家特别注意党内的右倾危险。他提交了题为《目前中国党的组织问题》的书面报告。报告承认，除右倾外，"左"的倾向也已出现。这个报告后来单独印成小册子。

周恩来在分析"和平发展、合法运动"等右倾观点的起源和社会基础时写道："右的思想……对资产阶级势力赞不绝口，认为中国的资产阶级在美帝国主义的帮助下能够夺得反革命领导权，甚至认为统治阶级已经走向稳定。右派忽略了统治阶级内部存在的那些不可调和的根本矛盾。"[④]右派不相信新的革命高潮会到来，在党内呼吁和解，呼吁放弃组织"赤色工会"这一中心任务。右倾机会主义思想的主要根源，是党内存在机会主义的余毒，是党的无产阶级基础薄弱和党脱离群众。周恩来写道："至于党的无产阶级基础，尽管六大前工人成分在党内还很少，但毕竟已占全体党员的 10%，而现在却减少到了 3%。"[⑤]他承认，近两年来，始终未

---

① 《周恩来选集》上卷，第 375 页注 23。——译者注

② 同上书，第 20—21 页。——译者注

③ 原文如此，应删去。——译者注

④ 根据俄文直译。——译者注

⑤ 同上。

吸收训练有素的工人参加各市委的领导，致使上海和广州等大城市党委的领导职位一直由知识分子担任。“当然……不能说知识分子同志不能成为党的坚强领导人……但如果党的干部中没有牢固的工人核心，党的生活就很容易被非无产阶级意识所垄断。”①

周恩来认为，右倾在中共发展的另一根源，是党内理论水平和政治水平下降。“党对马克思主义了解不足，又没有经历工人运动长期的斗争历史。革命失败后，党仍未吸取失败教训、弄清全部革命理论，未能从中总结全部教训。这就是党内理论基础极其薄弱的原因……目前，农民意识、知识分子和小资产阶级影响普遍逐步侵入、非无产阶级意识在党内扩散、党员脱党、消沉、动摇、腐化堕落、背叛变节等现象随处可见。”②

周恩来承认，党内也存在“左”倾盲动危险，但文中强调指出，当前的主要危险是“右倾思想”“党内和平主义观点”。为对付这种危险，他建议加强党的组织工作，建立产业支部和稳定的地方党委，按照中共六大决议发展工农组织。

1929 年 6 月，中共中央政治局讨论了政治局与毛泽东和朱德领导的红四军前委的关系问题。周恩来承认，红四军领导人对中共中央提出的某些批评意见是正确的。但他同时认为，前委和红四军领导机关应派一得力代表来中共中央解决有关发展游击斗争的争议问题。前委认为，由于城市党组织力量薄弱，中共中央要求与其协调武装斗争实际上无法办到。

为协调湖北省东北部和广西省红军的行动，决定派徐向前、邓小平等人作为中共中央军事部和组织部代表前往这些地区。派刘少奇担任中共满洲省委书记。

6 月 15 日，中共中央政治局开会讨论与反对派斗争的问题。在留苏归国的中国人中，有不少人赞同托洛茨基主义。1929 年 5 月，陈独秀及其拥护者依靠这些人，反对中共六大决议。中共中央因此决定同托派分子进行最坚决的政治斗争和组织斗争，直至将其开除出党。

1929 年 6 月 25 日至 30 日，中共中央六届二中全会在上海召开。周恩来在会上就六大后一年来的组织工作作了报告。全会确认了六大规定的争取群众以准备武装暴动的方针。7 月 9 日，周恩来撰写了给各党组

① 根据俄文直译。——译者注

② 同上。

织的正式通告，通报了全会的决议。通告提出要加强反帝斗争、加强对农民运动的指导、深入土地革命、领导游击运动、扩大苏维埃区域和建立红军。

中共中央总书记向忠发和周恩来采取措施，消除陈独秀反党活动的影响。他们向他指出，他的根本错误是不承认农村存在封建关系，故而忽略农民问题。他们强调指出，所有反党分子，首先是托派分子，正企图团结在他的周围。他们建议陈独秀暂时离开中国去莫斯科，但陈独秀借口首先要写一部阐述自己政治观点的书加以拒绝。

鉴于国民党和张学良部队占领中东铁路，并查封苏联在中国东北的贸易局和商船局，中共中央于 7 月 17 日发出通告，指出这些行动是反苏战争，并号召广大中国民众反对帝国主义进攻苏联。

7 月底至 8 月初，中共中央军事委员会在上海召开会议，参加会议的有来自全国各地的红军部队代表。会上讨论了游击战的战略战术问题。

1929 年夏天，周恩来利用上海一家医院，建立了一个可靠的秘密联络点，供党的领导人会面之用。他还在市里开办了军事干部和政工干部训练班。训练班毕业生于 9 月被派往苏区，并在那里培训干部。他还采取了一系列措施，打破了国民党对苏区的贸易封锁，并建立了中共中央同这些地区的长期联络网。1929 年 8 月，《红旗》杂志发表了他就南昌起义两周年撰写的长篇文章。他在文中提出反对投降派、妥协派、胆小鬼和丧失革命信心的人。

8 月 13 日，中共中央政治局开会讨论红四军前委的行动问题。周恩来根据讨论结果，向前委传达了中共中央的建议，指出必须扩大游击战、武装农民、扩大红军、深入土地革命，同时采取措施防备国民党策划中的 3 省会剿。与此同时，周恩来起草了中共中央《关于中国党内反对派问题》的指示。指示谴责了托派分子的思想路线和组织路线，并号召同他们进行不调和的斗争。8 月 17 日，中共中央政治局开会讨论共产国际执委会 1929 年 6 月 7 日关于农民问题的来信。周恩来在发言中赞同了来信的意见，但同时指出，对富农的斗争不要转移了对民主革命主要方向的注意力。

1929 年 8 月 24 日，因叛徒告密，国民党特务在中共设在上海的一个秘密联络点逮捕了中共中央政治局委员、中央农委书记兼江苏省委军委书记彭湃，中共中央政治局候补委员、中央军事部长杨殷，中共中央军委委员兼江苏省委军委委员颜昌颐，江苏省委军委干部邢士贞。中共曾试图武装营救被捕者，但未获成功。几天之后，经法庭草草审理，国民党将他们全部杀害。

8 月 31 日，周恩来就彭湃等同志遇害起草了中共中央告群众书。一年之后，即 1930 年 8 月 20 日，《红旗日记》发表了他悼念这些杰出革命者的文章。

周恩来写道："阶级斗争剧烈的今日中国革命的群众、革命的领袖死在敌人明枪暗箭中的不知几多！这原是革命成功前所难免的事变，而且是革命成功之血的基础。没有前仆后继的革命战士，筑不起伟大的革命的胜利之途！每一个革命战士牺牲，不管是在前线，是在后方，都有他伟大的代价。尤其是革命领袖的牺牲，更有他不可磨灭的战绩，照耀在千万群众的心中，熔成伟大革命的推动之力。"[①]

彭湃等同志被捕后，周恩来兼任中共中央军事部长，李立三出任农委书记。

中共中央政治局的九月会议，讨论了加强党对湘赣鄂根据地和苏区的领导问题，并制定了给彭德怀、贺龙、方志敏所辖红军部队的具体指示。会议还批准了中共中央 1929 年 9 月 28 日致红四军前委的指示信。指示信由前委书记陈毅起草并经周恩来审定。[②] 中共中央在信中向朱德和毛泽东领导的红四军前委通报了蒋桂、蒋冯战争后的国内形势。信中列举了红军的根本任务。"应该采取经常游击的政策，若停留在一个地区，或企图固守一个地带，求其继续存在，这不但不可能而且必然陷于失败。"主要精力应放在组织群众、建立和训练红军、给养问题和加强党的工作上。[③]

1930 年 1 月 15 日，在周恩来主持下，中共中央军委主办的《军事通读》出刊。这一号刊登了周恩来关于朱德和毛泽东领导的红四军历史的报告。为报告加的编者按指出，红四军可以成为政治军事训练、筹款、官兵真正平等方面的楷模。

10 月 15 日[④]，政治局讨论了陈独秀 8 月 5 日致中共中央的信。陈独秀在信中对中共六大决议表示怀疑。政治局通过了由周恩来起草的《中

---

① 《周恩来选集》，上卷，第 27 页。——译者注

② 同上书，第 29—43 页。——译者注

③ 同上书，第 33 页。——译者注

④ 指 1929 年 10 月 15 日。——译者注

央关于反对党内机会主义与托洛茨基主义反对派的决议》。决议对托洛茨基主义纲领作了详尽的批评性分析，指出机会主义分子（陈独秀及托派）对中国革命所持的取消主义立场，背离了六大决议。决议完全支持中共六大的方针和看法，谴责了反党集团的小组织活动。

9月[①]，周恩来还在中共中央直属支部干事会上作了《托洛茨基反对派在中国发生的原因及其前途》的报告。[②] 他把中共发生托洛茨基反对派的主要责任归咎于国内外特务机关的活动、1927年后失败情绪在个别共产党员中间蔓延、基层组织的党内生活不健全、许多曾积极合作推行统一战线政策的党员脱离了工作。1929年11月15日，中共中央政治局作出正式决定，开除陈独秀党籍，同时批准江苏省委开除彭述之等托派分子党籍的决定。

1929年秋，中共中央政治局内部在如何评估国内政治形势问题上分歧加重。李立三认为，革命高潮与直接革命形势是一个东西，党必须积极开展工作，在全国各地组织罢工运动和武装暴动。周恩来则认为，国内尚未形成革命形势，并提出反对李立三的"左"倾立场。他同时还号召不要停止同党内右倾机会主义作斗争。

中共中央政治局拒绝接受共产国际执委会远东局的批评。远东局指责中国同志对右倾和富农危险估计不足，对"黄色工会"推行妥协路线并对广西国民党"改组派"持调和主义态度。

"改组派"成立于1928年11月，主要成员为汪精卫的支持者（陈公博、顾孟余等人）。他们主张重新奉行国民党一大、二大的纲领性方针，但不承认孙中山的三大政策（联俄、联共、扶助农工）。改组派领导人在争夺国民党内领导职位的斗争中，联合各派军阀，首先是桂系军阀，反对蒋介石的独裁政治。与此同时，"改组派"在1929年中东铁路的反苏事件中，同帝国主义列强沆瀣一气。1931年初，"改组派"在香港自行解散，但参加该派的许多国民党人士后来继续反对蒋介石。

1930年1月6日，中共中央政治局批准了周恩来起草的给共产国际执委会的复信。信中说，中国的小资产阶级中，有一大批人正受到蒋介石当局政策之害，他们是：没有店铺的小商人、贫农、零工、学生。"改组派"恰恰正是利用这些阶层的人的支持，中共也不应对这些阶层的人持不可

---

① 原文如此，应为10月。——译者注

② 《周恩来选集》上卷，第44—47页。——译者注

调和的阶级立场。

1929 年 12 月 29 日，《真理报》刊登了共产国际执委会政治书记处给中国共产党中央委员会的一封信（这在共产国际执委会同各国支部关系史上极为罕见）。共产国际执委会领导人在长期得不到中共中央消息的情况下，在信中阐述了他们对中国时局各迫切问题的看法，这些问题包括：关于中国各派军阀与蒋介石之间重新爆发的战争；关于反对南京国民党的“国民党改组派”的成立；关于国民党当局伙同俄罗斯白卫分子袭击苏联驻哈尔滨总领事馆而导致苏中关系恶化；关于占领中东铁路的图谋；关于中国国内经济形势、工农运动状况，等等。

信中特别指出：“现在不能预先断定，究竟全国危机会如何迅速地进到直接革命形势，然而现在已经可以开始而且应当开始准备群众去用革命方法推翻地主资产阶级联盟底政权，去建立苏维埃形式的工农专政，积极开展和扩大各种革命形式的阶级斗争（如群众性的政治罢工、革命的示威游行、游击活动等等）……共产党在思想上和政治上的影响，以及工人阶级的组织程度，依然落后于不断增长的群众的不满情绪，积聚的革命热情和自发的运动。”①

共产国际执委会建议中共争夺反帝运动的领导权，特别是反对美帝国主义，针对满洲事件组织保卫苏联的运动。共产国际执委会呼吁：“加强和扩大游击战争，特别是在满洲地区，在毛泽东、贺龙活动的地区……建立起苏维埃根据地。”②信中强调，必须加强同陈独秀取消派纲领的斗争，揭露托洛茨基主义的反革命本质。

1930 年 1 月 20 日，中共中央政治局根据共产国际的建议，讨论了召开第一次全国苏维埃区域代表大会问题。2 月 7 日，筹委会在上海召开会议，会上确定了即将举行的代表大会的议程、代表人数以及代表大会关于增加苏区数量、扩大苏区区域、实行土地改革、扩大红军等问题的决议草案。

1930 年 2 月 17 日，政治局讨论中共对蒋介石、冯玉祥和阎锡山战争的态度，发出了周恩来起草的《中央通告第七十号——目前政治形势与党的中心策略》。通告说：“革命形势正在到来，全国危机日益深入，党必须作好武装暴动、推翻压迫者的准备，以迎接这一有利的革命形势的到来。

---

① 《共产国际有关中国革命的文献资料(1929—1936)》第 2 辑，第 82—85 页。——译者注

② 同上书，第 87 页。——译者注

1930年3月初，根据中共中央政治局的决定，周恩来离开上海赴莫斯科。他受命向共产国际报告中共中央自六大以来的工作以及中共中央与共产国际执委会远东局的争论。行前，周恩来编写了有关中国红军人数、装备和分布情况的报告。据他提供的材料，当时红军共有6.27万人，枪支超过38950支；编为13个军，分存在中国7[①]个省127个县，并且10省的162个县为游击县。

周恩来离开后，中共中央组织局及后来的中共中央政治局改由李立三领导。

周恩来去莫斯科途经德国时，撰写了《写在中华苏维埃第一次代表大会召开之前》一文，其译文于1930年4月27日发表在德共机关报《红旗报》上。周恩来在文章中详细介绍了中国的苏维埃运动、中国红军的活动、新的革命高潮、中国农民的游击运动和土地革命，并呼吁世界无产阶级和殖民地被压迫民族支持中国的工农斗争。

12. 中共在革命前途问题上的分歧

周恩来出国后，李立三成为中共中央政治局实际上的领导人。他公开揭示了他的“左”倾路线，而这条路线既违背了党的六大决议，又背离了中共中央政治局以前通过的决议。这种情况使中共中央机关和地方党组织工作中的困难迅速增多。1930年6月11日，李立三终于使中共中央政治局通过了《新的革命高潮与一省或几省的首先胜利》的决议。

李立三认为，最有可能在以武汉为中心的几个省中武装夺取政权。他建议各地开始组织政治罢工、地方暴动和士兵暴动，迅速扩大红军，并要求红军部队指挥机关积极发动进攻。

6月12日，中共中央致信在莫斯科的周恩来，指示他向共产国际执委会通报，说中国革命持续迅猛发展，国内已出现直接革命形势，中共中央决定在一省或几省夺取政权，请求共产国际支持这一决定。

共产国际执委会远东局认为中共中央政治局6月11日的决议绝对错误，提出周恩来、瞿秋白不在国内，政治局很弱，没有权威，建议停止执行这一决议。但是政治局6月19日拒绝执行共产国际执委会远东局的这项指示。中央总书记向忠发在政治局会议作总结发言时，批评周恩来在给共产国际的书面报告中提出“建立苏维埃根据地”的设想，而未提暴

---

① 原文如此，有误，应为8个省。——译者注

动方针。向忠发建议向共产国际执委会发一电报，表示中共中央再次不同意周恩来的提法。

向忠发在给共产国际执委会远东局的复电中表示，他不能撤销6月11日决议，因为各地已经作好同敌人进行胜利会战的一切准备。6月25日，中共中央致电莫斯科，指示周恩来撤销“建立苏维埃根据地”的提法，改提在一省或几省夺取政权并在那里建立中央苏维埃政府。中共中央政治局领导人要求周恩来立即回国，但他没有急于动身。1930年7月5日，周恩来代表中共中央在联共（布）第十六次代表大会上致贺词，并简要介绍了中国国内的政治局势和中共活动的情况。周恩来指出，中国工商业在1928年出现某些复苏之后，因受世界经济危机的影响，现又进入衰落时期；磨粉、丝织、烟草和火柴等轻工企业纷纷破产。铁路和航线停运。农业危机造成华北持续饥荒，6000万人挨饿。华南水稻减产一半，物价上涨117%，城市劳动居民的生活状况受到影响。军阀战争和世界经济危机导致棉花和茶叶出口减少，这使农民的破产进一步加剧。

周恩来说，中国革命新高潮正在形成。1928年罢工的工人有40万，1929年有75万，今年上半年罢工运动又有扩大。但是，工人运动组织得还很差；大城市的赤色工会会员只有6万。然而，尽管白色恐怖极为残酷，大城市的工人阶级始终没有停止政治示威活动。在共产党的领导下，工人阶级正在积聚力量，争取推翻国民党的统治，建立苏维埃政权。中国的土地革命正在发展之中，在7个省的18个地区已经建立苏维埃政权，人口达1100万。1930年3月前，工农红军总数超过6.2万人，现在已达10万人。红军60%以上的成员是农民和敌军中投奔革命的士兵。

周恩来在论述中国革命运动的迫切任务时指出，必须发展和扩大苏区，加强对红军的领导。周恩来说：“目前正在筹备召开中国苏区代表大会，其议题是如何对中国境内革命军事行动进行集中指挥。”①

周恩来指出了机会主义倾向对中国共产党的不良影响。“中国先是出现了欧洲已遭唾弃的托洛茨基分子。后来，当共产国际开始清除机会主义分子的残余时，中国又出现了叛徒——陈独秀分子。陈独秀分子目前已公然与托派分子合流……布哈林同志关于富农结盟和党内和解的口号也对中国共产党产生了影响。”②中国共产党目前既要坚决反对右倾，

① 根据俄文直译。——译者注

② 同上。

又要反对盲动分子和宗派情绪。周恩来最后以中共名义向联共(布)第十六次代表大会与会者保证:"我们将同你们及各国无产者共同反对帝国主义战争,反对帝国主义者进攻苏联,反对帝国主义者镇压殖民地的革命运动。"①

7月16日,周恩来在莫斯科出席共产国际执委会政治委员会会议,并作了《中国革命新高潮的特点与目前党的中心任务》的报告。他强调指出,尽管中国革命总的来说在发展,但由于全国各地区政治经济局势有差异,革命发展是不平衡的。全国还没有形成革命的形势。因此,中共应争取变目前的军阀混战为国内的阶级战争,组织和动员人民群众,建立苏区,加强红军。

同日,中共中央以总书记向忠发的名义致信共产国际主席团,报告中共中央决定在南京发动士兵暴动,同时宣布在上海开始总罢工,夺取武汉后宣布建立全国苏维埃政权。中共中央请求共产国际及其各国支部支持中国的革命运动,并派"大批政治军事人才前来加紧指导与工作"。

7月中旬,斯大林会见周恩来,周恩来向斯大林详细介绍了中国革命特别是红军的发展情况。斯大林建议把加强红军的问题放在第一位。

根据中共中央的指示,1930年7月27日,红三军团试图攻占长沙:后被迫撤退。7月30日,共产国际致电中共中央政治局,对中共的盲动、冒险政策提出批评,指出党组织力量太弱,不能领导工人群众的暴动,并再次建议撤销政治局6月11日决议。

1930年8月1日,李立三在讨论这封电报时说,共产国际不了解中国目前的革命形势,也根本不了解中国事务,周恩来在莫斯科对国内形势也没有介绍清楚。李立三号召加速准备全国的武装暴动,并为此成立中共中央独立的领导机构中央总行委、南方局和北方局。向忠发公开指责周恩来坚持右倾的机会主义。8月3日,中共中央政治局再次指责周恩来右倾,指示红军前线各军集中力量攻占武汉,组织南京士兵暴动和上海总罢工。李立三认为,苏联应当支持这些行动并向世界帝国主义宣战。

根据共产国际的决定,周恩来和瞿秋白应先后火速回国,留张国焘在莫斯科担任中共中央代表。

1930年8月19日,周恩来回到上海。他在同向忠发和李立三谈话后,于8月22日在中共中央政治局会议上发言,阐述了共产国际的立场,

① 根据俄文直译。——译者注

并谴责了李立三的冒险、盲动路线。他在后两次(8 月 24 日和 25 日)会议发言时,还对“左”倾进行了批评。政治局接受了共产国际关于加强苏区工作的指示,成立了苏区中央局,以指导党的工作,同时成立了革命军事委员会,指挥军事工作。但是 8 月 29 日,红一军团和红三军团进攻长沙再次失利。

1930 年 8 月底 9 月初,周恩来起草发给各党委的指示信,撤回先前下达的攻占武汉的指示。周恩来在 1930 年 9 月 4 日给中共长江局的指示信中写道:“中央因此更加严重指出:如不能知道下层群众实际情形……便连你们所说的政治影响的扩大、群众革命情绪的高涨,也还与实际行动离着很远,因为这中间还找不出党的领导作用与组织力量,而没有这些,是不能达到革命的胜利的……大多数群众现在还没有人领导他们去作任何的斗争,大多数群众现在还没有造成可以干的组织力量……斗争力量和组织基础必须从日常斗争、罢工与示威之不断开展中培植起来,以联系到党的政治口号。绝对不是没有这些日常斗争……与锻炼,斗争力量与组织基础便会突然存在的……在只谈武装暴动只要枪来训练而不去领导群众日常斗争,说只有大干不要不干的动员之下,也同样会聚集一些机会主义分子在‘左’倾的形式上表现出来。”①

1930 年 9 月 24 日—28 日,中共中央召开六届三中全会。周恩来就共产国际的建议和党的组织任务作了报告。他剖析了李立三所犯的“左”倾冒险错误,指出李立三对巩固苏区、建立坚强党组织、加强红军领导等工作估计不足。周恩来强调指出,在现有条件下,同样不能忽视游击运动的作用,但要赋予其完善的形式并加以领导。由于未充分吸收广大农民群众参与斗争,攻占长沙之类大城市一再失利,这样做只会带来大量不必要的损失。三中全会之后,中央军委重新制定了红军作战计划。

9—10 月,周恩来和聂荣臻为从中央苏区来到上海的红军指挥员举办短期培训,讲授战术和军事。

10 月 3 日,中共中央政治局批准苏区中央局人员组成,成员包括周恩来、项英、毛泽东、朱德、余飞等人。

稍后,10 月 17 日,苏区中央局略有扩充,周恩来任书记。同时批准的还有中央苏区军事委员会的人员组成。除苏区中央局成员外,进入军委的还有叶剑英、彭德怀、贺龙、刘伯承、邓小平等中共领导人。

---

① 《周恩来选集》上卷,第 48—52 页。——译者注

10 月 14 日，政治局在讨论红军几次攻打长沙失利问题后，决定此后不再搞这种冒险的军事出击，集中力量巩固红军主要根据地——中央苏区、制订反国民党围剿的军事计划。由周恩来起草的致各地党委的指示信指出，由于目前还没有全国的革命形势，党的主要注意力应放在巩固苏区、加强红军、建立中央苏维埃政权上。同时撤销了过去下达的反对富农的指示，因为这种政策也使中农疏远了中共。

1930 年 11 月 13 日，从莫斯科回国不久的中共中央宣传部工作人员王明和中共党员博古，写信给中共中央政治局，对中共中央六届三中全会的决议提出严厉批评。他们认为，全会对李立三"左"倾冒险路线的谴责不够坚决彻底。他们在 11 月 17 日写的另一封信中继续对李立三进行批评，同时指责瞿秋白也推行同一错误路线，并指责整个中共中央政治局不同意共产国际执委会远东局 1930 年 8 月 5 日和 16 日来信及共产国际执委会 10 月来信对"立三路线"所作的评价。

1930 年 12 月 1 日，周恩来在中共中央机关工作人员会议上，对李立三的政治路线再次提出批评。他分析了"左"倾冒险错误的理论根源，这一错误表现为不懂得正确地估计中国阶级斗争力量的对比，否认革命发展之不平衡的特点与对革命高潮认识的错误，李立三对主观因素估计不正确(轻视组织工作)，喜欢军事投机和军事冒险及指望蒙古和苏联出兵中国帮助暴动。

1930 年底，王明及其一批志同道合者致信共产国际，称中共中央三中全会没有清除立三路线，要求紧急召开四中全会，改组中央。于是中共领导层中出现分裂。1930 年 12 月 6 日，周恩来在政治局会议上就王明和博古的信指出，对中央工作尽可批评，但不能因此妨碍党的整个组织工作。

12 月中旬，帕·亚·米夫以共产国际代表身份来到上海，并分别会见了王明等中央委员。他对中共中央三中全会决议及中共中央政治局随后作出的一系列决议进行了指责，提出要召开四中全会，以反对党内右倾。共产国际执委会还决定向中国派遣一位新代表——德国共产党领导人之一亚瑟·艾尤尔特，由他组建军事顾问处。

12 月 23 日，周恩来在中共中央政治局会议上表示，三中全会的决议是正确的，李立三已退出政治局，但退出政治局决不是"大兴党狱"，而是要给李立三纠正错误的机会。会议还讨论了江南省委(即江苏省委，三中全会后一度改称江南省委)的组成问题，任命刘少奇为书记。由于刘少奇此时在莫斯科出席红色工会国际执委会议，故决定在他不在国内期间由王明代理书记。在江南省委会议上，支持和反对召开中共中央四中全会和继续批评李立三的人之间立即爆发了一场斗争。与此同时，1931 年 1 月 1 日，在党团书记罗章龙的压力下，中华全国总工会执委会通过决议，要求中共中央将周恩来、瞿秋白和李立三开除出政治局并召开紧急全会。

1931 年 1 月 3 日，周恩来在中共中央政治局会议上再次呼吁党内领导层清除内部分歧，开展实际工作，特别是解决组织中国各大城市群众示威、反对国民党召开新一届党代表大会[①]的问题。周恩来强调指出，应当抓日常工作，不应把注意力放在有关李立三问题的辩论上。

同日，朱德、毛泽东指挥的红军队伍，运用“诱敌深入”的战术，粉碎了国民党部队的第一次围剿即蒋介石对中央苏区的讨伐。

1931 年 1 月 7 日，中共中央六届四中全会召开。全会通过了米夫起草的决议。决议说：李立三是用“左”倾词句掩盖着实际上的党内右倾，中共中央政治局委员们未能对其行为作出应有的评价。根据米夫的建议，全会改选了中央等党的领导机构，让王明进入中央政治局。周恩来在四中全会上再次呼吁清除派别观念、团结党的队伍、开展实际工作。

1931 年 1 月 10 日，在中共中央政治局委员分工时，共产国际执委会远东局坚持推荐王明进入领导核心，但周恩来提议让王明继续担任江南省委书记。后来决定，向忠发、周恩来和张国焘为中共中央政治局常委。

1 月 15 日，中共苏区中央局成员正式确定，由 9 人组成，其中包括毛泽东和朱德。书记为周恩来，代理书记为项英。同时确定了苏区中央军委的组成，项英为主席，朱德和毛泽东为副主席。

中共中央四中全会之后，党内领导层的派别斗争并未停止。1 月 17 日，罗章龙与一批工会工作人员召开会议，表示不同意中共中央四中全会决议，要求共产国际同样对其进行谴责。与此同时，罗章龙的支持者成立了江南第二省委。

周恩来反对罗章龙集团的分裂行径，要求其停止派别活动，执行党的领导人下达的最新指示。1 月 21 日，周恩来向海员总工会党团会议解释了中共中央四中全会决议，最后党团成员表示支持全会决议和共产国际方针，反对李立三路线，反对罗章龙集团右倾分子分裂党和工会的行径。

1 月 30 日，中共中央临时政治局批准了中央军委的人员组成。军委

---

① 原文如此。——译者注

由7人组成，周恩来任主席。他负责苏区党的工作、军委工作和情报工作。周恩来领导建立了上海中共中央与香港地下党、中央苏区及其他一些市委的秘密交通线，后来又建立起无线电台联络。

1931年2月13日，中共中央政治局召开会议，讨论1930年12月初赣西南发生的富田事变。

周恩来针对富田事变，建议中共中央政治局下发训令，要求红军、党和苏维埃机构停止争执和冲突、集中全部精力对付敌人。成立了由周恩来领导的委员会、对富田事变进行认真调查。1931年2月20日，政治局在听取委员会成员汇报后作出如下决定：AB团虽是反革命组织，但其中也有些人并不敌视红军，因此可以使AB团为我党所用，团结一切可以团结的力量共同对敌。

稍后，政治局在讨论共产国际执委会远东局对富田事变的评估后作出结论：富田事变是反革命分子策划的，他们欺骗了广大群众。

1931年2月22日，中共中央政治局批准了致共产国际执委会的电报。电文汇报了党反对立三路线和中共中央六届四中全会情况，以及中共中央近半年来所做的全部工作。电文作了自我批评，承认过去中央对各级党组织的领导，只局限于下达各种通告、指示信等，现在则向各地派遣党代表，亲自去了解情况并开展必要的活动。现决定从政治局起以60%的各级领导干部和90%的军事领导干部去苏区加强对各地的直接领导。

1931年2月23日，中共中央给红军前委和江西省委发出指示信，严厉谴责富田事变，并要求停止内讧，团结一切力量与敌人斗争。3月7日，周恩来起草的给广东省委的指示信获得批准。指示信批评了立三路线，指示派遣100—150名工人干部和90%有军事经验的共产党员到苏区去充实红军队伍，同时征调60%以上有组织工作经验的党员。其他省委也收到了类似的指示。中共中央政治局还作出决定，要加强对国民党和军阀军队中士兵的政治和组织工作，争取使士兵投向革命。

3月24日，周恩来主持召开中共中央军委会议，对朱德和毛泽东部队粉碎国民党部队第一次围剿给予高度评价，号召全力以赴作好迎击第二次围剿的准备。会议制订了军事政治行动的具体计划，并提交中共中央政治局批准。政治局还讨论了鄂豫皖这个大苏区的形势。在鄂豫皖苏区，红军和游击队成功地破坏了敌人在平汉铁路沿线的交通，并同中央苏区建立了相互联系。政治局决定任命中共中央政治局委员张国焘为鄂豫皖苏区前委书记。

根据周恩来的提议，1931 年 3 月在上海开办华南通讯分社。中共利用这一合法的新闻机构获取情报并向国内外报刊播发消息。

鉴于国民党正准备发动第二次围剿，中共中央政治局于 3－4 月间起草了一系列指示信，发给湘鄂赣苏区前委、鄂南鄂西党委和红军部队以及红十六军。指示信说：必须加强同反对土地革命的人作斗争，各地普遍建立苏维埃政权，武装支援红一军团和红三军团。信中指示红十六军与红一军团和红三军团协调军事行动，保卫中央苏区。

1931 年 4 月 24 日，国民党特务机关在汉口逮捕了归周恩来直接领导的中共特科负责人顾顺章。顾顺章未能经受住严刑拷打，走上了叛变之路。为防止党的领导机构因此发生危险，防止党的联系遭到破坏、文件被没收，周恩来采取了一系列紧急措施，更改了秘密接头地点、暗号，安排顾顺章认识的人离开上海，最终使顾顺章叛变造成的后果减少到了最低限度。1931 年 6 月 10 日，周恩来在中共中央政治局会议上对他领导特科的工作作了自我批评，并报告了顾顺章叛变后对特科改组的措施。

1931 年 6 月 22 日，隐蔽在周恩来秘密寓所的中共中央总书记向忠发擅自夜间外出，被法租界巡捕逮捕。法国人将其引渡给国民党反间谍机关，后者于 6 月 24 日将向忠发处死。中共中央政治局委员们因担心可能被向忠发供出，再次紧急变换了各自的秘密住所。周恩来被迫暂时切断了同政治局委员们的个人联系，并将计划已久的中央苏区之行的出发时间提前。

鉴于此时王明准备赴莫斯科担任中共中央驻共产国际执委会代表，周恩来则将去中央苏区，共产国际执委会远东局提议成立中共中央临时政治局。王明提议由 24 岁的博古担任政治局负责人。除博古外，进入政治局的还有周恩来、张国焘、张闻天、康生和陈云。

13. 周恩来到达苏区后开展的活动

周恩来到达瑞金后，就任中共苏区中央局书记。他致力于解决毛泽东领导的中共“老”干部、“江西”干部同根据中共中央政治局的决定前来加强苏区的莫斯科学成归国的“新”干部之间的意见分歧，这批“新干部”中包括“二十八个”(指曾由米夫选拔担任中共领导工作的留苏归国的中共党员).

政治局为了加强红军，从组织上对其进行改造，于 1931 年向红军主力部队，特别是向各部队司令部派遣了大批在苏联受过培训的军事专家。在伏龙芝军事学院学习过的足智多谋的军事指挥家刘伯承担任了红一军团参谋长，他为改造中国红军和培训指挥员做了大量工作。由于周恩来的努力，中共中央和中央苏区的联系即使在1931年最严峻时期也未曾中断过。在国民党部队第二次和第三次“围剿”苏区前夕，中共临时中央政治局和中央军事委员会根据所掌握的情报及时向红军领导人通报了敌军的作战计划和军事政治形势。苏联军事情报机关在组织这项工作和获得必要情报方面起了重要作用。后来在1936年毛泽东同美国记者埃·斯诺谈话时谈到了苏联军事情报机关在反“围剿”中所起的作用。

1935年前，周恩来、朱德和刘伯承在处理中央苏区各种政治和军事问题上起了主导作用。

中共临时中央政治局这时在上海作出了关于红军必须争取在一省与数省首先胜利的决议。1932年1月9日，中共苏区中央局奉命制定实施这一决议和占领中心城市的军事计划。周恩来主持召开的中央局会议决定攻打处于苏区包围之中的赣州。由彭德怀领导攻城行动。但由于国民党部队数量上占优势，1932年2月4日开始的围攻赣州的行动于3月7日结束。

1932年2月9日，苏区中央局主办的机关报《实话》发表了周恩来撰写的“帝国主义大战的危机与党的目前紧急任务”一文。周恩来认为，1月28日日本进攻上海是国际帝国主义策划世界大战的前奏。他说，国民党政府宣称“赤”祸甚于日祸，并扬言“对日必先剿共”。周恩来指出，在这种情况下必须开展反对日本帝国主义和国民党的民族革命解放战争。文章号召各苏区党的领导人领导工农劳苦群众，壮大红军的力量，大力扩大苏区，夺取大城市，参加全国的反日反帝运动。

1932年2月19日，苏区中央局会议讨论了上海事变。作出决议，谴责国民党不愿动员全民抗日，号召把红军夺取大城市同领导全国抗日民族革命运动结合起来；继续同“左”右倾作斗争。

1932年2月20日，中央苏区报刊揭露了国民党针对周恩来的反共挑拨行动。1932年2月，上海30多家报纸、天津《大公报》以及“满洲国”出版的报纸几乎同时（2月16—17日）登载以周恩来为首的243名共产党员因不同意建立苏区和红军的政策、不同意苏联的政策而脱离共产党、投向国民党的所谓“伍豪启事”。共产党为了揭穿这一阴谋，于1932年2月22日在上海发行量大、影响也大的《申报》上刊登了乍一看很平常的商业广告，说伍豪此人(大家都知道这是周恩来的笔名)在继续从事自己的工作，请各客户周知。国民党报刊还多次发表关于周恩来的死讯。

3月至4月，周恩来从瑞金抵达江口圩主持召开中共苏区中央局会议，会议讨论了攻打赣州城的经验教训，随后他又赴长汀参加军委会议。

4月15日，中华苏维埃共和国临时中央政府发布关于动员一切力量对日作战的训令。临时中央政府在瑞金正式宣布对日开战，号召工、农及一切劳苦群众在苏维埃旗帜下积极进行革命战争，把日本侵略者从中国驱逐出去，粉碎帝国主义列强瓜分中国的阴谋，争得中国的独立与解放。

4月20日，红军攻占国民党的闽南重镇——漳州，消灭敌军4个团，俘敌1600人，缴获两架飞机以及大量军用物资。

5月30日，周恩来在《实话》上发表“拥护全国红军的胜利，坚决执行积极进攻的路线”一文。文章批评了中共中央先前因不了解各地的具体情况而作出夺取大城市和数省的指示，提出了扩大苏区，既反“左”倾，又反右倾，团结一切力量同各种机会主义表现作斗争等任务。

1932年5月，国民党指挥机关改设“赣粤闽边区第四次‘剿匪’总司令部”，调集第十九路军开赴福建“剿共”；与此同时，粤军3个师侵入赣南苏区。

由于国民党作了重新部署，红军领导机关也改变了自己的作战方案，提出首要的任务是歼灭粤军。

6月9日，蒋介石在庐山召开有赣、湘、鄂、皖、豫5省代表参加的军委“剿匪”会议。作出了进行第四次“围剿”的决定，先“围剿”豫、鄂、皖东部苏区，然后“围剿”湘鄂西苏区。

1932年6月19日，周恩来收到国民党指挥机关计划的情报后，致电奉命歼灭粤军的毛泽东、朱德、王稼祥。1932年6月25日，中共苏区中央局会议，决定仿照苏联内战时期的做法，在人民委员会下设劳动与战争委员会。中华苏维埃共和国中央政府执行委员会决定周恩来任劳动与战争委员会主席，负责主持计划并指导关于革命战争的一切军事、经济、财政、劳动的动员事宜。

苏区中央局会议讨论了中共临时中央政治局关于进攻赣江流域的大城市(南昌、九江、吉安、赣州等)的指示，红军兵力薄弱、武器弹药不足，实际上无力完成这一任务。

7月21日，周恩来抵达前线，同朱德一起指挥红一方面军。他离开后，王明的拥护者们加强了在中央局的地位。7月28日，他们提议任命周恩来为红一方面军总政治委员，撤销毛泽东的这一职务，同时责成周恩来同朱德、王稼祥一起领导第四次反“围剿”。

周恩来电告瑞金说取代毛泽东总政委的决定是不适宜的，并建议免去毛泽东中央苏区政府主席的职务，请他仍任红一方面军总政委。

8月8日，中央革命军事委员会主席朱德，副主席王稼祥和彭德怀发布通令，宣布：奉中华苏维埃共和国中央政府命令，特任毛泽东为红一方面军总政治委员。

9月5日，周恩来在《实话》上发表“帝国主义国民党第四次‘围剿’与中国工农红军当前的任务”一文。周恩来在文中既批评对革命悲观失望、丧失信心的机会主义动摇，又反对“左”倾情绪和对敌人力量的估计不足。(第287号文献第226页)

1932年10月中旬，周恩来在宁都主持召开中共苏区中央局扩大会议，讨论上海发来的关于国民党第四次“围剿”时中央苏区党组织面临的任务的指示。这个指示把批评矛头指向毛泽东，指责他积极主张红军退却，逃避同敌人作战，把领土让给敌人的策略。中共临时中央政治局建议把毛泽东调回后方，由周恩来负责作战指挥的总责。周恩来认为对毛泽东的批评是不公正的，并声明后方的人(指在上海的中共中央的某些同志)不了解前线的实际情况。他说毛泽东有多年的战斗经验，他打算把红军作战的指挥权让给毛泽东。但大多数与会者谴责毛泽东的撤退策略、“上山”打游击的政策。他们提到毛泽东在同反革命AB团作斗争时所犯的过火错误时，主张他继续担任原来的中央苏维埃政府主席的职务，而周恩来任红一方面军总政委。

在周恩来的建议下会议达成妥协，提出因毛泽东患病免去他前线作战的指挥权，回后方疗养。

1932年10月26日，中共临时中央政治局正式任命周恩来兼任红一方面军总政治委员，继续同朱德一起组织反击国民党军队的第四次“围剿”，领导对红军指挥员的军事训练和政治教育工作。

蒋介石为进行对中央红军的第四次“围剿”，调集了38个步兵师，1个骑兵师，9个独立步兵旅，共45.4万人的兵力，动用了1148门炮，26架飞机和4列铁甲列车。1932年5月底红军共有4个军团；红九、十、十六和二十五独立军；红一、二和三独立师。红军共有15.2万指战员，11.5万支步枪、骑枪和驳壳枪，550挺轻机枪，250挺重机枪，380门迫击炮以及48门各式火炮。弹药极缺，平均每支步枪只有15—20发子弹，每挺机枪 30—40 发枪弹,每门火炮 5—10 发炮弹。多数枪支和火炮都是从国民党军队那里缴获来的。

第四次"围剿"开始前中央苏区的北部和西部处于 3 个苏区的掩护之下,这 3 个苏区是红军独立作战的部队的根据地。但他们经常同中央苏区政府,红军革命军事委员会以及中共中央失去联系。这 3 个苏区是:(1)赣浙皖边区革命根据地,人口约 100 万,方志敏率领的红十军在此地活动;(2)湘赣南边区革命根据地,粤汉铁路干线从这里穿越,人口约 200 万,萧克领导的部队在这里活动,后改编为红六军;(3)湘鄂赣边区革命根据地,人口约 50 万,是红十六师的根据地。由于蒋介石发动第四次"围剿",这 3 个掩护中央苏区的根据地相继失守。

除了中央苏区外,第二大苏区是鄂豫皖苏区,它位于长江北岸,平汉铁路以东,人口约 300 万,红四方面军和若干独立小部队在此地活动。中共中央政治局委员张国焘受中共中央的委托担任鄂豫皖苏区的政治和军事领导职务。

在长江中游的湘鄂边区还有一个苏区,人口约 200 万,贺龙率领的红二军团在此地活动。除了上述苏区外,在国民党的后方粤、闽、川、陕以及琼崖也建立了许多小游击区。

中央苏区分为 4 个军区,总司令部同这 4 个军区保持经常性的电话或无线电联络。经验丰富的统帅刘伯承任红军参谋长。革命军事委员会下设立了政治部,中共中央政治局委员王稼祥任主任。

在第四次"围剿"的进程中,国民党指挥部力求首先消灭豫南皖西的红四方面军和洪湖地区的红二军团。尽管红二军团、红四方面军成功地先发制人,歼灭了敌军几个师,但未能按原计划切断平汉铁路后会师。根据中共中央革命军事委员会向他们下达的新任务:在老苏区留下游击部队,主力部队转移到川北以及湘鄂川地区建立新苏区。

国民党部队对中央苏区的进攻从 1932 年 6 月 12 日开始至 1933 年 2 月结束。1932 年 11 月 11 日前,保卫中央苏区的红一、红三军团进行了防御战,随后转入进攻,迫使蒋介石结束军事"围剿"。同时红军指挥机关成功地利用了封锁中央苏区的粤桂闽部队不愿服从蒋介石由防御转入坚决进攻命令的意图。因此,各省军阀用于进攻苏区的兵力薄弱的部队被击溃,士兵被俘或者自愿加入红军队伍。

其他各路红军部队无论在人员数量上,还是在武器装备上均不如敌军,逐步向中央苏区腹地撤退,而当时居民被迫上山或者进沼泽地以躲避

“围剿”部队。同时红军经常发动反攻，消耗国民党军的兵力。11 月，红一、三军团通过连续反攻，迫使国民党部队不仅撤出中央苏区，而且还让出了曾由国民党当局控制的 11 个县城。国民党部队损失了 7 个师、200 多门火炮、3 架飞机以及大量军事装备。6 万多名官兵被俘。

但是蒋介石部队通过第四次“围剿”打败了红四方面军（徐向前任总指挥，张国焘任政委），他们被迫放弃鄂豫皖苏区，向西转移。在独立游击队活动的川北和陕南边区建立了新苏区。

贺龙领导的红二军团未能顶住敌人的进攻。他也离开了长江以南的根据地，向西撤退，进入有独立游击部队活动的湘黔川边区。

国民党部队对中央苏区的进攻被击退，损失惨重。这应归功于红军的指挥员和政治工作者，他们首先是朱德、周恩来、项英和王稼祥。1933 年秋中央苏区得以休整。但瑞金仍经常遭国民党空军轰炸。

守卫中央苏区的指挥部和部队配备有良好的通讯设备、无线电设备、电话和电话电缆。但缺少医疗人员、药品、子弹、炮弹。根本就没有炮兵。1933 年底，瑞金建立了军事学院。刘伯承和周恩来始终关心着学院的工作。

1933 年 1—3 月，周恩来直接从前线发给中共中央和苏区中央局不少电报，这些保留下来的电报和 3 月 20 日他同朱德联名签署的作战命令表明，周恩来在粉碎国民党第四次“围剿”期间进行了大量的日常军事和政治活动。这些文献被冠以总标题《关于粉碎第四次“围剿”的电报》发表在中华人民共和国出版的《周恩来选集》上卷中，具体地表明了周恩来的统帅才能。①

朱德、周恩来等指挥员在前线直接指挥作战时，认为中共临时中央政治局和中共苏区中央局多次下达的要红军夺取敌人重兵据守、筑垒坚固的大城市南丰和南城的命令不符合实际情况，是错误的。朱德和周恩来采取出其不意、快速集中兵力、在运动中各个歼灭敌人的策略，在他们的指挥下红军粉碎国民党 3 个师，抓获大批战俘，缴枪万余支。

1932 年底至 1933 年初，中共临时中央政治局的主要成员从上海转移至瑞金中央苏区，其中有军事顾问、德国共产党员李德。来苏区前，李德在上海任中共中央军事总顾问、奥地利共产党员弗里德·斯特恩的副手。斯特恩是应中国共产党的请求由共产国际执委会派来的。

---

① 《周恩来选集》上卷，第 59—60 页。——译者注

在宁都中共苏区中央局扩大会议上毛泽东被解除军事职务。会后，共产国际执委会致电中共中央，谈到“保留红军的机动性，不以巨大代价死守一个块区”的重要性……“继续加强对军事、政治的领导。对毛泽东必须保持极大的忍耐，给予同志式的帮助，在中共中央或中共苏区中央局的领导下，尽是让他担任领导工作。”

1933 年 2 月，中共临时中央政治局和中共苏区中央局在瑞金召开了联席会议，这两个机关合并后组建了中共临时中央政治局，由在莫斯科东方劳动者共产主义大学学习后回国的 25 岁的博古担任政治局负责人。

5 月 8 日，中共临时中央政治局提议中华苏维埃共和国中央政府颁布命令，将中央革命军事委员会由前方移至瑞金，增加项英、博古为委员，项英任代理主席。同时在前方另行组建红军总司令部，朱德为总司令，周恩来为总政治委员，此后，前方指挥部无权独立作出决定，一切决定均由中央革命军事委员会作出。

尽管前线的工作既繁重又紧张，但周恩来仍然在前线机关报上发表文章谈同国民党部队和地方军阀部队进行斗争的战略和策略，总结作战经验，分析军事战役成功与失败的原因。

1933 年 6 月中旬①，在宁都召开了中共中央局会议，研究了前一段中央苏区中央局的工作，决定扩大红军 100 万。周恩来在会上作了关于第四次反“围剿”胜利的报告，强调指出红一方面军指挥机关不同意罗明反对建立红军正规部队的路线。在中共和红军的“老”干部、江西干部中不少人只拥护游击战策略，不懂得创建纪律严明、掌握现代军事知识和斗争策略的现代化军队的必要性。会后，朱德和周恩来一同返回前线。

蒋介石第五次“围剿”的作战计划同前 4 次有根本性区别，这次“围剿”采取了政治、警察和军事措施相结合的办法。在国民党部队中建立了政治处，主要由半法西斯青年组织即所谓的“蓝衣社”成员组成。在居民中实行连坐法，加强了野战宪兵队，宣传“新生活运动”，提倡蛊惑人心的“改革”来吸引农民。蒋介石采取了稳步推进的做法，在中央苏区周围筑起了水泥碉堡；加快了战略公路的铺设。蒋介石为进行第五次“围剿”，调集了 60 个师，其中 40 个师是他的嫡系，其他 20 个师是从湘粤闽各省调集的。国民党部队约有 50 万兵力，无论从兵力数量上，还是武器装备上都极大地优于红军。

---

① 原文如此。——译者注

敌军准备分7路进攻中央苏区，每一路配备3至4个师；蒋介石把10至12个精锐师作后备力量。但是粤军却不急于进攻，持观望态度，而福建的第十九路军则完全拒绝实施蒋介石的意图。

14. 周恩来领导中共中央负责张学良东北军的委员会

1935年12月17—25日，在瓦窑堡召开的中共中央政治局会议作出了中共中央关于目前政治形势与党的任务的决议和中央关于军事战略问题的决议，提出建立最广泛的民族统一战线的任务，“发动、团结与组织全中国全民族一切革命力量去反对当前主要的敌人——日本帝国主义与卖国贼头子蒋介石”。会议决定将中华苏维埃工农共和国改为苏维埃人民共和国；主张成立国防政府和抗日联军。

政治局决定周恩来任中共中央负责张学良东北军工作的书记，领导为此成立的中共中央工作委员会。此后周恩来把主要精力都放在了这项工作上。1935年12月29日，周恩来在政治局会议上发言指出华北抗日学生运动掀起热潮，为了革命目标应当予以全力支持并加以利用。青年学生应当到工人和士兵群众中去，特别是应当到农村中去开展爱国工作。周恩来认为党在华北的主要任务是开展工人运动，克服党脱离工人阶级的倾向，使工人运动同农村的斗争结合起来。周恩来建议各地都要支持游击运动，应立即着手培训领导游击运动的党员干部，采取必要的手段与北平和上海的地下党组织取得联系，争取经上海打通与共产国际保持经常联系的渠道。政治局同意周恩来的建议并派刘少奇领导中共中央北方局的工作。

1935年12月，周恩来前往陕甘苏区组织对张学良东北军一〇六师的宣传工作。他时常在东北军被俘军官学习班上发表讲话，号召他们共同抗击日本的侵略。被俘军官学习结束后均被释放，而大部分被俘士兵自愿加入红军。1935年12月31日，红军指挥部与张学良驻甘泉的部队达成双方互不侵犯的共同抗日的协定。

1934年春，张学良结束为期一年的欧洲之行回到中国，被蒋介石任命为豫鄂皖三省“剿匪”副总司令，1935年9月又被任命为“西北剿匪总司令部”副总司令。蒋介石自任总司令，总司令部设在西安，张学良东北军(20个师，约15—16万人)的司令部也设在这里。

周恩来从被俘的东北军团长高福源口中获悉，少帅张学良和东北军第六十七军军长王以哲有意要同红军联合抗日。这位获释的团长面见张学良之后又返回苏区，带来了张学良提出开始谈判的建议。中共中央接受了这个建议，派周恩来的亲密助手、中共中央联络局局长李克农到洛川。1936 年 1 月 19—21 日，李克农与张学良的代表进行了谈判。于是中国共产党与东北军指挥部之间开始了最初的非正式接触。

在 1935 年整个 12 月里周恩来一直忙于将根据地现有的陕西省游击部队整编为红军正规部队。例如，12 月 30 日由刘志丹指挥的红二十八军成立，随后红二十九军和红三十军相继成立。

1935 年 12 月，中共中央政府局作出关于红军准备东征山西，扩大苏区的决定。

1936 年 1 月 10 日，周恩来报告东征物资和技术保障的准备工作。1 月 17 日决定 2 月中旬部队开始进发，由毛泽东、彭德怀等军事领导人指挥。东征期间博古、邓发和周恩来留在陕北领导根据地的工作。

1936 年 1 月 19 日，毛泽东、周恩来、彭德怀联名签发了东征讨伐卖国贼阎锡山的命令。阎锡山视山西为其禁脔。他形式上承认蒋介石为总司令，但是并不愿意让他的部队归南京指挥。同时他在华北与日本人进行了秘密谈判，有关情况中共领导人已经获悉。

1 月 25 日，毛泽东、周恩来、彭德怀等 20 位红军著名将领发表致东北军全体将士书，表示苏维埃政府和红军愿意与任何抗日的武装队伍联合起来，组建全国国防政府和抗日联军，同日本帝国主义直接作战。他们向东北军将士表示，愿意首先同他们共同成为中国人民抗日的先锋。

李克农为了同东北军指挥部举行谈判，再度来到洛川同王以哲、张学良进行秘密会谈。他们讨论了抵抗日本侵略和在苏区与东北军控制区之间建立商业经济关系的问题。张学良同意互不侵犯、一致抗日的建议，但是坚决反对共同反蒋。他不反对组建国防政府和抗日联军的口号，但是反对立即加以实施。中共中央和红军中央军委在得到李克农的情报后决定今后与张学良的谈判遵循以下原则：不涉及张学良与蒋介石的关系问题，求得互不侵犯协定的订立；坚持召开全国抗日救国代表大会，坚持抗日同讨伐卖国贼不可分离；要求停止内战和不阻止全国红军集中河北；争取张学良不反对红军充任抗日先锋队。周恩来亲自安排李克农及其随行人员到洛川继续同张学良和王以哲进行谈判，谈判于 2 月 25 日重新开始。

1936 年 2 月 21 日，中华苏维埃共和国中央政府通电南京和各省及各部队，建议召开全国抗日救国代表大会，组建国防政府和抗日联军，开始实行抗日战争的具体步骤。

3月2日，周恩来电告参加东征的彭德怀等，同张学良的谈判已开始，因此对张学良和蒋介石应区别对待。他还通知他们，中共同张学良的谈判仍通过王以哲将军进行。

3月5日，中共中央政治局电告红军指挥员与中共陕北和陕甘区的负责人，李克农在与王以哲将军的谈判中订立如下协定：即日起（一）互不侵犯，各守原防；（二）红军同意恢复东北军第六十七军在鄜县、甘泉、肤施（延安）公路上的交通运输和通商；（三）驻肤施、甘泉两城的东北军第六十七军可向苏区群众购买部队所需的粮食；（四）恢复"红区"与"白区"之间的通商。

电报还要求与张学良的第六十七军官兵结成亲密的关系。"以达到进一步与整个东北军讨论抗日讨伐卖国贼之目的"。

正如已经提到的，1935年11月，蒋介石采取措施同中共建立非正式接触，责成陈立夫负责。陈立夫通过他的亲信与中共上海地下党和中共北方局取得了联系。1936年2月27日，上海地下党代表到达瓦窑堡汇报了有关南京政府建议与中共开始非正式谈判的情况。

3月中旬，周恩来和博古赴晋北与领导东征的毛泽东、彭德怀和张闻天讨论中共上海市委代表关于在南京谈判的报告及中共中央北方局代表王世英关于地区形势的报告。

中共中央北方局几年来十分秘密地在第十七路军官兵中间开展工作。1936年2月，同第十七路军总指挥、西安绥靖公署（即镇压红军的机构）主任杨虎城将军订立了合作协定，其内容是：（一）在共同抗日的原则下，红军与第十七路军建立抗日友好互不侵犯协定，双方各守原防、互不侵犯；必要时可以事先通知放空枪，打假做仗；（二）双方可以互派代表，红军可在杨虎城处建立自己的电台，以保持秘密联系；（三）第十七路军可在约定的地点建立交通站，帮助红军运输物资和掩护人员往来；（四）双方同时做抗日准备工作，先从对部队进行抗日爱国教育工作开始。

中共中央政治局于3月20—27日举行会议，同意这个协定，并指派周恩来为中共中央全权代表与张学良在肤施进行秘密谈判。3月18日，红军部队的指挥员接到命令，不准挑动张学良的士兵暴动并投向红军方面，以免影响抗日统一战线的建立。

1936年3月29日，毛泽东、彭德怀、周恩来签署的中国人民抗日红军西北军事委员会告全国民众书发表，呼吁停止一切内战，不分红军、白军联合抗日，召开全国抗日救国代表会议，要求全国红军集中河北，阻止日军前进。

4月5日，周恩来在中共中央政治局常委会议上分析了红军与张学良的东北军和杨虎城的第十七路军相互关系发展情况，认为可以联合反对蒋介石。而且这两支军队可能会联合华北其他部队，包括孙殿英、宋哲元等部。会议决定派王世英赴西安，请杨虎城的第十七路军和张学良的东北军搞好关系。

4月7日，周恩来和李克农一起前往位于肤施东北10公里的川口。4月9日，张学良和王以哲偕中共党员刘鼎乘专机飞抵肤施。当夜，周恩来与张学良在肤施城内教堂里举行谈判。张学良表示：

（一）完全同意停止内战一致抗日，同意组织国防政府和抗日联军，愿参与酝酿此事。

（二）原则上同意红军集中河北，但认为这一点为时尚早，因为红军在山西恐难立足，最好出绥远。如红军坚持东进，他可以通知在平汉路西的东北军与红军联络。张学良还答应为红四方面军西路军北上让路。至于红二、红六军团从云南转移一事，他需取得中央军同意，他愿为此事活动。

（三）蒋介石现在歧路上，他不可能公开抗日，但是有可能争取与其合作。目前张学良尚不能反蒋，如蒋降日，张学良当离开蒋。在蒋介石公开抗日之前，张学良不能不接受蒋介石的命令，进驻苏区。

（四）张学良准备派代表去苏联，如果中共想派代表同行，他可与新疆省政府主席盛世才联络。

周恩来表示，他回苏区后将把张学良的意见报告中共中央，关于对蒋介石的政策中共中央已有考虑。

这次会谈双方还商定了通商和互派代表等问题。

中共中央政治局听取了周恩来关于同张学良会谈的报告之后决定派刘鼎到张学良处继续谈判，责成李克农与王以哲保持密切关系，派邓发经西安、新疆赴苏联与共产国际取得联系。在西安和陕西的4个县城建立苏区与白区的交通机关。采取必要措施击退准备按照蒋介石的命令进犯苏区的东北军，加强在这些部队官兵中进行抗日宣传。

1936年4月22日，周恩来致函张学良。对4月9日的会谈表示满意，通知张：中共领导认为会谈很成功，完全同意张学良的立场。信中还说："为抗日固足惜蒋氏，但不能以抗日殉蒋氏。"

1936年4月25日，中共中央发布创立全国各党派的抗日人民阵线的宣言。其中提出下列6项要求:(一)停止一切内战,一致抗日讨逆;(二)全国红军与全国海、陆、空军集中华北打日本;(三)召开全国抗日救国代表大会,组织国防政府和抗日联军;(四)言论、集会、出版、信仰自由,释放一切政治犯;(五)实行外交公开;(六)联合世界上平等待我的国家。

5月5日,中华苏维埃共和国中央政府主席毛泽东、红军革命军事委员会主席朱德向全国各省发布《停战议和一致抗日通电》。通电指出:国难当前,双方决战,不论胜负属谁,都是中国国防力量的损失。为了促进蒋介石氏及其部下爱国军人们的最后觉悟,故虽在山西取得了许多胜利,仍然将人民抗日先锋军撤回黄河西岸。

5月中旬,周恩来会见中共上海地下党代表张子华,他带来了在南京谈判的信息,转达了陈立夫提出的作为调整国共两党关系的条件:国民党欢迎中共武装力量参加对日作战;中共武装力量参加对日作战时,待遇同中央军;如中共有何意见可向即将成立的民意机关提出;中共可选择一地区试验其政治经济理想。

周恩来致信代表陈立夫与中共谈判的南京政府铁道部次长①曾养甫,邀请他亲自来陕北。

周恩来还致函他的老相识,时任国民党候补中央委员的时子周和教育界知名人士、原南开大学校长张伯苓,希望他们支持停止内战、一致抗日的主张。

毛泽东和周恩来电示苏区各军政领导,要与各地基督教、伊斯兰教和藏传佛教的代表人物建立良好的和平关系,保证居民信仰完全自由,争取使遍布于甘肃地区的秘密帮会哥老会的成员参加抗日。要求尊重穆斯林的风俗习惯。

6月6日,毛泽东和周恩来电告彭德怀,红军部队应占领通往绥远、宁夏的250公里的走廊地区,从战略上考虑,必要时可通过蒙古人民共和国与苏联取得联系。红八师②与红二十八师的骑兵团必须确保控制这条通道。

鉴于两广军阀陈济棠、李宗仁、白崇禧发动反对蒋介石的新的事变,成立抗日救国军西南联军,出兵湖南,中共中央政治局于1936年6月12日举行会议。周恩来在会上发言指出,中国统治阶级内部正在发生分裂,

---

① 原文为“заместитель министрө лутей сообщения(交通部次长)”。——译者注

② 原文如此。——译者注

对蒋介石的不满和抗日运动日趋高涨。西南事变推动了中国民族资产阶级,削弱了蒋介石的力量,有利于全国抗日运动的发展。共产党不仅应做桂系的工作,而且要做蒋介石集团内部的工作,呼吁召开全国救国代表大会,要求成立抗日政府和抗日联军。

中共中央政治局支持两广提出的抗日反蒋的要求,但同时也指出这个派系的首领有向南京投降的可能。

1936 年 6 月 20 日,中共中央致电国民党六届[①]二中全会,提出,"只要你们立即停止进攻红军和苏区,立即动员全国对日抗战,并实现民主自由与制裁汉奸,中共中央和红军……将用一切力量援助你们,并愿和你们密切合作。"通电还谈到必须支持西南军队的抗日行动。

鉴于国民党部队准备发动进攻,中共中央从瓦窑堡迁至保安,8 月 30 日,桂系领导人李宗仁和李济深派他们的代表到保安谈判共同反蒋事宜。然而不久他们便被国民党军队击败,与蒋介石达成停止军事行动和体面妥协投降的协定。

中共中央在两条战线开展斗争——抗日反蒋的方针,受到了共产国际的批评。1936 年 7 月 23 日,格·季米特洛夫在共产国际执行委员会书记处会议上就中国问题发言时强调指出:"现在中国的任务是……寻找机会,寻找道路和适当的口号与方法,争取使绝大多数中国人民反对日本侵略者……中国共产党、中国共产党人应当成为这一斗争的先锋和倡导者。其他所有一切都应服从于这个根本任务。

"由此可见,对待南京、蒋介石和国民党的政治方针很错误……如果我们共产党人作为抗日统一战线的倡导者、先锋和组织者向国民党提出具体的政治建议……那才是正确的。"

共产国际执行委员会书记处赞成中共中央在关于时局和党的任务的决定中提出的建立抗日民族统一战线的方针,并提出了一些具体意见。例如,共产国际执行委员会在 1936 年 8 月 15 日的电报中警告中共中央不要让红军溶化于统一的抗日军队之中,电报强调指出,"在政治上,抗日民族统一战线应该是中共、国民党与其他组织在一致抗日的立场上建立的联合,同时各自保持政治和组织上完全的独立性。在军事上,抗日统一战线应该是红军和其他武装力量组成抗日联军的联合,各方均应保持各自的独立性,但是应服从统一的指挥。国防政府应该是加入抗日民族统

---

① 原文如此,有误,应为"五届"。——译者注

一战线的各党派和团体真正的代表机构。”共产国际的这一建议得到中共领导层的赞成并成为后来中共和国民党谈判的基础。

共产国际执行委员会同时还强调中共必须改变对蒋介石、国民党和南京政府的态度。格·季米特洛夫在 1936 年 7 月 23 日举行的共产国际执行委员会书记处会议上讲到了这个问题，并提出“在中国创造一个迫使蒋介石加入这种抗日统一战线的局面。”

共产国际执行委员会书记处认为，“把蒋介石与日本侵略者相提并论是不对的。这一方针是错误的，因为中国人民的主要敌人是日本帝国主义，现阶段一切都应服从同日本帝国主义的斗争……必须采取停止红军与蒋介石军队之间一切军事行动和联合抗日的方针……我们认为你们号召支持西南派系反对蒋介石的宣言是错误的。政治上较为正确的做法是，坚决反对进一步激化由日本帝国主义者挑起的内部争斗，集中火力反对日本帝国主义者。”

这时中共中央委员刘长胜从莫斯科返回陕北苏区，他带来了共产国际第七次代表大会的一套文件的材料，一部大功率无线电台以及中共中央与共产国际执行委员会联络的新密码。中共中央政治局召开会议详细讨论了共产国际第七次代表大会的各项决议。周恩来在会上发言时强调指出，一部分国民党领导人已认识到抗日的重要性，但是也有一些人竭力想挑动日本和苏联开战。目前国民党还没有作出决定，是投降日本，还是与苏联联合。周恩来认为，现在必须解决 3 个主要任务：（一）向东发展，扩大山西根据地；（二）在华北开展游击战争；（三）建立国防政府和抗日联军，明确规定中共与国民党建立统一战线的原则。在惩治卖国贼和要求国民党采取坚决抗日的实际行动这些原则问题上不应对国民党作出任何让步。同时，中共应保持行动自由，拥有与国民党完全平等的权利。在同国民党上层谈判的同时，不放松争取下层群众和官兵的工作。

由于同共产国际建立了直接的无线电联络，1936 年夏中共开始定期获得共产国际执行委员会提出的建议。根据格·季米特洛夫的提议，共产国际执行委员会书记处建议中共中央用“日本侵略者滚出中国去”的口号代替以前提出的立即对日开战的号召，这样更能体现出中国人民进行战争的防御性质，也符合准备抗击入侵者的任务。同时强调指出中共“要努力建立反对日本帝国主义的民族统一战线，而不是一般的反对帝国主义的战线，以便利用帝国主义之间的矛盾”。共产国际执行委员会书记处建议中共用全中国统一的民主共和国的口号代替苏维埃共和国的口号，这样更加符合现阶段中国的解放斗争。

周恩来与张学良在谈判过程中达成一项协议，即红军在西安设立秘密的办事处，其成员都穿东北军的军服，帮助张学良组织军队中的政治教育工作。为了培训张学良部队的下级指挥人员，在距西安不远处建立了一所学校，设置了政治和经济课程以及日本侵略满洲和华北的历史课程。为来西安的大学生开办了抗日宣传讲习班，张学良经常亲自向学员发表讲话。在日趋高涨的抗日热情的影响下，张学良开始逐步脱离旧东北军中曾在其父张作霖手下供职的那些保守的将领和军官，提拔重用具有爱国热情的青年军官和东北大学的毕业生。这一切活动都是秘密进行的，因为在山西和陕西交界处，在甘肃和宁夏驻有南京政府的精锐部队，他们仍在与红军作战。

15. 西安事变前中共与国民党的沟通和谈判

中共中央政治局从中共开始与国民党举行秘密谈判起就把主要精力投入制订下一步的军事和政治行动计划上。

1936 年 8 月 10 日，周恩来在政治局会议上提出应放弃“抗日必反蒋”的口号。他认为在与南京谈判时应当要求停止内战，允许人民抗日。他认为中共的中心任务是实现西北的大联合，在东线开展游击战争，公开宣传向西北的进军胜利结束。

8 月 12 日，中共中央政治局确定下列计划：红军 3 个方面军和张学良的东西军一起打通与苏联联络的通道，出兵绥远，建立西北国防政府。决定就组织抗日的问题与南京政府和国民党其他各派同时进行谈判。要求国民党立即停止内战和“围剿”。如接受这一要求，红军便不再出兵河南，只要红军没有受到政府军的攻击，红军也不会对政府军采取军事行动。

1936 年夏秋，陕北苏区的领导同华北和西南一些对南京政府有所反对的军事长官如宋哲元、刘湘、傅作义、阎锡山等建立了联系。

8 月 18 日，周恩来和中共中央其他领导人一起签发一项关于对不反对抗日的地主实行新政策的决定。今后准许采用自愿捐募的方式使他们拿出粮食、金钱和物品来；对地主不搞全盘没收，而是实行区别对待的政策，有的要多没收一些，有的少没收一些。同时各地苏维埃政权应给商人以必要的保护，号召他们捐献抗日经费。

8 月 25 日，中共中央又发出致国民党中央执行委员会书，对蒋介石在国民党二中全会上关于决不继续向日本割让领土，拒不承认伪“满洲国”的声明表示肯定。同时指出国民党的总政策不符合人民的要求，再次提出在中国建立统一的民主共和国的问题，而且苏维埃区域可成为全中国统一的民主共和国的一个组成部分。中共呼吁在全国结成一个坚固的革命的抗日统一战线。

同一天，周恩来与毛泽东、洛甫和博古电告在莫斯科的中共中央驻共产国际代表王明，红军主力拟占领甘肃西部和宁夏、绥远，这样才可避免与南京发生危险冲突，又能靠近苏联，保全苏维埃根据地。电报说，但是以红军现有的力量和装备无法完成这一战役，中共中央希望苏联能向中国红军提供飞机和大炮。“否则，由于陕北甘北苏区粮食困难，红军不得不移向甘南与陕南。红军的粮食储备已十分困难，只有占领宁夏才能改变之一情况”。

与此同时，周恩来继续与陈立夫的代表、南京政府铁道部次长[①]曾养甫通信。9 月 1 日，周恩来致函陈果夫和陈立夫，指出如国共两军犹存敌对，国家将亡。他呼吁陈氏兄弟敦劝蒋介石立即停止对红军和苏区的军事行动，实行联俄联共。周恩来在信中还希望陈立夫和陈果夫能亲自参加同中共的谈判。

1936 年 9 月 15 日，中共中央政治局讨论了共产国际的指示后，通过了关于抗日救亡运动的新形势与民主共和国的决议。周恩来在会上发言指出，虽然联蒋抗日要放弃红军已占领的某些地区，但对于领导全中国的抗日运动有很大的意义。继续实行把蒋介石所代表的力量排除在外的老政策是不对的。周恩来指出，蒋介石自国民党第五次代表大会以来已有变化，尽管他对待日本的态度仍是动摇的但倾向于抗日。周恩来说，民主共和国是社会各阶级统一战线的政府。在统一战线内中共应坚持批评自由。为了反对日本进攻、停止内战，西北联合具有非常重要的意义，因此应吸收国民党将领胡宗南、汤恩伯等参加完成这一任务。

9 月 22 日和 26 日，中共中央接到报告，红四方面军渡过黄河，正在西进。红军占领宁夏便可以直通经戈壁滩通向蒙古人民共和国的汽车路，取得苏联必要的帮助。

9 月 22 日，周恩来致函蒋介石和陈氏兄弟。他在给蒋介石的信中写道，中共惟一的要求是停止内战、建立抗日统一战线，中共提议商定停战

---

① 原文为“заместитель министра транспорта（运输部次长）”。——译者注

区，邀请国内各爱国团体的代表监视停战。周恩来写道，如蒋介石仍徘徊歧路，其声望益损，如蒋坚决抗战，其威望无疑会提高，局部抗战，必将影响全国。

周恩来在给陈氏兄弟的信中提议加快促成中共与国民党之间的谈判，中共授权潘汉年为谈判代表。9 月 24 日，潘汉年带着周恩来的两封信经西安前往南京。随信附有《中国共产党致中国国民党书》和《国共两党抗日救国协定》草案。

9 月 28 日，接到从广州传来的曾养甫邀请周恩来到香港或广州谈判的电报，周恩来随即复电提出两个条件：(一)不再做丧失领土主权的事；(二)不再进攻红军。只要国民党军队不阻拦红军抗日，不侵犯红军的抗日后方，红军准备首先停止向国民党军队的攻击；如果国民党的军队继续攻击红军，那么红军不得不对国民党的军队进行自卫还击，这同样是为着促进国民党军队的爱国觉悟。

1936 年 10 月 5 日，周恩来与毛泽东一起致函张学良：中共建议建立抗日民族统一战线已经一年多，国民党仍游移不决，特别是蒋介石反令胡宗南的国民党军队进犯陕甘扩大内战。信中说道，“我们仅在自卫的方式上予以必要的还击”，最后希望张学良命令西北各军停止向红军进攻，并将这些意见转告蒋介石，以便确定谈判联合抗日的必要条件。

10 月 14 日，中共中央得到消息，国民党同意与中共进行谈判的条件是：(一)可以保留苏区；(二)取消“红军”的名称，改为“联军”，待遇同国军；(三)中共代表可参加国民大会；(四)中共必须派一名全权代表进行谈判。

周恩来复电建议要求蒋介石到达西安后派飞机接周恩来前去谈判。然而当得知蒋介石下达“进剿”令后，潘汉年被授权代替周恩来进行初步谈判。

正像埃·斯诺在《西行漫记》一书中所描述的，蒋介石抵达西安是为了准备对中国红军进行第六次围剿。甘肃省省会兰州和西安机场已作好容纳约 100 架国民党轰炸机的准备，大量的空投炸弹已经运到。埃·斯诺写道，当张学良面见蒋介石提及与中共建立抗日统一战线、停止内战和联俄的纲领时，蒋介石回答说：“在杀尽全国红军、捉尽共匪之前，我决不谈此事。只有那时候才可以同俄国合作。”[①]

---

① 《西行漫记》，第 358 页。——译者注

蒋介石赴西安之际正值中国各地的抗日运动日益高涨：到处举行罢工，抵制日货，举行群众集会抗议南京政府的投降主义政策。上海和青岛抗日运动的规模最大。南京政府对这些抗日活动进行了一连串新的镇压，逮捕了7位全国著名的救国会领袖[①]，查封了14种很受欢迎的爱国杂志。张学良闻讯后乘飞机飞往洛阳，来到蒋介石的大本营，请求蒋介石释放被捕的7位救国会领袖。但是蒋介石断然加以拒绝，劝张学良不要干涉他的事情，并预先告诉张学良他不久还要去西安。

法西斯德国与军国主义的日本签订反共产国际协定大大触动了张学良。意大利准备承认伪"满洲国"的消息激怒了张学良。他开始确信周恩来和其他中国共产党人对国际局势及法西斯主义的作用的估价是正确的。

10月26日，47位[②]红军著名将领(其中有毛泽东和周恩来)发出给蒋总司令及国民革命军西北各将领书，要求立即停止进攻红军并"共赴国防前线，努力杀贼，保卫国土，驱逐日寇，收复失地"。10月，周恩来致函国民党军队集团总指挥陈诚和汤恩伯，保证如他们的军队一旦开赴抗日前线，红军定会全力相助。

周恩来忙于同国民党谈判，同时又十分关注国民党后方的地下工作和对青年的政治教育。1936年11月1日和2日，中共中央政治局举行会议讨论中国共产主义青年团的工作。周恩来在发言中说，共青团应成为群众性的抗日团体，号召青年团结起来，抗日救国，联合"白区"的各种青年组织，利用一切合法的条件开展工作。

11月9日，周恩来和毛泽东通过中共中央与国民党谈判代表张子华转告曾养甫和陈立夫，红军首先准备停止向国民党军队攻击，期待国民党立即下令停止西北对红军的进攻，双方各守原防。周恩来表示如国民党接受中共的条件他准备飞赴广州。在双方主要代表会谈以前，中共派出自己的代表潘汉年前往上海与陈立夫和曾养甫会谈。

11月10日，潘汉年在上海同陈立夫会谈，陈立夫推说蒋介石正在西北，态度变得十分强硬，国民党坚持要取消两军、两党的对峙，要求把红军缩减到3000人，师长以上的领导一律解职出洋，半年内不得回国。周恩来必须到南京同国民党进行具体的谈判。潘汉年当然拒绝了这些侮辱性

---

① 时称"七君子"。——编者注

② 原文如此。——译者注

的条件。

周恩来受中共中央的委托电告潘汉年，陈立夫态度变硬证明蒋介石并没有下决心抗日；中共不能同意蒋介石对外投降对内苛求的政策。中共断然拒绝蒋介石侮辱共产党的立场，并严正声明，红军一兵一卒都不能减少，相反，还须要扩大，“离开实行抗日救亡任务无任何商量余地”。同时周恩来向张学良通报了中共在南京与蒋介石代表谈判的过程。

11 月 13 日，周恩来在中共中央政治局会议上指出，蒋介石奉行的是两面政策，他一方面同中共谈判，另一方面向中共进攻。与他达成抗日统一战线的协定，是非常复杂的事情。蒋介石巧妙地利用矛盾来维持他的统治，两广事件结束后，他派兵封锁黄河，阻止红军抗日，逼中共就范。周恩来认为逼蒋抗日有四种力量：国际上的压力、人民群众的压力、南京政府内的反对派和中国统治阶级内的各种反蒋势力、红军和游击运动。周恩来认为，中共的战略方针应当从这一点出发，逼蒋抗日。

16. 西安事变期间周恩来组织领导的活动

西安事变发生时，周恩来收到通电后随即以中共中央的名义电复张学良，支持上述主张。他强调指出，为了整个中华民族的利益和抗日救国应该扣留蒋介石及其随从，要求他们释放爱国人士，建立联合政府。

同一天，12 月 12 日，张学良和杨虎城致电在保安的中共中央，请求派出以周恩来为首的代表团到西安共商大计。毛泽东和周恩来电复张学良，提议重新部署东北军和杨虎城的十七路军，将其调集西安附近，其他地方只留少数兵力，表示“红军决不进占寸土，恩来拟到西安协商大计”。

12 月 13 日，中共中央政治局举行会议。会议肯定西安事变是革命的、推动抗日的。同时决定采取不与南京对立的方针，不组织与南京对立的政权，暂时不对西安事变发表宣言。周恩来在这次政治局会议上提出要把国民党的黄浦系、CC 系、元老派和欧美派争取过来，建议爱国军队与山西省政府主席阎锡山、四川军阀刘湘和西南桂系联合。周恩来认为一项重要的任务是巩固西北三方(中共、张学良和杨虎城)的联合。周恩来说，应该向全国各派解释清楚，西北这一事件是为了抗日，而不是针对南京政府的。由于国民党军队已逼近潼关，周恩来认为红军应准备采取军事行动，但是在政治上不激化与南京政府的关系。周恩来认为，要在实际工作中广泛发动人民群众参加抗日，欢迎各群众团体代表来西安参加救国会议。他建议西安事变发生后中共要[①]公开走上政治舞台,但不要停止在国民党后方的地下工作。

毛泽东和周恩来致电张学良,认为西安事变的成功离不开广大群众的支持,表示若国民党军队进攻西安,红军准备与张学良的部队共同战斗。再次表示准备派周恩来赴西安,并请派飞机到肤施(延安)接周恩来,肤施有小型机场。

12 月 14 日,毛泽东、朱德、周恩来和红军其他将领联名致电张学良与杨虎城,提出建立以张学良、杨虎城、朱德为主席团的西北抗日援绥联军军事政治委员会。联军由东北军、第十七路军和红军组成。电报指出,目前的主要任务是巩固内部,战胜敌人。

12 月 15 日,周恩来起程赴肤施(延安)(然后飞赴西安)之前,同红军其他将领及政治工作者致电国民党中央执行委员会和南京政府,呼吁"共赴国仇",接受张学良和杨虎城的主张,停止内战,罢免蒋介石,交付国人裁判,联合各党派、各阶层和一切武装力量,建立统一战线政府。12 月 16 日晚,周恩来及其随行人员到达肤施,12 月 17 日,乘张学良的专机前往西安。

南京的反动势力获悉蒋介石被扣的消息后紧急召开了国民党中央执行委员会常委会和中央政治委员会联席会议。决定由孔祥熙任行政院代院长,何应钦负责指挥调动军队。褫夺张学良本兼各职,交军事委员会严办。与此同时,由于亲日派的坚决要求,国民党中央执行委员会常委会电请旅居德国的汪精卫急速回国。孔祥熙和宋美龄(蒋介石的连襟和妻子)得知蒋介石被扣后,当晚便从上海赶回南京,主张通过和平方式争取释放蒋介石。他们担心何应钦和汪精卫打算取代蒋介石在军队和政府中的位置。

何应钦此时在潼关集结了 11 个师,在洛阳集结了 50 架轰炸机,准备进攻西安。孔祥熙遵照宋美龄的嘱托,与国民党和政府要员进行了协商,提出暂停讨伐西安,争取通过和平方式营救蒋介石。为此澳大利亚人端纳受命前往西安,他从 1934 年起担任蒋介石的顾问,在此之前曾任张学良的顾问。1936 年 12 月 14 日,端纳到达西安的当天便在张学良的陪同下会见了被软禁的蒋介石,劝说蒋介石停止内战,准备抗日。同一天,张学良和杨虎城收到了阎锡山、李宗仁、白崇禧和刘湘发来的主张和平解决

---

① 原文为"не выступать(不要)",有误。——译者注

西安事变的电报。

12 月 14 日,《真理报》发表编辑部文章,表明苏联政府对扣留蒋介石持反对态度,因为这会导致产生亲日的汪精卫政权。同一天《真理报》还发表了塔斯社的一则辟谣,否认日本报界关于张学良与苏联订立了同盟的消息。共产国际执行委员会坚决主张和平解决冲突,并致电中共中央,提出有关建议。苏联政府和共产国际的立场对和平解决西安事变起了决定性的作用。12 月 16 日,张学良同意宋美龄和宋子文到西安商谈释放蒋介石。

12 月 17 日,周恩来与张学良讨论了同宋子文谈判应采取何种态度的问题。商定了张学良向宋子文提出的 5 项条件:(一)停止内战,国民党军队全部开出潼关;(二)下令全国援绥抗日;(三)宋子文负责成立南京过渡政府,肃清一切亲日派;(四)成立抗日联军;(五)释放政治犯,实现民主,武装群众,召开救国会议。

张学良很想从周恩来那里知道苏联和共产国际对西安事变的态度,但是周恩来尚未掌握有关情况。12 月 18 日,中共中央收到周恩来有关国内社会各界对西安事变的反应的情报后,致电国民党中央执行委员会,提议:(一)召开抗日救国代表大会,对日抗战,组织国防政府和抗日联军;(二)将讨伐西安的中央军全部增援晋绥前线,承认东北军、第十七路军和红军的抗日要求;(三)停止内战,一致抗日;(四)开放人民抗日救亡运动,释放被捕的救国联合会领袖;(五)实现孙中山的三大政策。

周恩来花费不少精力说服杨虎城同意张学良对蒋介石所提的要求。杨虎城认为蒋介石是个恶棍,应该审判他投降日本和在 1925—1927 年血腥镇压革命的罪行。周恩来说服杨虎城时提到了失去对军队控制后的尼古拉二世和拿破仑这些历史事例,而蒋介石还拥有强大的军队。①

12 月 19 日,南京政府同意宋子文以私人身份到西安,并决定 12 月 19—22 日停止轰炸西安。12 月 20 日,宋子文飞抵西安。他表示赞同中共关于和平解决冲突的态度,次日便返回南京。当日周恩来收到毛泽东来电,说明共产国际执行委员会书记处建议和平解决西安事变。周恩来将共产国际的态度转告张学良和杨虎城。

在西安期间,周恩来还会见了地下党的领导人,审定宣传纲要,建议开始在西安出版的《解放日报》和当地的广播电台广泛宣传张学良与杨虎

---

① 《西安事变与周恩来同志》,第 45—46 页。——译者注

城就扣留蒋介石提出的八项主张。周恩来指示中共地下党员、西北民众运动指导委员会主任王炳南要在陕西和山西两省的居民中开展宣传工作,支持张学良和杨虎城提出的八项主张。他认为,只有得到全民的广泛支持,才能保证和平解决西安事变。

12 月 21 日,周恩来收到中共中央来电,说明向南京政府提出释放蒋介石的条件:(一)南京政府增加几位抗日运动的领袖人物,排除亲日派,实行初步改组;(二)取消何应钦等的权力,停止讨伐,讨伐军退出陕甘,承认抗日军;(三)保障民主权利;(四)停止"剿匪"政策并与红军联合抗日;(五)与同情中国民主抗日运动的国家建立合作关系。周恩来根据这一指示与张学良和南京政府特使进行了会谈。中共领导层考虑到共产国际执行委员会书记处的建议,不再要求审判蒋介石和立即调中央军去晋绥。

国民党新闻检查机关封锁了国内报刊和广播电台有关西安事变事态发展的消息,甚至对外国记者从西安发出的电讯也进行检查。此时对中国共产党持友好态度的美国作家艾·史沫特莱、美国新闻记者安娜·路易斯·斯特朗和英国新闻记者詹姆斯·贝特兰以及友好人士埃德加·斯诺都在西安,他们的通讯报道也受到国民党新闻检查机关的查禁。只有在上海公共租界出版、由美国人 J. B. 鲍威尔主编的《中国每周评论》杂志于 1936 年 10 月[①] 24 日和 29 日客观报道了少帅张学良和中共的态度以及他们对南京政府提出的要求。报道回顾了自 1931 年以来日本侵略中国和中国爱国力量对侵略反应的历史。其中写道:"张学良对蒋介石改变态度的直接原因和 12 月 12 日事变的起因是日本侵略者进攻绥远及蒋介石对此的所作所为。在中国这一紧急关头,蒋介石在西安召开军事会议,并没有采取大家所期待的措施保卫国家,抵御侵略,抗击日本,支持绥远英勇的保卫者——傅作义、阎锡山、赵承绶等将军,而是把他最精锐的部队……调到陕甘对红军展开新的进攻和'整肃'东北军的'军纪'……然而不管西安事变参加者主观愿望如何,他们客观上造成了大规模内战的危险,而日本人决不会放过加以利用的机会……中共劝说张学良和杨虎城的部队不要进攻南京的部队,南京政府也不要进攻西北的部队。如果西安的冲突能够和平解决,这意味着中国的历史又将向前迈进一大步。"(共产国际执行委员会书记处档案第 514 全宗第 1 目录第 859 卷宗第 14—29 页、第 349 号文献)

---

① 原文如此。——译者注

12 月 22 日，宋子文、宋美龄、蒋介石的顾问端纳和蒋鼎文将军从南京来到西安。蒋介石与他们会见后同意接见张学良、杨虎城和周恩来。此次会见是在 12 月 23 日举行的。周恩来 3 次致电中共中央，报告他与宋子文和蒋介石会见的情况。

周恩来在 1936 年 12 月 23 日发出的第一个电报中向中央报告了与宋子文谈判的情况。据宋子文讲，蒋介石暗示宋可以改组政府，3 个月后召开救国会议，改组国民党，同意联俄联共。

周恩来在与张学良、杨虎城和宋子文商谈的过程中提出了六项条件：(一)停战，撤兵至潼关外；(二)改组南京政府，排逐亲日派，加入抗日分子；(三)释放政治犯，保障民主权利；(四)停止剿共、联合红军抗日，共产党公开活动；在召开民主国会前，苏区仍旧，名称可冠"抗日"或"救国"；(五)召开各党各派各界各军救国会议；(六)与同情抗日的国家合作。宋子文表示个人同意这些要求并答应转告蒋介石。他提议先组织过渡政府，3 个月后再改造成抗日政府。目前先将何应钦、张群、张嘉璈、蒋鼎文、吴鼎昌、陈绍宽赶走。任命孔祥熙为行政院长，宋子文为副院长兼财政部长。

周恩来与其他参加会议的代表原则上同意这些安排，并要宋子文对此负责。宋子文提议先由蒋介石下令撤兵，随后蒋介石返回南京，到南京后再释放 7 位爱国运动的领袖。周恩来、张学良和杨虎城坚持先撤走中央军和释放爱国领袖。他们提议在组建过渡政府后首先成立西北联军，以东北军、十七路军和红军成立联合委员会，受张学良领导。联合委员会应进行抗日准备，实行训练补充。由南京负责部队的粮食和装备供给。宋子文表示可将这一切转告蒋介石。

周恩来继续报告说，会谈决定在蒋介石同意上述办法的情况下开始直接讨论上述 6 项条件。周恩来表示准备以中共全权代表的身份进行谈判。

在 1936 年 12 月 25 日发出的第二个电报中，周恩来向中共中央报告了与宋子文和宋美龄谈判的结果：与他们达成协议，由孔祥熙和宋子文组建行政院。宋子文负责绝对责任和保证组建符合民意并肃清亲日派的政府。将胡宗南的军队及其他中央军撤离西北，由宋子文和宋美龄负绝对责任。蒋鼎文已携蒋介石手令停战撤兵，现前线已开始撤兵。蒋介石同意返回南京后释放 7 位领袖，由宋子文负责释放。苏区和红军目前的地位不变。宋子文和宋美龄保证蒋介石停止剿共，并通过张学良对共产党给予物资接济。宋子文保证与张学良商定多少即给多少。3个月后抗战发动，红军再改番号，统一指挥，联合行动。宋子文表示不开国民代表大会，他建议先举行国民党会议，开放政权，然后召开各党派代表参加的救国会议。蒋介石表示3个月后改组国民党。宋子文答应分批释放所有政治犯。具体办法将与孙夫人商定。蒋介石准备全面抗战；在对外政策方面联俄，加强与英、美、法的联络。宋子文和宋美龄还表示蒋介石回南京后将通电自责，辞去行政院长的职务。宋子文希望在与日本侵略者和亲日派的斗争中中共能成为他的后盾，并派专人驻沪与他秘密接洽。

周恩来接着报告说，蒋介石已病。他在会见周恩来时表示，停止剿共，联合红军抗日；在他的领导下统一中国；指定宋子文、宋美龄和张学良为他的全权代表同周恩来一起解决上述问题。蒋介石回南京后中共可直接去谈判。

宋子文一再要周恩来、张学良和杨虎城信任他，他愿负全部责任实现上述各项要求，并确定蒋介石和宋美龄12月25日回南京。张学良同意并愿意亲送蒋介石走。杨虎城和周恩来同意所提条件，但是认为在蒋介石走之前应该有一个政治文件。他们反对张学良12月25日与蒋介石一起走。然而在接到中共中央的通知之前张学良已同蒋介石、宋子文和宋美龄一起飞往洛阳。

周恩来认为蒋介石委托宋子文确具诚意。宋子文也确有抗日和改组行政院的决心。周恩来写道，尽管张学良陪同蒋介石走令人遗憾，但是总的来说事变是向好的方向发展的。现在军事布置依旧，并加紧戒备。蒋介石临行前对张学良和杨虎城说："今天以前发生内战，你们负责，今天以后发生内战，我负责。今后我绝不剿共。我有错，我承认，你们有错，你们亦须承认。"

周恩来在1936年12月29日发出的第三个电报中对和平解决西安事变后党的方针提出自己的意见。他认为西安事变之和平解决，意味着中国的政治生活走入一个新的阶段的开端。进攻红军战斗走向停止；对外退让政策将告终结；国内统一战线形成；出现了陕甘两省变成抗日根据地的现实可能性。

西安事变及其和平解决说明阶级力量的分化及重新结合。国内资产阶级力量分化的过程具有决定性的意义，推动和加速了资产阶级左派的集中，打击了走中间道路的思想。然而分化过程没有终结，仍然存在着抗日、降日、中间3个营垒。新的变动表现为：抗日力量增强和合法化（至少是部分地)；亲日派遭受致命打击；中间派开始接近左派(虽然这一接近依旧不免是动摇的缓慢的，即保持中间地位)。

至于中共应采取的方针，周恩来建议：打击亲日派，巩固以西北为中心的左派，影响与争取中间派。孔祥熙和宋子文的政府是一个过渡政府。这个政府在目前的主要问题——对日问题上将采取较强硬的态度，在民主问题上可能会前进一小步，但在其他许多方面仍然会继续旧的路线。中共对孔祥熙和宋子文的政府应当以过渡政府看待，即推动和赞助其抗日倾向，争取逐步的即使不大的民主改革，同时丝毫不放松对他的批评。如同一切过渡政府一样，这个政府必然是摇摆的，具有不同可能的前途。必须与其每一次的摇摆进行斗争，要争取他过渡到抗日政府。

在这种情况下召集抗日救国会议的运动对发动、警醒和组织群众及推动时局的进展，具有重大意义。应该把要求南京召集和平会议和人民促进和平的运动结合起来。但是会议召开的时间及其成功的保证，取决于促进和平运动的展开，这是局势发展的一个重要环节，是保证统一战线群众性的关键。

周恩来写道，局势发展的另一个中心环节是巩固西北，将西北变成抗日根据地和统一战线的模范地区。他认为，为此应该规定和实现三方面共同合作的纲领和西北的军事计划；巩固和改选张学良与杨虎城的部队，使红军得以休整并在新的基础上实行正规化，以及三方面在休戚相关与互相尊重的基础上进行合作和互助；开展群众运动，对地方政权实行民主化和改选；解决宁夏、青海和甘肃西部的民族宗教问题。

周恩来还建议，坚持全国团结一致抗日的组织者与发动者的立场。一方面，在抗日与打击亲日分子的基础上和南京左派合作，吸取中间派，另一方面，以抗日为目的和条件，联合南京之外的各派，以西北为中心，使其成为推动南京向左的力量。转变党的全部工作，使之适合于新的环境，成为全国政治生活中的主导者。恢复在大城市，首先在工人阶级中的党的工作；将各地零散的游击队改变成农民自卫武装，并使其成为农民运动的策源地。将中央迁至便于领导全国政治生活的地区，教育与重新教育干部。[①]

周恩来在这 3 个电报中实质上阐述了中共和国民党建立抗日统一战线的完整的构想。

---

① 《周恩来选集》，第 70—75 页。——译者注

埃德加·斯诺生动地描写了蒋介石与周恩来会见时的情景："不难想象这次会见对总司令产生了什么效果。蒋介石当时身体犹弱，惊魂未定，据说见到周恩来——他原来的政治副手，曾经悬赏8万元要他首级——进了房间向他友好地打招呼，吓得脸色发白。他一定以为红军已经进了西安，要把他带去当俘虏了。"①

12月22—25日，周恩来在西安会见了外国的外交官和新闻记者，向他们阐明了共产党的态度。12月23日，博古和叶剑英到西安协助周恩来工作，他们开始在西北组建群众性民主组织；到1937年1月，群众团体发展到110多个。其中一个群众团体的领导者，中共地下党员王炳南利用杨虎城的信任成立了西北民众运动指导委员会。周恩来建议将委员会的名称改为民运会，并表示派苏区有经验的组织者和宣传者来协助开展工作。②

周恩来与随同他的苏区代表还在地下党员和到达西安的中共中央北方局的代表中间进行了大量的工作，向他们说明中共中央和平解决西安事变的方针和阶级利益必须服从全民族利益的方针。因此中共同意释放蒋介石，只要他领导抗日和停止内战。

正如埃·斯诺所描写的，"蒋介石在被俘以后不久就开始认识到，他的最大'叛徒'也许不在西安，而是在南京。他不想作殉难者，白白让何应钦踏着他的尸体爬上独裁者的宝座。他于是不惜屈尊从天上下来，立即开始以十分精明和现实的方式同操了他的生杀大权的凡夫俗子打交道。甚至同'赤匪'打交道！"③

张学良出于至今不明的动机，没有同杨虎城和周恩来商量释放将介石的日期与形式，在最后时刻决定同最高统帅及其随从一起飞往洛阳，再从洛阳飞往南京。在南京张学良同杨虎城一样被解除了一切职务，并被交付军事法庭审判，但是马上又被赦免，被蒋介石软禁起来（直到1975年蒋介石死于台湾）。1991年，张学良才得以离开台湾去美国，他的女儿在那里生活。不久杨虎城也被蒋介石逮捕，并于1949年被杀害。

张学良与蒋介石一起突然离开西安在东北军和杨虎城的十七路军的将领中引起骚动。一部分激进的少壮派军官得知张学良被扣留和革职

① 《西行漫记》，第375—376页。——译者注

② 同上书，第371页。——译者注

③ 《西安事变与周恩来同志》，第49页。——译者注

后，准备讨伐蒋介石，而高级军官则反对营救张学良的计划。周恩来只得耐心地向东北军和西北军的指挥人员解释，发动内战只会有利于蒋介石和日本。

与此同时，周恩来广泛宣传对南京政府提出的、蒋介石实际上已经接受的要求。周恩来努力维护红军与张学良和杨虎城部队的联合，这是使蒋介石遵守释放他的条件的保证。张学良走后杨虎城形式上成了三方联合力量的总指挥，然而东北军除了张学良不愿意服从任何人。周恩来试图使东北军和西北军的少壮派军官相信，只有维护统一的力量，他们才有望建立蒋介石承诺的抗日战线。周恩来时常在部队的集会和军官会议上发表讲话，有一次对东北军和西北军的高级军官的讲话长达 6 个小时。鉴于国民党情报机关收买了反动将领，而激进的、"左"倾的少壮派军官又要求攻打南京，这一切构成了严重威胁，周恩来把他身边的所有工作人员都转移到了苏区，只有他和叶剑英两个人留下。他不顾安危继续在张学良和杨虎城的部队中开展工作，耐心地解释，攻打南京将破坏来之不易的与蒋介石达成的协议，而兵戎相见等于自取灭亡。然而以张学良的卫队长为首的少壮派军官继续要求攻打南京，并于 1937 年 2 月 2 日打死了王以哲将军，他是东北军中最先与红军建立联系的一位将军。他曾和张学良一起秘密飞往肤施会见周恩来，奠定了东北军与红军进行合作的基础。王以哲坚决反对进军南京，呼吁和平解决"少帅"的命运问题。王以哲遇害后，积极主张与红军联合的东北军团长高福源接着又被杀害。周恩来个人所表现出的英勇无畏的精神使他免遭一些青年军官的毒手。他们手持武器闯入周恩来的办公室，要求周恩来同意攻打南京。周恩来不顾生命危险，终于使青年军官认识到他们的打算是极其有害的。他们追悔莫及，请周恩来原谅。

周恩来坚决谴责了杀害王以哲将军的行为，第一个对死者的家属表示慰唁，同时及时阻止了私自处决负有肇事责任的一伙青年军官，并把他们紧急送出西安。[①]

1937 年 2 月 8 日，由顾祝同将军指挥的国民党军队进驻西安，国民党特务在市区到处张贴鼓动恢复内战的标语。周恩来亲自去见顾祝同，要求立即取消所有标语。顾祝同叫来政训处长，当着周恩来的面下令立

---

① 《西安事变与周恩来同志》，第 69—71 页。——译者注

即照此要求去办。第二天,满街的反对标语都被洗刷干净。[①]

罗瑞卿、吕正操和王炳南于1936年12月至1937年2月在周恩来领导下参加过西安谈判的工作,他们在他们写的书中谈到,“没有周恩来同志在西安,毛主席、党中央和平解决西安事变的方针就很难得到贯彻,内战可能再起,西安事变和平解决的初步胜利就无法巩固。周恩来同志为党的革命事业,为中华民族建立了不朽的功勋!周恩来、叶剑英等同志在惊涛骇浪的险恶环境里,经过六十几天艰难曲折的斗争,终于胜利地完成了和平解决西安事变的任务。”[②]

17. 西安事变后周恩来代表中共中央与国民党谈判建立抗日统一战线的问题

西安事变和平解决后,中国共产党不断为与国民党建立抗日统一战线而努力,然而蒋介石却一再拖延实现他在西安作出的承诺。

周恩来受中共中央委托于1937年上半年同国民党进行的谈判也没有取得预期的结果。

1937年2—3月,周恩来在西安会见了南京方面的张冲和顾祝同将军,讨论了实现与蒋介石口头达成协议的条件,还谈到将红军人数限制在6—7万人,红军改称国民革命军,苏维埃政府改称陕甘宁特区政府。

在此之前中共中央从保安迁至延安(从此肤施改称延安)。

鉴于1937年2月15日国民党中央执行委员会在南京召开第三次全体会议,中共中央2月10日致电国民党三中全会,祝贺西安事变和平解决,并再次敦促国民党停止一切内战,集中国力,一致对外;保障言论、集会、结社自由,释放一切政治犯;召集各党各派各界各军的代表会议,集中全国人才,共同救国;迅速完成对日抗战的一切准备工作;改善人民生活。如国民党接受这些建议,那么为了抗日救国的团结御敌的历史使命,中共愿提出四项保证:停止推翻国民政府的武装暴动;工农民主政府改名为中华民国特区政府,红军改名为国民革命军,直接受南京中央政府与军事委员会指导;在特区政府区域内实施普选的民主制度;停止没收地主土地的政策,坚决实行民族统一战线的共同纲领。

在国民党中央执行委员会第三次全体会议上,抗日统一战线的拥护

① 《西安事变与周恩来同志》,第72页。——译者注

② 同上书,第73页。——译者注

者和反对者之间展开了斗争。国民党中央执行委员会一部分委员，其中有宋庆龄、孙科、冯玉祥、何香凝，提出了“恢复孙中山先生制订联俄、联共、扶助农工三大政策案。”汪精卫及其拥护者则提出继续“剿共”决议案。经过激烈的辩论，全会原则上确定了停止内战和与中共合作的路线，在对外政策方面，表示“如果让步超过了限度，只有出于抗战之一途”。“抗战”这个字眼，第一次出现在国民党的正式文件上。

国民党中央全会没有接受蒋介石第三次辞职的请求，并根据他的建议决定于 11 月 12 日召开拖延已久的国民大会。全会作出了关于修改代表选举法的决定。蒋介石保证提供更大的言论自由，释放“悔改的”政治犯。政府的新闻检查机关发布命令，报刊不再用“赤匪”和“共匪”的字样。一些监狱开始释放一些政治犯。然而在国民党中央全会的最后一天却通过了一个强烈谴责中共的宣言，其中罗列了共产党“10 年的罪行”和“野蛮行径”，要给中共提供一个“改过自新”的“最后机会”，并提出如下要求：取消红军，改编为国军，解散苏维埃共和国，共产党停止与孙中山“三民主义”唱反调的宣传，放弃阶级斗争。显然，这些“要求”实际上不过是同意中共中央在 2 月 10 日来电中提出的条件。[①]

汪精卫及其亲日派的拥护者在全会上遭到惨重失败，他们仍然不肯放弃以往“攘外必先安内”的口号。

然而周恩来与国民党的代表张冲在西安进行的关于建立统一战线条件的实际谈判进展极为缓慢。国民党竭力想尽可能多地削减改编为国民革命军的红军人数；再次提出不切实际的要求，要红军师以上的将领全部出国，半年内不得回国；提出将红军缩减为 3 万人等等。周恩来坚持中共提出的将自己的军队保留 4 个师，6—7 万人的要求。

在协议看起来已无望达成的时候，周恩来充分展示了他的外交才能。1937 年 3 月 6 日，周恩来致电中共中央，建议利用《大公报》《益世报》和《北平晨报》这些有影响的资产阶级报刊宣传共产党对统一战线的观点，并请求派邓小平和廖承志帮助他实现这一目标。中共中央表示赞成周恩来的建议。

由于在西安与张冲将军的谈判毫无进展，周恩来按照中共中央的指示提出要与蒋介石本人接触。1937 年 3 月下旬，周恩来乘坐蒋介石的专机飞往上海，会晤了孔祥熙、蒋鼎文以及东北抗日将领李杜，此外还会见

---

① 《西行漫记》第 386 页。——译者注

了上海一些地下党员。随后周恩来与潘汉年一起前往杭州，在那里会见了蒋介石，向他重申了中共中央的建议。蒋介石承认中共有民族意识，革命精神，是新生力量，声称中共应检讨过去的决定，今后不要提国共合作，只提共产党与他蒋介石合作，拥护他为领袖。蒋介石向周恩来表示，具体的问题好解决。如：原有的陕甘宁苏区可以是一个独立的行政单位，不过要受南京委派的行政长官领导，中共派代表出任副职。红军改编为 3 个师，4 万余人，受军事委员会领导。国民党决不破坏中共的部队。蒋介石要求中共提出进行军事合作的办法。

3 月 30 日，周恩来携带蒋介石与中共中央直接联系的密码飞回西安。他积极参与了营救被国民党军队俘虏的 6000 名红四方面军西路军官兵的工作。1937 年 4 月初，周恩来回到延安，向中共中央政治局汇报在杭州会见蒋介石的情况。

在周恩来与国民党进行艰苦的谈判时，红军控制的区域明显扩大了，包括了陕西省的大部分地区。苏区与国民党统治区建立了活跃的商贸关系，并开始通邮。中共在西安还建立了长期的办事处。周恩来就在办事处的一间只有 9 平方米的小房间里生活和工作。中共在西安购置了一批美式卡车，在苏区办起了交通运输。尽管中国共产党仍属非法，但是却可以扩大影响，扩大组织。警察的镇压已有所收敛，陆续释放了少量政治犯。延安还开办了一家以中国著名民主主义作家鲁迅（他因患结核病丁 1936 年去世）命名的图书馆，中共开始在全国各地为这个图书馆购置图书。

1937 年 4 月 10 日，中共中央政治局举行会议，讨论党的青年工作纲领。周恩来建议将青年工作纲领拿到青年中广泛征求意见，以加强青年工作。

成百上千同情中国共产党的热血青年从大城市来到延安，尽管生活艰苦，伙食是小米和青菜。到 1937 年 5 月，已有近 2000 名学员自愿进入中国共产党的抗日大学，而中共党校的学员达 5000 人。其中有蒙古族、藏族、台湾少数民族、苗族等许多少数民族的代表。1937 年 6 月，国民党派了一个代表团到延安，代表团的成员在一些会议上发表了抗日爱国演说，呼吁国共合作。①

中国共产党继续站在中国争取民主斗争的最前列，提议将参加国民

---

① 《西行漫记》，第 389—390 页。——译者注

大会选举的选民年龄降为 20 岁，取消对选民的任何限制(国民党规定 1937 年 11 月举行国民大会的公开选举，并且限定苏区可选出 9 名代表)

1937 年 4 月 3 日，周恩来致电蒋介石，通知中共准备与之进行合作。4 月 25 日，周恩来及其随行人员乘坐一辆卡车，离开延安前往西安，途中遭到伏击：在甘泉地区，一群身份不明的土匪突然向他们射击，10 余人中弹身亡。周恩来被迫返回延安，改乘飞机前往西安。

1937 年 5 月 1 日，《解放日报》[①]发表了周恩来的一篇关于中国共产党对修改国民大会选举法规意见的文章，他预见到在中国民主将进一步得到发展，男女平等将得到确认，言论、集会、出版等民主自由权利将得到保障。周恩来在西安继续同张冲将军就制定中国共产党和国民党共同纲领并共同发表这一纲领进行谈判。4 月[②] 24 日，周恩来与顾祝同将军已就中央政府为中共武装力量提供 5 万元经费以及将红四方面军西路军被俘战士全部遣返西安事宜达成协议。

1937 年 5 月底，周恩来受命再次与在江西省庐山疗养区休养的蒋介石会晤。蒋介石在这次谈判中态度变得更强硬。他撇开周恩来与张冲将军已达成的将红军整编为 4 个师的协议，提出红军的编制只能 3 个师，总人数不得超过 45000 人。蒋介石还要求朱德和毛泽东离开红军，由南京任命陕甘宁特区的地方行政长官和政府成员，还提出了其他一些中共无法接受的要求。周恩来在庐山还会见了宋子文和宋美龄，呼吁他们对蒋介石施加影响，迫使他改变强硬的态度。

6 月 18 日，周恩来回到延安后向中共中央政治局汇报与蒋介石谈判的情况，起草中国共产党和国民党组织国民革命同盟会的草案。提出这个同盟会应在确定国共两党共同纲领之后再行组织。会议决定在 7 月中旬发表宣言，不过蒋介石须同意设立总的军事指挥部，共同管理陕甘宁地区。6 月 22 日，周恩来电告蒋介石，中共中央准备将红军改编为 3 个师，但须保留原有的指挥机关和相应的指挥部工作员。同时中共中央声明，朱德不能离开指挥岗位。

6 月 26 日，毛泽东和周恩来电告潘汉年，南京与延安之间的无线电台已接通，蒋介石电邀周恩来再上庐山。中共中央政治局会议决定，待国民党与中共就两党合作共同宣言达成协议后，周恩来再去庐山。中共中

---

① 原文如此，有误，应为《解放》周刊。——译者注

② 原文如此，有误，应为“5 月”。——译者注

央批准周恩来于1937年7月4日起草的中共中央关于国共合作宣言。

7月4日，周恩来、博古和林伯渠到达西安，7月7日又飞抵上海，以便到庐山继续与蒋介石会谈。就在1937年7月7日这一天，日本军队在北平附近的卢沟桥制造了又一起事件。这一事件标志着长达8年之久的大规模的中日战争爆发。

日本统治集团一再要求南京政府作出让步，一步步占领中国。日本关东军参谋长梅津中将于1937年6月初，在给日本陆军部的电报中请求支持实施占领中国东部沿海港口和主要交通线的战役。为此他写道："按照我们准备对俄战争的战略方针以及对中国的局势评估，我们认为这种局势最有利于我们消灭南京政府。"

1937年7月7日晚，日本军队向驻扎在距北平10公里卢沟桥县城[①]的守军突然发起进攻。中国守军在华北爱国热潮的影响下奋起反击侵略者。日本侵略者以此为借口展开了侵华战争。

周恩来、博古和林伯渠在赴庐山前，在上海作短暂停留。周恩来在此期间会见了潘汉年和以刘晓为首的中共上海地下党负责人，布置了拟议中的与国民党建立统一战线和抗日战争爆发后党的任务。7月10日，周恩来会见了中国著名剧作家夏衍，谈到要团结文化界人士进行抗战和建立抗日统一战线。周恩来还委托他协助流亡日本10年后回国的郭沫若出版《救亡日报》，提出要把这一报纸办成指导文化界抗日斗争的主要报纸。8月24日，该报的创刊号在上海面世，后来先后转移到香港、桂林出版。

周恩来在上海探望了宋庆龄，征求她对将交付蒋介石公布的那份中共中央关于国共合作宣言的意见。宋庆龄完全同意并表示支持。7月13日，周恩来与蒋鼎文将军和宋子文商谈有关红军改编的人数、编制和经费及供给问题。次日，周恩来、博古和林伯渠到达庐山，会见了张冲将军，将一封信和宣言提交蒋介石。7月17日，蒋介石接见了周恩来、博古和林伯渠（国民党方面还有邵力子和张冲将军）。周恩来建议以中共中央的宣言作为国共两党达成协议的基础。然而蒋介石没有给予正面答复，而是声明不放弃用外交手段和平解决同日本的冲突的希望。他不同意中共的活动合法化，不允许周恩来及其随行人员出席当天在庐山召开的军事会议。

---

① 原文如此。——译者注

在离开庐山前，周恩来通过宋美龄将中共的如下建议转告蒋介石：(一)应允许各报发表中共中央的宣言，表明国民党同意这一宣言；(二)公布陕甘特区政府成员名单，形式上由国民党的代表张继、宋子文和于右任负责监督特区政府的工作，而特区政府的副职和实际领导人由林伯渠担任；(三)公布陕甘特区政府所辖 18 个县；(四)国共双方派人分赴皖鄂湘[①]、闽浙赣、闽粤赣等地区阐明和落实国共合作的政策，对南方红军和游击队实行改编：(五)允许在全国发行中共出版的《解放》[②]周刊；(六)向蒋介石提交中共关于红军改编和改编后人数的具体意见。

7 月 27 日，周恩来从庐山返回特区途经西安时会见了蒋鼎文将军，蒋鼎文转告周恩来蒋介石希望红军迅速将自己同日军作战的计划报告军事委员会。周恩来、博古和林伯渠表示同意，并于 7 月 28 日返回延安。

1937 年 7 月底，鉴于北平、天津相继被日军占领，华北局势危急，周恩来和博古前往西安以北 45 公里的云阳镇，同朱德、彭德怀和任弼时商定改编红军问题。

8 月 1 日，毛泽东电告周恩来收到张冲将军发出的急电：蒋介石邀请毛泽东、朱德和周恩来前往南京共商国防问题。

8 月 9 日，周恩来、朱德和叶剑英到达南京。在南京政府军事委员会军政部[③]会议上，周恩来呼吁，应更广泛地利用政府军独立兵团的机动能力，在敌后开展大规模的游击战。周恩来和朱德的意见得到军事委员会的赞同并开始在实际中采纳。

周恩来和朱德坚持要公布中共中央的宣言。然而国民党的代表要求从宣言中删除有关民主、民权和民生，即有关孙中山三民主义的内容，中共代表严辞批驳。

1937 年 8 月 13 日，日军开始夺取淞沪地区的战役，周恩来、朱德和叶剑英要求立即改编红军，公布中共中央的宣言以及蒋介石准备抗战和任命中国联合武装力量总指挥部的声明，表示坚决抗战到底。

在以后的几天里，周恩来与军政部长何应钦商谈将在长江南北活动的游击队和红军改编为新四军的问题。

早在 1937 年 7 月，毛泽东、彭德怀等红军著名将领就已发出电报，明

---

① 原文如此。——译者注

② 原文为“еженеделпая газета《Цзефан жибао》(《解放日报》周刊)”，有误。——译者注

③ 原文为“Поли тическое упранлсние(政治部)”。——译者注

确表示准备将自己的武装力量交蒋介石指挥，并把军队改编为国民革命军，开赴抗日前线。1937 年 8 月，南京国民政府发布命令将中共的军队改编为国民革命军第八路军，朱德为总指挥，彭德怀为副总指挥。八路军的人数为 2 万人，属山西军阀阎锡山指挥的第二战区。林伯渠和张国焘分别被任命为陕甘宁边区政府主席和副主席。

鉴于军事形势急剧恶化，蒋介石与何应钦不得不授权红军在华北开展大规模游击战。

周恩来在南京设法使被捕的共产党员以及红四方面军西路军失败后一批被俘官兵从国民党监狱中获释。

周恩来、朱德和叶剑英在南京谈判时争取到国民党同意八路军在南京、兰州、武汉等城市设立办事处，将湖南、湖北、江西、福建、广东、浙江、安徽、河南 8 省 13 个地区红军游击队改编成正规部队，确定番号为新四军。

在南京期间周恩来同四川省政府主席刘湘商定互派人建立联络关系，与冯玉祥、白崇禧和云南省政府主席龙云商谈同中共合作抗日问题。周恩来还使国民党中央宣传部长邵力子同意中共在国内发行报刊和在南京出版《新华日报》。周恩来同朱德一起探望了国民党中央执行委员会有威望的委员于右任，请他为《新华日报》题写报头。

8 月，周恩来在上海会见了从国外归来的叶挺，商谈在华南开展游击运动和组建新四军并由他指挥等问题。8 月 21 日，周恩来飞抵西安，参加 8 月 22 日于陕西洛川召开的中共中央政治局扩大会议，一些部队指挥员参加了会议。会议分析了抗日战争爆发后国内的形势，制定了党今后的战略和策略。周恩来在会上报告了他的南京谈判的情况，提供了 8 月 13 日开始的上海抗战、国内政治经济形势、国民党和南京政府在军事及外交等有关情况。他认为要从抗日战争是持久战出发，因此必须更加坚定地推动国民党抗战，广泛发动群众参加抗战。关于红军(自 8 月 22 日起正式改编为国民革命军第八路军)的作战方针，周恩来认为首先要在敌后开始游击战，不能让国民党束缚八路军的行动。

中共中央政治局通过了抗日救国十大纲领：(一)打倒日本帝国主义；(二)全国军事的总动员；(三)全国人民的总动员；(四)改革政治机构；(五)抗日的外交政策；(六)战时的财政经济政策；(七)改良人民生活；(八)抗日的教育政策；(九)肃清汉奸卖国贼亲日派，巩固后方；(十)抗日的民族团结。这一纲领成为中国共产党后来在抗战时期政治、组织和宣传工作的基础。[①]

政治局洛川会议还确定了新的中共中央军委成员，毛泽东为军委书记（实际称主席），朱德和周恩来为副书记（实际称副主席），委员有彭德怀、任弼时等，共 11 人。

8 月 25 日，军事委员会发布命令：将红军改编为国民革命军第八路军，下辖 3 个师。朱德为总指挥，彭德怀为副总指挥，任弼时为政治部主任，邓小平为副主任，叶剑英为参谋长；一一五师师长为林彪，聂荣臻为副师长；一二〇师师长为贺龙，副师长是萧克；一二九师师长是刘伯承，徐向前为副师长。1937 年 9 月 11 日，南京政府军事委员会命令，国民革命军第八路军改称第十八集团军，属第二战区，不过八路军的名称在当时已广为流传，一直保持到抗战结束。

周恩来认为，日本侵略者的首要目标是华北，日本想通过侵占华北迫使南京政府投降。周恩来考虑到长期控制山西省的阎锡山的分立情绪以及他往日同日本人的勾结，认为阻止他正式投靠日本，与第二战区的国民党军队共同组织山西牢固的防线，是非常重要的。在中共领导人中，只有周恩来在国民党军队的将领（黄埔军校毕业生）中享有很高的威信，能够完成团结一切力量保卫华北的重任。因此政治局会议结束后他被派往山西与阎锡山谈判。9 月 3 日晚，周恩来和彭德怀、林彪、聂荣臻、徐向前、萧克等前往太原，9 月 5 日会见山西省政府代表。9 月 7 日周恩来到达阎锡山太和岭口行营指挥部，随后前往大同会见第二战区北路总指挥傅作义将军。

这几次会见商谈了八路军在山西的部署和协同作战问题，以及平型关和雁门关的防御等问题；商定太行山地区是八路军领导的游击区。在华北成立了广泛开展游击战的专门委员会。八路军指挥部宣布不干涉山西的政务和县政；还商谈了八路军在山西境内的供给和补充问题。

1937 年 9 月 13 日日军侵占大同之后，周恩来和朱德前往保定，与河北省政府指挥人员商谈八路军进入河北境内的问题。9 月 19 日，周恩来和朱德回到太原。经与阎锡山多次协商，在太原成立了由国共两党代表参加的第二战区总动员委员会。该委员会在组建抗日队伍、支援前线、开展游击斗争、动员群众构筑防御工事、组建自卫队等方面做了大量工作。

由于日军的推进已对上海和南京地区构成威胁，蒋介石最终放弃了

---

① 《周恩来选集》上卷，第 389 页注 115。——译者注

可以以节节退让为代价避免与日军进行大规模作战的幻想。9 月 22 日，国民党中央通讯社播发了已拖延两个多月的中共中央关于国共合作的宣言。次日，蒋介石在庐山发表谈话，公开承认中国共产党在全国的合法地位。至此，抗日民族统一战线的法律基础正式确立。

18. 周恩来领导的中共中央南方局的活动

1939 年 1 月，由周恩来领导的中共中央南方局在重庆开始工作。中共中央南方局通过桂林办事处领导湘、赣、粤、桂[①]和香港的党组织。决定四川省委暂时分为川康和川东两个特委，湖北省委管鄂北、湘西北。[②]第十八集团军(八路军)办事处也归设在重庆的中共中央南方局领导。

1939 年 1 月 2 日的《新华日报》针对汪精卫的叛变发表题为“汪精卫叛国”的文章。当天，周恩来在接受路透社记者采访时说，在广州、武汉失守之后，汪精卫便开始公开主张对日投降，但他不能破坏中国的内部团结。周恩来表示相信说：现在汪精卫逃出中国，他就更加不能损害中国的抗战力量。

1 月 20 日，在国民党五届五中全会召开前夕，蒋介石在与周恩来谈话时又一次提出共产党员加入国民党、合并为一个党之事，周恩来再次予以断然拒绝。他利用与蒋会谈的机会，要求国民党释放在河北、山东、陕甘宁等地逮捕的共产党人。

1939 年 1 月 21—30 日在重庆召开的国民党五中全会上，原先提出的“抗战到底”的口号被换为“恢复七七事变以前的原状”，这在一定程度上是对国民党部分领导人中的亲日情绪作出的让步；在承认七七事变之前日本侵占满洲和华北事实的基础上出现了与日本达成和解的可能性。

在重庆，周恩来和夫人邓颖超以及中共中央南方局的成员在党外知识分子、实业界人士和青年学生中间积极开展工作，在各种会议和公众集会上发表演讲。周恩来应中华职业教育社领导人、著名民主人士黄炎培之请，为《国讯》杂志写了长篇文章“今年抗战的新形势与新任务”。周恩来在文章中把建军、巩固经济和敌后工作列为主要任务。

1938 年 2 月中旬，周恩来同叶剑英[③]一道来到桂林，在白崇禧将军主

---

① 原文为“Гуйчжоу(贵州)”，有误。——译者注

② 原文为“Северо-западпая частьпрон Аньхуай(皖西北)”，有误。——译者注

③ 原文如此，应为叶挺。——译者注

持的军训部成立周年会上发表讲话，在桂林还向文化界人士发表了讲话。周恩来为了吸引进步知识分子和青年学生到部队和民众中去开展政治工作和爱国宣传，做了大量的工作。1939 年 2 月 18 日至 5 月初，周恩来、叶剑英[①]、视察了赣北和新四军所在地皖南。途中，他会见了江西省政府主席熊式辉、第三战区司令长官顾祝同将军。在新四军军部所在地，周恩来视察了部队，教导队医院。1939 年 3 月，周恩来在对新四军军政干部讲话时，全面分析了武汉失守后的军事、政治形势，详细传达了中共六中全会关于持久战和巩固国共统一战线的决议精神。

他强调指出，在战争的新阶段，中国共产党把工作中心放在敌后，在那里开展游击战，加强地方武装，跟敌人在政治上、经济上、文化上、军事上争胜负。要开始游击战的主要地区，是中国东部，平汉路、粤汉路以东的广大地区。这是中国人口最多的地区，是土地肥沃、经济发达、文化程度高的地区，“代表了中国走向近代化的最有力的地区”。新四军就是将在这一地区行动，新四军应开展游击战、在江北、江南地区创建根据地，向敌人乃至全世界显示中国抗战的决心。新四军的力量还小，还是游击队。国民党不会把江南让给新四军。新四军只有坚持游击战争、扩大胜利，才能使“友党友军”(即国民党)重视我们，使敌人畏惧我们，使国际友邦尊重我们。周恩来提醒说，这种情况下，要坚持统一战线，“团结友党、友军、地方政府和广大民众”。为避免与国民党产生磨擦，周恩来建议，“哪个地方只有敌人伪军，友党友军较不注意没有去活动，我们就向那里发展。”

周恩来还详细论述了新四军的作战方针、建军工作和对敌人的政治经济斗争。他提出一系列具体任务：摧毁敌伪政权，恢复地方抗日政权、自卫武装和群众团体；动摇日伪军军心；开展侦察和破坏活动；改善民生，凡是跑到敌人那方面去的地方，不可以回来收租；争取青帮、大刀会的群众；肃清汉奸。[②]

3 月 14 日，周恩来在敌后地区视察途中，来到浙江视察部队和中共地下党的工作。他与浙江省主席黄绍竑会谈了抗日作战计划和共产党员在军队与民众中开展工作的问题。3 月底，周恩来抵达绍兴，这里有周家的祖宅。他在这里会见了乡亲和地方的民众代表，并到他祖先的坟地扫墓。

---

① 原文如此，应为叶挺。——译者注

② 《周恩来选集》上卷，第 101—109 页。——译者注

周恩来还会见了从上海、台湾等地来到浙江的党的地下工作者，地方实业界、青年团结、教育机构的代表和文化界人士。他回到江西后，参加了第三战区政治工作会议。

1939 年 4 月中旬，周恩来抵达衡山，视察了西南游击干部训练班。在这里，他对训练班的学员以及当地社会团体所发起的各项爱国活动的参加者发表了演讲。4 月底，周恩来在桂林先后会见了军事指挥官、中共与八路军驻当地办事处的工作人员、文化界人士以及儿童宣传剧团的小战士。他还就纪念“五四运动”二十周年和民族解放斗争现阶段的任务在《救亡日报》上发表长篇谈话。

周恩来回到重庆后，着手处理南方局与驻重庆的外国外交代办处和记者关系的工作。中共和八路军的办事处为此成立了以王炳南为首的专门小组。周恩来和中共中央南方局的其他成员经常为中共和八路军办事处的工作人员讲课、作报告。周恩来在一次讲课中，提出了这样的游击运动策略：“敌击我隐、敌分我袭、敌进我伏、敌围我散。”5 月，他同江西、上海中共地下组织的领导人刘晓、刘长胜一道制定了敌后游击活动、组织工人运动和游击运动的规划。

1939 年 5—8 月间，日军飞机接连对重庆狂轰滥炸，《新华日报》出版时断时续。在两次轰炸的间隙中，《新华日报》坚持出版，揭露汪精卫一伙的叛变行为，宣传八路军、新四军的战斗行动。1939 年 5 月 31 日，周恩来在重庆广播电台发表讲话，指出中国共产党认为二期抗战的任务是：扩大游击斗争规模，把敌后变为抗敌的重要战场。

这时，蒋介石继续对中国共产党加强磨擦。1939 年 5 月 30 日，苏联驻中国临时代办 И. И. 谢韦尔内向苏联外交人民委员部报告说：“蒋介石与国民党头目们近来的行动越来越倾向于加紧反共。蒋介石在提出国际局势问题的同时，还要求手下回答为限制共党活动应采取何种措施的问题。对共产党的态度问题可能是蒋介石目前对内政策中最尖锐的问题之一。”

这位苏联外交官列举了国民党当局对中国共产党人加紧镇压并进行挑衅的许多具体事例，如限制青年进入特区、禁止出售有关八路军的书籍、在民众中散发要求取缔特区、取缔八路军的宣传品、查禁来自苏联的政治书籍、宣传“孤立共党领袖周恩来，蒋介石已不再见他，并且不许他参加军事委员会的会议”。

И. И. 谢韦尔内在 1939 年 7 月 8 日发给苏联外交人民委员部的另一

封电报中，报告了国民党部队袭击湖南新四军留守通讯处、逮捕并活埋6名官兵(包括一个妇女)的事实。

由于国民党的挑衅活动愈演愈烈，周恩来于6月18日应召回延安研究解决办法。他在回延安的途中，会见了陕西省主席蒋鼎文，研究了与中共驻西安办事处发生磨擦的解决办法。1939年7月3日[①]，在延安中共中央政治局纪念抗战两周年的会议上，周恩来指出，一定要坚持抗战至完全胜利，与国民党内的投降倾向作斗争。周恩来还在7月7日《新华日报》发表的文章"抗战两年"中再次陈述了这些观点。(这一期报纸还同时刊登了毛泽东、王稼祥、邓颖超及中共其他领导人的纪念文章。)

1939年7月10日，周恩来骑马去给延安党校的学员作报告。他的马突然失蹄，周恩来摔下马来，右臂开放性骨折。他尽管摔伤了，仍继续在党和社会团体的各种会议上发表演讲，并在中共中央政治局会议上作了一个很长的关于两年抗战总结、国共两党统一战线现状和中国共产党近期任务的报告。

周恩来的断臂没有愈合，反而开始发炎。中共中央征得共产国际同意，派周恩来去莫斯科疗伤。周恩来在离开延安之前，又参加了中共中央政治局会议，会上对中共中央南方局的工作作了总结，并讨论了新四军内党的工作现状。8月24日，毛泽东在中央政治局会议上发言时，高度评价了中共中央南方局及其领导人周恩来的工作。

8月27日周恩来、邓颖超、王稼祥及随行人员(包括李德)乘坐莫斯科派来的专机飞抵新疆省会乌鲁木齐。苏联援华的武器、弹药、航空汽油等物资都要经过新疆的汽车公路和阿拉木图—兰州的航空线，鉴于新疆在这方面的极端重要性，周恩来几次会见了新疆省政府主席盛世才。在乌鲁木齐，周恩来还会见了在新疆工作的中共党员、原红四方面军西路军指挥员、长征时部队被打散后流落到新疆的指战员以及进步知识分子和文化界人士。

19. 周恩来在苏养病期间的活动

1939年9月中旬，周恩来到达莫斯科，住进了医院。共产国际执行委员会档案中，保存着一封邓颖超10月8日发给延安中共中央的信的复制件，她在信中汇报了她丈夫的治疗情况。信中说道："9月14日，周恩

---

① 原文为"3 игоня(6月3日)"，有误。——译者注

来住进克里姆林宫医院。9 月 19 日施行手术，取下一小块露出的骨头。一周后刀口愈合，一切顺利。25 日拆线，伤情正在好转。经过按摩、电疗、浴疗、活动疗法等治疗之后，肌肉已开始能动，手臂颤抖减轻。但是，手臂恢复完全自如已不可能，右臂已成半残。”（共产国际执行委员会书记处档案第 495 全宗第 74 目录第 305 卷宗第 35 页）

周恩来在医院里密切注视国际形势和有关中国情况的报道，读了许多东西，其中包括共产国际执行委员会的文件，还会见了中共驻共产国际代表团的工作人员。周恩来出院后和王稼祥一起多次会见共产国际执行委员会书记处的工作人员，商谈干部问题（共产国际执行委员会书记处档案第 495 全宗第 74 目录第 295A 卷宗），并为共产国际执行委员会主席团起草了关于中国共产党工作的报告。报告详细介绍了特区的情况，特区政府的工作，八路军、新四军的作战情况和国共统一战线的状况。报告指出，抗战两年半以来，特别是汪精卫投靠日本以后，国民党领导层投降情绪加重。同时，主张打反共内战的人却势力越来越大，国民党的精锐部队胡宗南部正在封锁特区，华中的新四军和山东的游击队都遇到武装挑衅。

1940 年 3 月 11 日，共产国际执行委员会主席团作出关于中共代表团报告的决定，肯定中共的政治路线是正确的。执行委员会主席团强调指出，中共为组织胜利的抵抗日本侵略及争取中国人民在民族解放战争中的胜利斗争，不论对中国人民以及别的国家的劳动者——特别是对殖民地和附属国人民有着巨大的意义。共产国际执行委员会主席团向共产国际各支部提议：展开最广泛的同情和援助中国人民抗日斗争的运动，并把这一运动同国际无产阶级反对帝国主义战争的斗争结合起来。（共产国际执行委员会书记处档案第 495 全宗第 2 目录第 275 卷宗第 2 页）

1940 年 1 月 8 日，周恩来在青年共产国际执行委员会书记处会议上作关于中国青年运动的报告。1 月 28 日，周恩来受中共中央委托致信斯大林。信中指出，由于国民党内投降、分裂倾向加剧，国共统一战线正面临危险。

周恩来在莫斯科期间曾几次会见季米特洛夫，会谈中他打消了共产国际一些领导人的顾虑，他们担心中国共产党会因为把工作重点从城市转到农村而远离工人阶级。周恩来讲述了在城市中开展工作的困难，介绍了中国共产党长期以来在农民中间成功开展工作的传统，并向他们保证说，中国共产党在毛泽东的领导下正在一步步无产阶级化。他向季米特洛夫通报了王明放弃中共在抗日统一战线内部的独立自主、主张与蒋介石无条件合作的错误。周恩来还参加了共产国际执行委员会对李德问题的审查,会见了在莫斯科学习的中国同志,了解了共产国际各支部的工作情况,会见了共产国际一些著名活动家,如威廉·皮克、奥托·库西宁、多洛雷斯·伊巴露丽等,还在高级党校发表了演讲。

20. 周恩来在延安整风运动中的表现

7月9日,周恩来和邓颖超抵达西安,第十八集团军办事处已有毛泽东发来的一封电报正等他们拆阅,电报谈到胡宗南部队与第十八集团军部队在陕甘宁特区边界上发生冲突,指示设法让胡宗南停止挑衅。周恩来在西安与胡宗南会谈后,于7月13日电告毛泽东:实际上仅发生了小冲突,且胡宗南部对边界大举进攻目前尚未作好准备。7月16日,周恩来抵达延安,受到毛泽东、朱德、刘少奇、任弼时、叶剑英等人的隆重欢迎。

此时"整风运动"达到高潮:同周恩来一起回来的中共领导干部,包括周恩来的妻子邓颖超当即被派往各机关去通过"清洗",写"坦白交代"和"自我检讨"。

延安的生活条件极其艰苦。1942年,军队和党的干部每天3碗小米稀饭(无任何调味品);冬天则只有两碗平均300克的稀粥,老百姓、战士、军校学员、大学生、党的基层干部都是同一定量。延安绝大多数居民、包括中共领导人都住在山坡上挖掘而成的窑洞中。

延安的气氛极其紧张。由特区反间谍机关负责人康生进行的揭发日本特务和国民党特务的运动更是变本加厉。延安城已转入戒严状态。所有机关学校均加盖围墙,门口有反间谍机关的武装人员站岗。进出机关学校均需经过特批。处处都在对"被揭发者"进行"改造",在这种相互猜疑、人人自危的气氛中,只有朱德敢于严厉指责康生及其帮凶的所作所为。在1943年7月的一次延安市党的积极分子大会上,当康生号召揭发到会者中的国民党特务的讲话结束后,怒不可遏的朱德登上主席台说道:"难道这次会后我就得不再相信自己的同志和战友了吗?难道今后我就得成天提心吊胆,担心自己和同志被捕了吗?你们怎么敢如此对待党的积极分子、党的优秀人才、党的骨干呢?!"

8月2日,周恩来在毛泽东为他回到延安举行的欢迎晚会上发表了长篇讲话。他分析了国际形势,尖锐批评了国统区近3年来的状况,讲话的一半内容是谈中共和陕甘宁特区的成就。他说,这些年来八路军和新四军在敌后作战,没有得到外部提供的武器弹药、粮食、装备、药品和医疗器械的补充，却钳制了侵华日军一半以上的兵力。周恩来还讲到特区在实行抗日统一战线的“三三制”政策方面所取得的成绩，“三三制”就是在中央、县和地方行政机关中共产党员、党外人士以及思想进步的左派和中间派分子均有同等数量的代表，实行了维护人权、维护财产权和政治权利的民主法律，农村里搞了减租减息，实行了将工作日限制在10小时之内的劳动法，建立了自愿参军和参加民兵的制度，等等。“我们党领导的整风运动，收获了从来没有的思想上改造的成绩。”

1943年8月16日周恩来在长篇报告《论中国的法西斯主义——新专制主义》中尖锐批评了蒋介石反人民的、法西斯的、大汉族主义的政策和思想观点。周恩来在报告中详细分析了蒋介石那本鲜明地反映出作者反动观点的《中国之命运》。

1943年8月30日和9月1日，周恩来在中共中央政治局会议上作了关于中国国统区情况的报告。这实际就是关于中共中央南方局近3年来工作的总结。周恩来指出，内政方面摆在南方局面前的任务就是保证中共的政策得到工人阶级、小资产阶级和民族资产阶级的广泛支持；中共南方局促成了民主力量的团结和民主同盟的成立；同民族资产阶级的代表，同四川、云南、贵州[①]、广东和广西的地方当局建立了联系；在国际联系方面南方局首先做美国驻重庆代表的工作；对英国驻重庆代表的工作排在其次。照周恩来的说法，美国在制止国民党与新四军的冲突扩大方面起了相当大的作用；通过宋庆龄从美国得到1000多万元作为支援中共的基金。周恩来在总结中并未放过机会按照“整风运动”的要求把王明进行了批评，王明曾发表过关于中共在国共统一战线中居从属地位的错误观点。

1943年9月至1944年3月，周恩来继续本着“整风运动”的精神宣讲毛泽东推荐的文件和材料，在延安各机关和党校作报告，讲中共党史的各个阶段，批判王明《为中共更加布尔什维克化而斗争》的小册子中的“左”倾倾向。此外，周恩来还完成了中共中央书记处交给的视察第十八集团军部队、安排特区收割庄稼和解决其他经济问题等任务，还不定期地起草对驻重庆办事处的指示。

1944年3月3日和4日，周恩来在延安中央党校作关于中共六大的报告。周恩来在报告中对于共产国际1928年及其后数年在中国问题上的政策作了批判性的重新评价。

---

① 原文为“Гуанчжоу(广州)”，有误。——译者注

1944 年 9 月初，此前一直严格遵守“整风运动”的一切规定并承认自己过去“错误”的周恩来，在中共中央书记处的一次会议上发表了显然经过毛泽东首肯的尖锐谴责运动的方式方法及其技术执行者的讲话。据弗拉基米罗夫在日记中记述，周恩来的讲话在延安不胫而走，引起党的领导干部群情振奋，使周恩来的威信进一步得到提高。

21. 周恩来对解放区土改运动中的“左”倾纠正

周恩来积极参加了对各解放区土改过程中出现的“左”倾错误和过火行为的纠偏。他多次提醒注意极端激进主义策略的错误，这种策略不仅会使中国民族资产阶级和知识分子，而且会使广大中农群众同党疏远。早在 1946 年 9 月 7 日，周恩来就从南京电告中共中央，说一些著名的民主党派领导人（黄炎培、江问渔、杨卫玉等）在讨论土改问题时坚决要求实现孙中山“耕者有其田”的遗训，即按人口平分土地，用有代价土地公债形式征收地主土地。同时，民主党派领导人认为必须使土地改革具有法律程序。

周恩来 1948 年 1 月 6 日对《中共中央关于执行中国土地法大纲的指示（草案）》的修改，是针对“左”倾偏向的。他写道：必须考虑中农的意见，对中农的过左政策是非常有害的，必须慎重对待农村中不剥削农民的开明士绅。周恩来认为，应当根据一般原则分给他们相应的土地，允许他们参加三三制政权，对那些反动的，也只应进行斗争而不要打人。

周恩来为中共中央起草了一系列关于土地改革的指示（然后经毛泽东修改），其中有：《老区半老区的土地改革与整党工作》（1948 年 2 月 22 日）；①《关于土改和整党问题给阜平中央局的电报》（1948 年 2 月 23 日）②；《党的政策必须适时地向群众公开》③

这些文件提醒注意必须消除土改中的“左”倾过火行为，维护中农利益，区别对待抗战时期入党的地主富农，抛弃单纯命令主义和“绝对平均主义”的错误思想。④ 2 月 22 日的指示说，对待新富农及中农“不得采取强制办法”。⑤ 中共中央还提醒注意及时进行春耕生产的极端重要性。

---

① 《周恩来选集》上卷，第 288—296 页。——译者注

② 同上书，第 297—300 页。——译者注

③ 同上书，第 301—302 页。——译者注

④ 原文提供的页码有误，应为第 763 页。——译者注

⑤ 原文提供的出处有误，应为《周恩来选集》上卷，第 291 页。——译者注

推行激进的土地政策带来了严重不良的经济、社会、政治后果。中共的激进政策只得到一小部分贫农，即那些极端贫困的、通常已经脱离传统生产而沦为流氓无产者的人的支持。1948 年 1 月，中共中央暂时放弃平均分配土地这一土地纲领的主要口号。毛泽东在他于 1948 年 1 月 18 日起草的党内指示中详细论证了下述要求："避免对中农采取任何冒险政策……在农民代表中、农民委员会中排斥中农的倾向和在土地改革斗争中将贫雇农同中农对立起来的倾向，必须纠正。"[①]总的说来，土地改革对人民解放军的军事胜利产生了巨大影响，促使相当一部分国民党部队投奔人民解放军。

（何宏江、张祖武等译）

① 《毛泽东选集》，第 1164 页。——译者注

回到天安门

——我的中国外交经历①

一

我不仅是中国所发生的许多重大历史事件同时代的人，而且是其见证者，有时还是其参加者。我所经历的最主要事件是1949年10月1日，毛泽东在天安门广场庄严的群众大会上，宣布一个新的国家即中华人民共和国在中国土地上诞生了。

50年过去了，1999年10月1日，我又应邀登上天安门观礼台，参加规模宏大、绚烂多彩的中华人民共和国成立50周年纪念日庆祝活动。

二

到1948年夏季，中国已经猛烈燃烧两年之久的国内战争，出现了有利于中共武装力量的转折：中共正规部队，即人民解放军在东北地区的作战行动，以及中共的一些独立支队和游击队

---

① 本文选自齐赫文斯基著：《回到天安门——俄罗斯著名汉学家齐赫文斯基回忆录》Возвращение к Воротам небесного спокойствия. — М., 2002.，马贵凡、刘存宽、陈春华译，北京：中共党史出版社，2004年。

在华北、华东和华中的活动都积极起来。

就在这个季节，华北国民党政府军总司令傅作义将军，将自己的大本营迁至北平。同时他还主管一个广阔区域的民政机关，这个区域除北平外还包括天津、张家口、大同、保定和塘沽港。

1948 年 9 月，我作为苏联驻北平总领事，礼节性地拜访了傅作义将军，并向他介绍了总领馆的工作人员。他在北平西郊的司令部，即原日本占领军兵营，接待了我们。这是一个身材魁梧、已不年轻的、典型的中国北方人。我们知道，傅作义将军是正规军官，毕业于中国最老的保定军校，长时间在与蒋介石分庭抗礼的军阀阎锡山手下供职。从 1931 年起，傅作义在华北绥远省指挥军队作战，由于他不听从蒋介石的命令，实行武装抗日，并促进了省内爱国抗日运动的发展，在那里赢得了很高的声望。

抗日战争时期，在傅作义军队控制的地区，没有查禁各种民主组织，这引起了蒋介石的不满。蒋介石本来对这位受民众欢迎的将军就有疑心。1946 年至 1949 年的内战期间，蒋介石试图利用傅作义的军队同中共的武装力量作战，而与此同时，他在华北保持着只是名义上隶属于将军的国民党精锐部队，并且派出自己的特工，不仅从事反共活动，而且也从事反傅作义及其周围人的活动。

我先向傅作义介绍了陪同我的两位副领事和总领馆的秘书，然后简要地说明了我们在北平的苏联侨民情况，并表示希望军事当局和民事当局协助保护苏联人员的人身和财产安全。总司令向我保证说，从他这方面将对居住在华北的外国公民的保护工作给予必要的关注，接着他把话题转到苏联的内外政策上。他对苏联武装力量的历史，特别是对原沙俄军队和后来的白匪军队的将军和军官加入红军队伍的情况很感兴趣。我向他详细讲述了俄国的生活情况、伟大的卫国战争的结局以及像沙波什尼科夫和戈沃罗夫苏联元帅、卡利诺夫斯基将军这些在革命前就从戎作战的著名军事专家在红军中的任职情况。我与卡利诺夫斯基将军，早在 1942 年 3 月初我去位于尤赫诺夫附近的西部战线出差时就认识了，当时他指挥炮兵第 49 军。傅作义将军饶有兴趣地听取了我的讲述，好像他感到很满意。

当时，由防御转入进攻的中国人民解放军，完成了首次大规模战役即辽沈战役[①]的准备工作。在这次战役中，中国人民解放军歼灭和俘获47万国民党精锐部队官兵，解放了中国整个东北地区，为华北和华东的作战行动创造了有利条件。

早在1946年夏季，当国共内战再次燃起时，中长铁路就中断了运营。当时进入南满的国民党精锐部队，对留在沈阳和铁岭的苏联铁路员工、外贸机构工作人员和当地的苏联公民持敌视态度。正常地合作利用中长铁路已是不可能的了。因此苏联驻北平总领馆奉命将出差的工作人员撤回祖国。此事是在1946年秋天进行的，由专程来到塘沽港的"果戈理"号轮船将这些人接回国内。

我们居住在沈阳的同胞，由于某种原因不想撤回，但到1948年夏天，他们陷入了困境。中国人民解放军合拢了包围圈，市内感到粮食短缺。为向苏联侨民提供帮助和执行领事馆的职责，在8月份我不得不飞往沈阳。工作结束后，从那里返回北平变得异常困难。国民党官员及其家属开始由城里向各处逃难，而同华北的铁路和公路交通均已中断。离开沈阳的惟一办法，是到美国飞行员向被围城市运送粮食和军用物资的一架运输机上找个位置。我在美国驻沈阳领事馆的协助下，费了九牛二虎之力才挤进一架满载逃难者的双引擎飞机。所有逃难者都一个挨一个地直接躺在覆盖一层面粉的金属地板上，因为机舱内根本就没有座椅。

辽沈战役胜利结束后，中国人民解放军部队向华北转移，于1948年12月初神速发起了平津战役[②]，结果攻占了中国著名的工商业中心天津市。随后开始了对中国最大的历史文化中心——北平的40天围困。

苏联外交部预见到作战行动将向华北转移，便允许驻北平总领馆花一些钱建立食品储备和购置一台小型柴油发电机，以备城市供电中断时使用。这些预防性措施，采取的是很及时的。中国人民解放军渐渐收缩了对北平的包围圈，城里集中了大量来自华北各地的逃难者。他们当中有国民党军官和官员及其家属，有被反共宣传吓坏了的地主和富裕的城里人。在通向北平要道上的最后战斗阶段，傅作义的20万军队开进了北平城，其中包括约7万只是有条件地隶属于将军的国民党精锐部队。北

---

① 辽西—沈阳战役持续52天，从1948年9月12日至11月2日，以解放辽东省主要城市、中国东北最大工业中心沈阳市(奉天)而告结束。——译者注

② 1948年12月2日发起的平津战役是旨在解放北平—天津—张家口地区，基本上是在傅作义将军1949年1月31日签署和平解放华北协议之后两个月结束。——译者注

平城约有 200 万居民和 3 万逃难者,加上这些部队,使得粮食供应状况不断恶化。

到 1948 年 12 月中旬,中国人民解放军的队伍已攻到距北平城墙 1.5 到 2 公里的地方。习惯于靠当地居民来解决供应问题的国民党人,这次也不客气了。总领馆工作人员不止一次地去俄国教会和当地企业主——苏联公民希金的乳品场,以防止军阀试图没收场主准备过冬用的干草和染指他们的住房和财产。

临近 1949 年,国民党特工在北平到处张贴反共反苏标语和漫画。我作为总领事不得不两次造访警备司令部,就敌视苏联的挑衅行为提出坚决抗议。在我第一次造访时,参谋长邓宝珊将军反驳说:"没有这个事。"我只好返回总领馆收集证据,即拍照的标语和漫画,又亲自带着照片去邓宝珊司令部。同时我向苏联外交部报告了我采取的行动。外交部出人意料地在由第一副部长葛罗米柯签署的电报中给我提出了意见,说我给军事当局提出的抗议"写得太尖锐"。我两次提抗议过去几天后,邓宝珊司令部发来正式通知,说今后将不允许以标语和漫画形式进行反苏宣传。我电告莫斯科说,我不折不扣地执行了部里的指示,同时引述了中方对我的抗议的答复文本。

国民党人意识到他们的失败已不可避免,所以把宽广的崇文门大街和东长安街以及与之毗连的空地都改成了城内机场,每天都有运输机飞进飞出。这些飞机给城内运来了粮食,运走了国民党官员、军官、他们的家属和其他害怕中国人民解放军部队攻入北平的人士。

中国人民解放军歼灭天津地区政府军兵团和占领这个距北平 140 公里的城市之后,傅作义将军加紧了同中国人民解放军司令部的私下谈判。这时北平开展了要求停止自相残杀的内战和和平交出城市的运动,以避免这个历史文化中心遭到破坏和无意义的牺牲。我携夫人应邀参加了当地佛教团体组织的宗教祈祷活动,呼吁和平解除封锁。中国人民解放军司令部也在居民当中进行了广泛的解释工作,得到了各个阶层的积极回应。只有国民党军官和官员持反对意见。傅作义将军听取了市民的要求。中共领导迎合了将军的建议。最后达成了所希望的和平交出城市的协议。

1949 年 1 月 31 日,举行了隆重的人民解放军入城仪式。经受四年多国民党统治、经历 40 天围困的北平市民,手里拿着小旗帜和标语,兴高采烈地欢迎解放者。我们总领馆的工作人员也没有袖手旁观。他们携妻带子走到总领馆区敞开的大门处，大门上空飘扬着红旗。约中午时分，人民解放军队伍由南向北沿着广阔的前门大街通过前门，然后向东沿原使馆区主要街道东交民巷行进，那里有美国、比利时、荷兰和法国的领事馆和苏联的总领馆；与其相毗邻的还有英国的总领馆区。与其他有激动人群的街道不同，东交民巷是空荡荡的。西方领事馆工作人员都被反共宣传吓坏了，他们紧锁进入领事馆的大门，并从里面筑垒自卫，有的用卡车，有的用沙袋和木箱。

中国人民解放军部队，秩序井然地乘坐着缴获的美国汽车沿着东交民巷不间断地行进。车上坐着在东北和华北战场上战斗过的风尘仆仆的英雄们，他们身着新做的棉制服，装备有在同国民党人战斗中缴获的美国卡宾枪。乘坐炮手的汽车牵引着缴获的美国火炮和高射炮。走在行军队列末尾的是骑兵。队伍行进了一个多小时。之后在我们的街道上又是一片寂静，但从城市的四面八方传来了音乐声和出来欢迎解放者的市民的喜悦喧闹声。我们刚回到总领馆，电话铃就响了，有人用标准的俄语但带有典型的中国口音找我，没有向值班员说出自己的名字：

——齐赫文[①]同志吗？您知道谁在同您通话吗？

记忆迅速给我提示了在电话另一端讲话人的姓名。

——叶剑英同志吗？

——是的，我现在到你们那里去。

没过半个小时，叶剑英将军未带警卫坐小轿车来到总领馆。我同叶剑英还是1946年年初在北平会见时认识的，当时他在由国共两党代表和美国代表组成的所谓军事调处执行部工作。他刚刚被指派担任北平革命军事委员会主席职务。叶剑英带来了他的小女儿小妞妞。我们工作人员的夫人照顾她，而我们单独走开进行友好的交谈。

“看来，你们都生来有福，或者按你们俄国的说法‘生来幸运’”，——我们互致问候后叶剑英说。——中国人民解放军司令部通过自己的侦察机构得到确切消息，说国民党驻北平秘密机构准备对苏美总领馆人员采取大的挑衅性行动，时间定在中国人民解放军进城的时候。装作本地反共居民的国民党恐怖分子，要袭击苏联总领馆，杀害所有工作人员及其家

---

① С. Л. 齐赫文斯基的中文拼音名字——译者。

属;同时另一伙换上中国人民解放军军服的破坏者,要袭击美国总领馆,枪杀在馆区的所有美国人。策划这次行动的目的,是要挑起苏美之间的战争,因为国民党人认为,只有这种战争才能挽救他们的政权。

叶剑英继续说:“我们一知道这个情况,就让一个特务团进入全面战备状态,一旦需要就派这个团来搭救你们。同时地下党也采取了预防措施。”

我对中国人民解放军司令部没有使用特务团表示满意,我感谢叶剑英给予的帮助,并讲了苏联公民在围困时期的艰难状况和国民党人的粗暴迫害。叶剑英立即答应调查抢劫犯,找到并返回被抢走的东西。

1949 年 3 月 25 日,中共中央领导和中央机关及中国人民解放军总参谋部,从位于河北省西部的西柏坡村转移到北平。虽然在政权更替之后,我们接到莫斯科指示,暂时停止履行官方职责,但是我还是根据外交部的指示,就一些问题同叶剑英以及周恩来和进城的其他中国领导人进行了会晤。

不久前,斯大林个人档案中以前严格保密的文件发表之后,我才知道,给驻中共控制区的苏联领事发出的关于暂时停止它们的官方活动的指示,是由斯大林本人签发的。斯大林只允许领事馆机构领导同本地当局代表交往。

这个指示以及不久前解密的斯大林与毛泽东之间交往的信件(还有米高扬关于 1949 年 1、2 月间去西柏坡村同毛泽东会晤的报告)表明,斯大林非常担心美英可能站在国民党方面对中国内战进程进行干预,担心它们会利用苏联对中共的支持作为采取这种行动的借口。众所周知,美国、英国、法国、荷兰和比利时的领事馆,在中国人民解放军进城后仍留在了北平,直至中华人民共和国宣告成立。虽然这些国家的政府不急于承认中华人民共和国,但他们还试图继续发挥作用。

我先要指出,当我作为苏联驻北平总领事,收到寄给我的请柬,邀请我出席 1949 年 10 月 1 日将在天安门广场上举行的隆重仪式时,我考虑到上述指示,遂询问莫斯科,我该怎么办。外交部副部长葛罗米柯回答说,我可以出席这个仪式,“但不要站在前面”。于是我尽力设法坚持这一条,我对负责安排天安门观礼台上来宾的礼宾司司长说,我站在第二排更合适,不站在第一排。

还在 1948 年 6 月,应中国东北人民民主政权的请求,按照斯大林的指示,苏联向中国派遣了以交通部部长科瓦廖夫为首的一大批专家,并为恢复东北,然后是华北的铁路交通提供了一切必要的设备。国民党军队撤退时,给铁路造成了巨大损失:炸毁了桥梁和机车库,破坏了铁路路基,开走了全部机车车辆,摧毁了铁路的所有基础设施。1948 年苏联专家帮助恢复了中长铁路,而在 1948 年年底 1949 年年初恢复了通向北平的华北铁路。到 1949 年年中,恢复工作顺利结束。我们的专家为中国工程师、技术员和工人提供了帮助,工作量是巨大的。北平和苏联之间铁路交通的恢复,便于安排双方的经济文化联系。

1949 年春,科瓦廖夫从哈尔滨来到北平,住在总领馆区的一栋房子里,经常同中国领导人交往:随着中国人民解放军向南推进,铁路恢复工作的物资技术保障问题需要紧急解决。

1949 年 6 月 17 日早晨,科瓦廖夫来到我的办公室,告诉我说,毛泽东邀请我们到他郊外的住所共进午餐。当我们乘坐派来接我们的汽车来到距城区 20 公里之处的一个隐蔽在古松柏之中的宅院时,天色已经阴暗起来。汽车沿着林间弯弯曲曲的路爬了好长时间的坡,最后停在一座有着白色高石头墙环绕的古老佛教寺院门前。城里潮湿闷热,这里却凉爽宜人。拾阶而上,走近院门,我们看到有两座不高的一层陈列室坐落在水池对岸,是中国寺院式建筑。水池边有一个凉亭和一个面积不大的空场,水池上有一座拱形小石桥,连接两岸。空场上自右至左站着周恩来、刘少奇和聂荣臻。我们同他们互致问候后,刚寒暄几句,中国人就不再讲话了。他们转向左面,面向小桥方向。从小桥上缓慢走下了身材魁梧、稍有点驼背的毛泽东,他迎着我们走来。我根据画像立即认出了他。科瓦廖夫同毛泽东互致问候后引见了我。毛泽东向我伸出了柔软的手。他长时间未放开我的手,上下摇动,问我多大年龄,什么地方人,在什么学校读过书,做过哪些外交工作,什么时候来到中国的。当时他一直凝视着我。当毛泽东结束了这种独特的"调查"之后,大家跟随他走进右面的陈列室。那里摆放着一张条桌,毛泽东坐在上首,他的右面是科瓦廖夫及翻译师哲,左面是我。

午餐结束时,科瓦廖夫、师哲和除毛泽东之外的所有中方参加者,都走到桌子另一端,摊开地图和文件,开始研究问题。我和毛泽东坐着未动,我决定利用这少有的机会,弄清楚我早就感兴趣的问题。事情是这样:1945 年夏,我通过关于孙逸仙的外交观点和实践的副博士论文答辩后,国家政治出版社编辑部同我签订了出书协议,返回中国后,我对论文材料做了加工,后来托人把书稿带给了出版社编辑季奈施坦因。一年后,他给我寄来了书评者根据时局变化提出的一些意见。不久,我给莫斯科寄回了修改过的稿子。北平被围困前不久,我又收到季奈施坦因的来信,他建议我根据中国迅速变化了的政治形势对书稿再作一次修改。既然根据事态发展判断,中共取得彻底胜利已为期不远,所以我很想知道中共领导人如何评价孙逸仙的人格和活动。毛泽东对这位杰出的中国民主主义革命者作出了高度的评价,并指出国民党背离了孙逸仙的遗嘱。

在桌子另一端,工作还在积极进行。于是我下决心问问毛泽东如何看待康有为和他的哲学观点以及 19 世纪末中国改良派的活动。得到毛泽东对这个问题的答复后,看到桌子另一端还在进行很认真的讨论,我又想问问毛泽东,在全国夺得政权后,中共打算对中国资产阶级实行什么政策。毛泽东解释说,在中国,与十月革命时期的俄国不同,资产阶级以及其余人民(农民、工人、知识分子)都受到了外国帝国主义和本国封建主义的压迫,因此应该把它看作是中共的盟友,而不是敌人,所以不应排斥它。

我还想弄清楚一个更个别的问题,这就是汉字拉丁化问题,汉字拉丁化是消灭大量文盲的一种手段,我想问毛泽东,他对这项工作的前景怎么看。毛泽东断然地说,汉字是中华民族的瑰宝,任何字母也代替不了。我向毛泽东讲述了 30 年代我的老师阿列克谢耶夫院士同中国学者吴玉章、瞿秋白一起在符拉迪沃斯托克(海参崴)搞汉字拉丁化的经验。他们曾用这种拉丁化的字母专为居住在城里的中国工人出版了《工人之路》报。文盲很容易掌握不复杂的字母,这便于吸引他们参加积极的社会生活。毛泽东说,他知道这个情况,他在延安时,那里也进行了汉字拉丁化的尝试。但他本人一直对这种做法持否定态度。至此,我们持续一个多小时的交谈结束了。

科瓦廖夫和与他们研究问题的人结束了他们的所有工作,卷起了地图,收走了文件。到告辞的时候了。我们感谢主人的款待,同他们一起走到院子中,握手告别,然后下台阶走到等候我们的汽车那里,返回闷热潮湿的 6 月北平。

这次难忘的会见过去两个星期,我在报纸上看到了毛泽东为纪念中共成立 28 周年而发表的《论人民民主专政》一文,其中提到许多在我们的交谈中涉及的人物和情节。

当时各民主党派代表、著名社会活动家已云集北平,毛泽东的文章为这些人以及中共党员提出的许多重要问题作出了回答。1949 年 1 月 21 日,即蒋介石引退不久,李宗仁将军出任中华民国代总统职务;2 月,他首先提倡恢复同中共的和平谈判，为了弄清立场，他派出了上海市民代表团，由国民党左翼著名活动家、原中国驻莫斯科大使邵力子以个人身份陪同。1949 年 4 月 1 日，以张治中为首的国民党代表团和以周恩来为首的共产党代表团的正式谈判在北平开始。但是由于右翼国民党人顽固拒绝接受中共的条件，这次谈判未取得成果。

民主党派领导人、国民党左翼代表、著名作家、科学家和艺术家，拥护中共提出的和平统一国家的纲领。根据中共的倡议，从 6 月 15 日起，召开人民政治协商会议的筹备委员会开始工作。

从 1949 年 5 月 4 日至 10 日，在北平举行了中华全国青年代表大会第一次会议，会上成立了中华全国民主青年联合会；从 7 月 2 日至 12 日，在北平举行了中华全国文学艺术工作者代表大会，成立了统一的全国创作组织。根据各党派、团体和社会阶层 698 人的倡议，7 月 16 日，在原日本大使馆馆址举行的社会各界代表会议上成立了中苏友好协会筹备委员会。发起人中有邵力子、周恩来、朱德、孙逸仙博士遗孀宋庆龄、历史学家和作家郭沫若。记得朱德讲了话，他谈到将来协会的任务，是旨在发展和巩固两个伟大国家之间的友谊，把苏联的经验贯彻到新的国家的各个建设领域，在民众中宣传苏联的科技成就，团结一致向前进，为和平和人民民主而奋斗。会议热情很高，与会者通过了给苏联政府领导人的致敬信，后刊登在 1949 年 7 月 17 日中共中央机关报《人民日报》上。

9 月 21 日，在北平召开了中国人民政治协商会议第一届会议，有 662 名来自中国共产党、国内各民主党派、工会和其他群众性社会团体、中国人民解放军、无党派社会人士、海外华侨的代表出席。会议承担了成立大会的任务。9 月 30 日，中国人民政治协商会议第一届会议通过了《中国人民政治协商会议共同纲领》《中央人民政府组织法》《中华人民共和国成立公告》，确定了中华人民共和国国旗、国徽和国歌。会议决定恢复北平的历史名称北京，并将其作为中华人民共和国的首都。

在 1949 年 10 月 1 日晴朗的早晨，即宣布中华人民共和国成立的庄严历史性仪式开始前几小时，以著名作家和社会活动家法捷耶夫和西蒙诺夫为首的苏联社会团体代表团，乘火车从中国东北抵达北京。总领馆工作人员到车站迎接。使人们感到吃惊的是，在列车进站前几分钟，在空荡荡的月台上出现几个军人，他们小心翼翼地搀扶着脸色苍白闭着眼睛的周恩来走来，到我们附近时，周的秘书小声地请我们不要叫醒周恩来，并解释说，因为领导中国人民政治协商会议成立会议工作，他已经四昼夜没合眼了。

列车刚靠近月台，秘书就叫醒了周恩来。他清醒过来，以歉意的姿态很有礼貌地同我们打招呼，然后以中国国家领导人的名义热情地欢迎苏联代表团成员，对在旅途中生病的法捷耶夫表现出了令人感动的关怀。几小时之后，他又和往常一样，精神饱满、神态端正。周恩来同前一天选举产生的中央人民政府其他领导人一起站在天安门广场政府观礼台上。

到中午时分，故宫前的巨大广场站满了市民，有工人、职员、学生、教员和郊区农民。等待庆祝仪式开始的时候，他们在兴奋地交谈着，业余文娱演员按鼓点扭着秧歌。广场上笼罩着真正的欢乐气氛，红旗招展，演奏着音乐，中国人民解放军部队和首都警卫部队排着整齐的方队。大家的视线都集中在天安门城楼上，在城楼回廊上面装饰着圆形大红灯笼，新选举产生的中华人民共和国中央人民政府成员都集中在那里。在天安门下面搭建的木制观礼台上，有中国人民政治协商会议的代表、中共和民主党派领导人、社会团体代表、当时在北京举行的国际工会会议的参加者、外国来宾。

15 时整，中华人民共和国中央人民政府秘书长、共产主义运动老战士林伯渠，宣布庆祝仪式开始。根据中华人民共和国中央人民政府主席毛泽东的口令，在广场中央高高的旗杆上，一面五星红旗，即中华人民共和国国旗缓缓升起（组成半圆形的四颗小星围绕着象征中国共产党的一颗大星，代表工人阶级、农民阶级、小资产阶级和民族资产阶级）。伴随已成为中华人民共和国国歌的义勇军进行曲的演奏声，响起了 28 响礼炮，象征中国共产党为夺取胜利而战斗的 28 年。国歌和礼炮声结束后，毛泽东宣读前一天在中国人民政治协商会议闭幕会议上通过的中央人民政府公告，宣告中华人民共和国中央人民政府成立。

毛泽东宣读完公告之后，阅兵式开始，中国人民解放军总司令、著名的军事统帅朱德检阅了部队，而华北军区司令聂荣臻将军指挥了阅兵式。

在三个小时期间，海军纵队、步兵纵队、摩托化部队纵队、炮兵纵队和骑兵纵队，不间断地由东向西从中心观礼台和集中在对面广场上的市民面前走过，给人留下深刻印象的是在同国民党军队战斗中缴获的美国军事技术装备。在天空中飞过了共和国年轻空军的飞机。出色完成的阅兵式明显显示了中国人民解放军的作战能力和军事本领。当天色发暗时，游行队伍进入广场，天空中升起了节日焰火。

刚刚被任命为政务院总理兼外交部长的周恩来的助手韩叙走到我身

边，转告了周的请求，让我在未收到紧急信函之前，不要离开总领馆去出席政府招待会。确实，我刚从天安门广场回来，韩叙就来到了总领馆，把正式信函交给了我。正面是我收到的信函的内容：

> 苏联驻北京总领事
>
> 齐赫文斯基先生：
>
> 兹通知您，今天中华人民共和国中央人民政府主席毛泽东发表了公告。
>
> 现具函将此公告送达给您，并希望您转给贵国政府。
>
> 我认为，中华人民共和国与世界各国之间建立正常外交关系是必要的。
>
> 中华人民共和国中央人民政府外交部长　周恩来
>
> 1949 年 10 月 1 日于北京

我把周恩来的信函译成俄文，紧急发电报给莫斯科，之后我同夫人去北京饭店出席政府招待会，而在广场上，娱乐活动持续到深夜。

第二天清早，莫斯科电台向全世界播送，苏联承认中国的人民共和国。奉苏联政府之命，外交部第一副部长葛罗米柯在 1949 年 10 月 2 日发给周恩来的电报中通知说：

> 苏维埃社会主义共和国联盟政府业已收到中国中央人民政府本年 10 月 1 日之公告，其中建议中华人民共和国和苏联建立外交关系。
>
> 苏联政府在研究了中国中央人民政府的建议后，由于力求与中国人民保持友好关系的始终不渝的意愿，并确信中国中央人民政府是绝大多数中国人民意志的代表，故特通知您，苏联政府决定建立苏联与中华人民共和国之间的外交关系，并互派大使。

不久，莫斯科通知，任命我为苏联驻中华人民共和国临时代办。我以这个身份出席了 10 月 5 日在怀仁堂举行的新的群众性组织——中苏友好协会的成立会议，中共中央书记刘少奇当选为第一任主席，副主席有宋庆龄、吴玉章、沈钧儒、李济深、郭沫若、张澜和黄炎培。中苏友好协会中央理事会由 199 人组成。在通过章程中说，协会的主要宗旨是发展和巩固中苏友好关系，协助加强中苏之间的文化、科学、经济等领域的联系与合作，加强中苏之间在为全世界的持久和平而共同斗争中的团结一致。

不久，我接到莫斯科发来的指示，让我征询中方是否同意罗申出任苏联驻北京大使。为此，我拜访了中华人民共和国外交部部长周恩来，地点是在中南海政府办公区他的办公室里。当周恩来得知，苏联领导决定把中华人民共和国宣告成立前不久担任驻国民党政府大使的人派到人民中国来的时候，他的脸上一瞬间表现出对斯大林的这个选择的失望感。周恩来让我在他的办公室里稍等片刻，而自己到位于不远处的毛泽东办公室去了。15 分钟后他回来了，通知说，政府同意苏联政府提出的大使人选，他将通过中华人民共和国驻莫斯科临时代办戈宝权正式通知苏联外交部。

在中华人民共和国，显然期待任命一个与旧中国没有联系的著名苏联外交官或国务活动家出任驻北京大使。罗申是一位精力充沛、善于交际的军事侦察员，1943 年至 1945 年曾任苏联驻重庆武官。当年周恩来在这座城市领导中共办事处工作，他对罗申很熟悉。罗申是在 1948 年中国内战最激烈的时候出任苏联驻南京政府大使的。中华人民共和国政府则派出中共中央政治局委员、外交部第一副部长王稼祥驻莫斯科。

罗申抵达北京时。周恩来亲自到车站迎接，议定书上并没有这个规定。苏联大使是外国派驻新共和国首都的第一位外交官。刚刚组建的外交部机关，在周恩来的领导下已着手制定外交礼仪标准，包括外国大使递交国书的仪式。我还有幸应周恩来之请担任非正式顾问。几天后举行了递交国书仪式。下面就是整个仪式进行的过程：

罗申由使馆高级官员陪同来到中南海怀仁堂小会议厅，这些官员在这种场合都身着黑色金丝刺绣外交礼服，腰带佩剑，胸挂勋章和奖章。所有苏联外交官排成一行，等候中华人民共和国中央人民政府主席毛泽东的到来，不一会儿，毛泽东同周恩来、政府秘书长林伯渠和中央人民政府成员聂荣臻一起走进小会议厅。

罗申大使向前迈出几步，宣读国书（我当即宣读中译稿）并向中国领导人致简短祝词。

作为答词，毛泽东宣读简短的声明，欢迎苏联——外国当中第一个承认中华人民共和国的国家——同中华人民共和国建立外交关系，并向大使保证，中华人民共和国政府方面将充分协助他履行自己的职责。毛泽东身旁有自己的翻译，即中共中央工作人员师哲。简短的相互致辞结束后，参加仪式的人员同毛泽东、周恩来、林伯渠和聂荣臻一起合影留念。

早在 1949 年 8 月，即人民共和国宣告成立以前，毛泽东的大儿子毛岸英曾来到总领馆找我。毛岸英和他的弟弟毛岸青，在苏联伊万诺沃市为革命者孩子办的国际儿童院里度过许多年，讲一口流利的俄语。毛岸英说自己叫谢廖沙，在儿童院都知道他叫这个名字。这是一个身材匀称挺秀、中等个偏上的青年，看上去不超过 20 岁。

毛岸英对苏联报纸、杂志和电影感兴趣。我责成电影放映员为他安排放映总领馆里有的影片。他还问到我国和世界上发生的一些事件。根据他父亲的指示，他了解了中国的国内情况，关注了宣告中华人民共和国成立的准备工作。罗申大使向毛泽东递交国书仪式结束以后，我从来北京拍摄递交国书仪式的一名苏联电影出口公司工作人员欧克秀凯维奇那里得到几张照片。毛岸英要其中一张留作纪念。我愉快地送给了他那一张，照片上是他父亲在接受国书后向第一任苏联大使宣读声明。我鼓足勇气也请谢廖沙，找机会让他父亲在我放大了的毛泽东在这个仪式上的一张照片上签字。几天之后，谢廖沙还给了我有毛泽东亲笔签字的照片，字是用毛笔在照片边上题写的。

毛岸英被派到中华人民共和国外交部工作，1950 年 6 月初，即朝鲜事件发生前 20 天，他同中华人民共和国外交部副部长李克农乘火车去莫斯科出差了。我再没有见到他。我听说，不久，他父亲任命他担任北京附近的石景山钢铁联合企业的党委书记，而随着中国志愿军开始参加反击美国在朝鲜的侵略行动，他被派到朝鲜前线，并在美国空军的一次空袭中牺牲了。

值伟大的十月社会主义革命 32 周年之际，在我们使馆，即东交民巷 37 号，举行了盛大的招待会，以毛泽东、周恩来和朱德为首的中华人民共和国高级领导人偕夫人应邀出席。

1949 年 12 月 7 日下午，毛泽东乘专列离开北京前往苏联出席斯大林 70 岁诞辰庆典。我陪同毛泽东到苏联边界，然后返回北京。

年底，有刚被中国人民解放军解放的广州的事情等着我。莫斯科承认中央人民政府以前，这里还有苏联驻国民党政府大使馆。10 月 2 日，我国使馆工作人员离开广州，留下了所有财产，包括汽车，由当地外国领事团同事照管。

在广州，我同叶剑英进行了几次亲切的会见，他是中国人民解放军和中共中央驻华南的代表。广州的事情处理完之后，我回到北京，在使馆当参赞。

1950 年 2 月初，有一次使馆临时代办希巴耶夫要我陪他去中南海见刘少奇，当时毛泽东和周恩来在莫斯科进行会谈（俄国驻中华人民共和国大使罗申也在那里），刘少奇代行国家元首和政府首脑职务。

晚上，我们来到中南海政府办公区。我们被引领到刘少奇不大的办公室，这里摆设朴素，灯光较弱。刘少奇用心地听取了希巴耶夫就一些紧迫的经济技术问题所作的通报，作了一些记录，并说所有这些问题将迅速给以解决。然后他询问代办，使馆对莫斯科关于两国签订条约的谈判进程有什么消息。希巴耶夫不得不承认，莫斯科未向使馆通报这方面情况。当时刘少奇很兴奋，开始同我们分享从莫斯科毛泽东、周恩来那里得到的关于会谈进程的消息，他特别满意地指出，苏方确认它根本没有考虑过要把与苏联接壤的中国西北省份新疆从中华人民共和国分离出去。刘少奇向我们通报这个情况时，明显有一种轻松的感觉，据此判断，中国领导人曾对斯大林有可能支持新疆自治和在中国这个省份建立独立的国家感到严重不安，因为那里长时期不断爆发反对国民党当局的起义。

而后，通常干瘦、沉默寡言的刘少奇，出乎我们的意料，回忆起他第一次去苏俄的情形，尽管时间很晚了（已过了半夜）。

1920 年，刘少奇在上海加入中国社会主义青年团，参加了团组织为表示愿意去苏俄学习的团员举办的俄语学习班。1921 年年初，他随由 8 人组成的第一批中国青年离开上海前往符拉迪沃斯托克。抵达当时被日军占领的符拉迪沃斯托克后，他们遇到的很大难题，是如何同地下布尔什维克取得联系，以便得到去莫斯科的建议。刘少奇和他的同志们几经周折好不容易才到达哈巴罗夫斯克，从那里乘轮船到布拉戈韦申斯克，再乘火车到赤塔。在那里他们差一点儿被动员去参加同日本人和白匪作战的游击军队。只是在一位老指挥员的干预下（这位指挥员的名字，刘少奇说叫“卡兰达什”，后来得以确认，这是东西伯利亚游击运动著名领导人卡兰达里什维利），这一批中国青年才开始了前往伊尔库斯克和继续去莫斯科的第四个月路程。1921 年 7 月，他和他的同志进入东方劳动者共产主义大学学习，但到 1922 年春，中共领导就把他召回中国从事实际工作。

刘少奇以很大的热情评论了俄罗斯人民，认为他们在国内战争和国内遭到破坏的艰苦条件下为培养中国革命者干部创造了所有条件。

至此，同刘少奇的这次拖长几个小时的夜间会见结束了，我们返回了使馆。

1950 年 2 月的一天，中华人民共和国外交部通知我们使馆说，从越南乘火车前往莫斯科途经北京的越南民主共和国主席兼总理胡志明，想造访我们使馆。我被责成接待他。关于这位杰出的越南革命者,我听说了很多。过去他是法国共产党和中国共产党的活跃人士、共产国际执行委员会委员,日本投降以前他还亲自领导了越南人民反对日本、法国和国民党占领者的民族解放运动。从外表上看,这是一位穿着朴素的越南老农,个子不高,身体消瘦,蓄有狭窄稀少的三角形灰白胡须,有一双有洞察力的善良的眼睛。当年他 60 岁,但看上去要老得多。同他一杯茶工夫的交谈,谈到苏中关于签订友好、同盟、互助条约会谈的进程和以毛泽东为首的中华人民共和国政府代表团在莫斯科的停留情况。胡志明讲述了越南人民的解放斗争,他表示坚信,最终会战胜法国殖民主义者及其走狗——即与敌人狼狈为奸的叛徒。会见结束时,胡志明送给我一个不大的金硬币,直径两厘米,上有他的侧面像,1948 年发行,币值 20 越南盾。按胡志明的话说,这个硬币在越南是一个独特的实物暗号。出示这个硬币,可以要求提供在原始森林里的任何形式的运输工具,包括大象。我们的交谈是用俄语、汉语和法语进行的。我很热情地同胡志明举手告别,而 3 月 7 日,有人又把他的一件礼物,即有他俄文亲笔签字的照片给我送到了使馆。

应周恩来的请求,1950 年 4 月至 5 月间,我在中国人民大学培养新中国外交干部的教研室,讲了一个系列的国际法课。这所学校是不久前成立的,校长是著名的中国革命者、孙逸仙的战友吴玉章。

1950 年夏,我携家眷返回了莫斯科。但是那些与中华人民共和国成立有关、具有历史意义的事件,我终生难忘。

(马贵凡、刘存宽、陈春华译)

《中国通史》序言[①]

近几十年来，中华人民共和国在经济、科学、技术、文化、体育领域的巨大成就、其日益提升的国际威望，使得俄罗斯社会对这个与俄罗斯联邦有着4000多公里边界线的我们的远东近邻的兴趣不断提高。

两国间一定程度上的稳定关系建立于17世纪中期。在彼得大帝时期，在清代中国的首都北京设立了东正教使团，其成员的著作推动了俄国社会对邻国居民的历史、文化和同时代生活的认识。19世纪后半期俄国开始从学术上研究中国，在彼得堡大学、莫斯科大学、喀山大学和海参崴东方学院开始教授汉语和中国历史。

在苏维埃政权时期，中国研究得到了进一步发展，我国的睦邻政策对此有着极大的推动作用，增进了俄罗斯各民族对遭受帝国主义列强的军国主义压迫、暴行和军事侵略的中国人民所开展的民族解放斗争的感情。在1949年10月1日中华人民共和国成立和1950年2月14日苏联与中华人民共和国之间签署苏中友好同盟互助条约后的几十年的两国关系时期，我国的汉学研究进一步繁荣。

---

① 此篇为齐赫文斯基主编的十卷本《中国通史》(俄文版)的序言“致读者”，收入本文集时，原题改为现题，柳若梅译。(Тихвинский С. Л. История Китая с древнейших времен до начала XXI века(К читателям). М.：Наука — Восточная литература，2016)

2001年7月16日，两国领导人在莫斯科签署的俄中睦邻友好合作条约，成为进一步发展邻国关系的基础，并为我们共同的历史开辟了新时代。在21世纪之初，双方继续坚持这一方向。两国领导人之间进行了多次定期会晤，确定进一步发展战略伙伴关系，在区域事务和国际事务中保持一致行为。2013年3月22日中华人民共和国主席习近平正式访问莫斯科期间，与俄罗斯联邦总统普京共同签署了《中华人民共和国和俄罗斯联邦关于深化全面战略协作伙伴关系、合作共赢的联合声明》，并通过了发展俄中睦邻友好合作关系的计划。

在世界不同地区过去产生的各种文明中，唯有中华文明以其数千年的持续发展而独立于世。苏美尔文明、赫梯文明、亚述巴比伦文明、克里特迈锡尼文明、古埃及文明，印加文化、玛雅文化以及其他很多种文化都由于内部矛盾、敌对力量入侵、火山和地震等自然条件剧变、洪水、旱灾等而消失。

中华文明对整个人类社会的发展做出了巨大贡献。世界因中国而获得了高质量的青铜铸造工艺、丝绸、茶叶、纸类和瓷器的生产、火药的制造，指南针、地震仪也来自中国，大型海船的首次建造也是在中国，活字印刷也是在中国最早出现……在不同历史时期，中国不仅同邻国、而且也同被马其顿王朝亚历山大大帝征服的波斯帝国的所属的各国领土地区、同贵霜国、同罗马帝国和阿拉伯哈里发国家所属领土地区，同南亚及东非地区开展积极的陆上和海上贸易。中国的政治和文化在数百年间对相邻各国（朝鲜、日本、越南、东南亚各国）有着极大的影响。

到18世纪中期，中华文明在一定程度上克服了大量灾难——外族入侵、内部战争、自然灾害。但世界主要强国在工业革命道路上的崛起，使中国渐渐处于落后状态，后来在19世纪中期和19世纪末分别遭到英国和法国、军国主义日本的武装入侵，及至八国联军镇压义和团起义，在成为附属于外国的半殖民地半封建社会后，中国的发展戛然而止。

中国共产党领导下的人民民主革命的胜利，使得1949年10月1日在中国土地上得以创建新的国家——中华人民共和国。人民中国在建设有中国特色的社会主义道路上崛起，近三十多年来成功地实行改革、现代化和对外开放的政策。当前，中华人民共和国在经济、科学、核能源、航天、火箭制造、高铁和高速公路建造、以及体育运动各领域所取得的成就正昭然于世。

由季塔连科院士主编、我国汉学家集体编写的六卷本百科全书《中国精神文化大典》(2006—2010 年在莫斯科出版),引发了广泛的读者反响,并荣获 2010 年俄罗斯联邦国家奖。

毫无疑问,由科学院各个研究所(远东研究所、东方学研究所、东方文献研究所、西伯利亚分院考古学和民族学研究所)、俄罗斯的各个大学(莫斯科大学亚非学院、圣彼得堡大学等)学者参加编写的十卷本的《中国通史:从上古至 21 世纪初》,必将引起俄罗斯社会的强烈兴趣。编委会成员以及各卷的作者和学术编辑,在理解将中华文明数千年历史凝缩于十卷之内这一任务的复杂性的同时,尝试反映漫长的中国历史上——自旧石器村落遗址时期和新石器居民点时期直至具有公认的国际威望的当代中华人民共和国时期的主要事件。每卷篇幅一般为 60 个作者页,附有大事年表、插图、地图、参考书目和索引。同时,本套《中国通史》面向读者群较广,各卷的作者和编辑力求保证选材的学术水准并以通俗的形式表述出来。

十卷本《中国通史》按时间顺序分卷:

第一卷:上古和古代史(依据考古资料):从旧石器时代到公元前五世纪。主编为捷列维扬科(А. П. Деревянко)院士(俄罗斯科学院西伯利亚分院考古学与民族学研究所,新西伯利亚);

第二卷:战国时期、秦朝和汉朝:公元前五世纪至公元三世纪。主编为历史学博士佩列洛莫夫(Л. С. Переломов)(俄罗斯科学院远东研究所,莫斯科);

第三卷:三国、晋、南北朝、隋朝、唐朝:公元 220 年至 907 年。主编为历史学博士波波娃(И. Ф. Попова)(俄罗斯科学院东方文献研究所,圣彼得堡)、语文学博士克拉夫佐娃(М. Е. Кравцова)(圣彼得堡大学,圣彼得堡);

第四卷:五代时期、宋朝、辽、金、西夏:公元 907 年至 1279 年。主编为历史学博士波波娃(И. Ф. Попова)(俄罗斯科学院东方文献研究所,圣彼得堡);

第五卷:元朝、明朝:1279 年至 1644 年。主编为历史学博士卡德尔巴耶夫(А. Ш. Кадырбаев)、博克夏宁(А. А. Бакщанин)(已故)(俄罗斯科学院东方学研究所,莫斯科);

第六卷:清朝:1644 年至 1911 年,主编为历史学博士涅波姆宁(О. Е. Непомнин)(俄罗斯科学院东方学研究所,莫斯科);

第七卷:中华民国:1912 年至 1949 年,主编为历史学博士玛玛耶娃

(Н. Л. Мамаева)(俄罗斯科学院远东研究所，莫斯科)；

第八卷：中华人民共和国：1949 年至 1976 年，主编为历史学博士加列诺维奇(Ю. М. Галенович)(俄罗斯科学院远东研究所，莫斯科)；

第九卷：中华人民共和国：1976 年至 2009 年，主编为政治学博士维诺格拉多夫(А. В. Виноградов)(俄罗斯科学院远东研究所，莫斯科)；

第十卷：中国台湾、香港、澳门卷，主编为法学博士古多什尼科夫(Л. М. Гудошников)(已故)、历史学副博士斯捷潘诺娃(Г. А. Степанова)(俄罗斯科学院远东研究所，莫斯科)。

插图由作者和各卷主编、编委会成员李福清(Б. Л. Р ифтин)院士(已故)选定。

本丛书的作者和编者希望，本丛书能够帮助读者了解中国历史，从而推动俄罗斯联邦和中华人民共和国两个民族之间的进一步相互理解和友谊。

俄罗斯科学院院士
十卷本《中国通史：从上古到二十一世纪初》编委会主席
齐赫文斯基(С. Л. Тихвинский)

(柳若梅译)

齐赫文斯基主要著作目录

1. 翻译姚雪垠著《红灯笼的故事》，载《中国短篇小说集》，莫斯科，1944年，第79—90页。
2. 翻译郭沫若著《战时中国的历史研究》，载《历史问题》，1945年第5/6期，第182—185页。
3. 翻译鲁迅著《在酒楼上》，载《鲁迅选集》，莫斯科，1945年，第114—127页。
4. 翻译鲁迅著《狂人日记》，载《鲁迅小说杂文书信集》，上海版，第1—10页。
5. 《19世纪末中国报刊上的进步文章》，载《历史问题》，1958年第8期，第160—171页。
6. 《十九世纪末叶中国的维新运动和康有为》，莫斯科，东方文学出版社，1959年，共419页；第一版中译名《中国变法维新运动和康有为》，张时裕、梁昭锡、吕式伦、姜震瀛合译，北京：三联书店，1962年，共384页。
7. 《苏中文化关系》，载《中华人民共和国的十年》，莫斯科，1959年，第200—226页。
8. 《发达封建主义时代的中国（唐宋时期）及其东亚邻国》：（关于东亚国家中世纪历史的若干问题，1960年8月21—28日斯德哥尔摩第11届历史学国际会议论文），载《中国、日本：历史和文学》：纪念Н.И.康拉德院士70周岁诞辰文集，莫斯科，1961年，第66—79页。
9. 《美国历史文献中关于孙中山的对外政策》，载《历史问题》，1961年第11期，第119—135页。

10. 翻译康有为著《礼运注》《〈大同书〉序》:“人有不忍之心”、《〈孔子改制考〉序》,载《近代中国进步思想家作品选集(1840—1898年)》,莫斯科,1961年,第105—134页。
11. 《1905—1912年孙中山的外交政策观点与实践》,载《中国辛亥革命文集》,莫斯科,1962年,第236—271页。
12. 主编《中国辛亥革命文集》,莫斯科,东方文学出版社,1962年,共324页。
13. 《资产阶级历史文献中关于孙中山的民族独立斗争》,载《东方各国近代历史文献》,莫斯科,1963年,第一辑《中国》,第138—155页。
14. “翁同龢”词条,载《苏联历史百科全书》,莫斯科,1963年,第3卷。
15. 与维亚特金合著《论中华人民共和国历史科学中的几个问题》,载《历史问题》,1963年第10期,第3—20页。
16. 《1917—1925年孙中山对苏俄的态度》,载《历史问题》,1963年第12期,第71—85页。
17. 编撰《中国》,载《近代史文选》(三卷本),第1卷(1640—1815年),莫斯科,1963年,第597—657页。
18. 主编《第二次世界大战后各国历史》,莫斯科,国际关系出版社,1964年。
19. 翻译、主编《孙中山选集》,莫斯科,科学出版社,1964年,共573页,第二版于1985年出版。
20. “康有为”词条,载《苏联历史百科全书》,莫斯科,1965年,第6卷。
21. “梁启超”词条,载《苏联历史百科全书》,莫斯科,1965年,第8卷。
22. 《孙中山——中国民主革命家、苏联的朋友》,载《纪念孙中山诞辰一百周年(1866—1966年)文集》,莫斯科,1966年,第5—36页。
23. “马建忠”词条,载《苏联历史百科全书》,莫斯科,1966年。
24. 《中国清朝统治》,莫斯科,1966年。
25. 主编《纪念孙中山诞辰一百周年(1866—1966年)文集》,莫斯科,科学出版社,1966年,共413页。
26. 《1895年康有为的殿试文章》,载《历史文学研究》:纪念康拉德院士70周岁诞辰文集,莫斯科,1967年,第493—498页。
27. 主编《1917—1945年各国历史》,莫斯科,1967年,共447页。
28. 与维亚特金合著《中国历史学的若干问题》(英文版),载《社会主义中国历史》,牛津,1968年,第331—335页。

29. 翻译、主编溥仪著《我的前半生：中国末代皇帝溥仪回忆录》，莫斯科，进步出版社，1968 年，共 424 页。
30. 翻译、主编《1911—1913 年辛亥革命：文献与资料集》，莫斯科，科学出版社，1968 年，共 348 页。
31.《中国统治集团的自强政策（1860—1895 年）》，载《历史问题》，1969 年第 4 期，第 78—98 页。
32. 评《李鸿章和淮军》（英文版），西雅图，1964 年。
33. 主编《17 世纪俄中关系：文献与资料》（两卷本），第 1 卷（1608—1683 年），莫斯科，科学出版社，1969 年，共 613 页。第一版中译名《十七世纪俄中关系》，北京商务出版社，1978 年。
34.《鞑靼蒙古征服亚洲和欧洲》，载《亚洲和欧洲的鞑靼蒙古人》，莫斯科，1970 年，第 3—21 页。
35. 主编文选《古代和中世纪的中国及其邻国》，莫斯科，科学出版社，1970 年，共 275 页。
36. “百日维新”词条，载《苏联历史百科全书》，莫斯科，1971 年，第 13 卷。
37. “孙中山”词条，载《苏联历史百科全书》。
38.《近代中国的民族主义与阶级斗争》，载《历史问题》，1971 年第 11 期，第 62—80 页。
39. 主编《中华人民共和国和远东地区国际关系》，莫斯科，1971 年，共 207 页。
40.《中国近代史》，莫斯科，科学出版社，1972 年，共 637 页。第一版中译本于 1974 年在北京三联书店出版。
41.《阿列克谢耶夫与中国历史研究》，载《中国文学和文化》：纪念阿列克谢耶夫院士诞辰 90 周年文集，莫斯科，1972 年，第 54—59 页。
42.《孙中山——中华民国的第一任总统》：纪念中国推翻君主制、建立共和国 60 周年，载《远东问题》，莫斯科，1972 年第 2 期，第 112—118 页。
43. 评切列帕诺夫著《一个驻华军事顾问的札记（1925—1927 年）》（第二版，增订版，莫斯科，科学出版社，1971 年，共 311 页），载《历史问题》，1972 年第 9 期，第 178—180 页。
44. 主编《17 世纪俄中关系：文献与资料》（两卷本），第 2 卷（1686—1691 年），莫斯科，科学出版社，共 835 页。第一版中译名《17 世纪俄中关系》，北京商务出版社，1978 年。

45. 与杰柳辛合著《中国历史研究的若干问题》，载《苏联中国学问题》，莫斯科，1973 年，21—47 页。
46. “康有为”词条，载《苏联大百科全书》，第三版，莫斯科，1973 年，第 11 卷，342 页。
47. “谭嗣同”词条，载《苏联大百科全书》，莫斯科，1973 年，第 14 卷。
48. 《中国通史》，莫斯科，科学出版社，1974 年，共 534 页。
49. 《远东历史学家——康德拉院士》，载《世界文化理论和历史问题》：纪念康德拉院士文集，莫斯科，1974 年，第 17—27 页。
50. “黄宗羲”词条，载《苏联历史百科全书》。
51. “清王朝”词条，载《苏联历史百科全书》。
52. “乾隆”词条，载《苏联历史百科全书》。
53. 《辛亥革命与孙中山——评叶菲莫夫的〈中国资产阶级革命与孙中山(1911—1913 年)〉》，载《远东问题》，1975 年第 3 期，第 192—195 页。
54. 主编《苏联历史学发展(1970—1974 年)》，莫斯科，科学出版社，1975 年，共 479 页。
55. 《中国历史与现代》，莫斯科，科学出版社，1976 年，共 359 页。
56. “百日维新”词条，载《苏联大百科全书》，第三版，1976 年，第 24 卷，第 523 页。
57. “孙中山”词条，载《苏联大百科全书》，第三版，1976 年，第 25 卷，第 79 页。
58. “谭嗣同”词条，载《苏联大百科全书》，第 271 页。
59. 主编《苏联对外政策史(1917—1976 年)》(两卷本)，第 1 卷(1917—1945 年)，第 3 版，增订版，莫斯科，科学出版社，1976 年，共 519 页，合著。
60. 主编《1965—1976 年的苏法关系；文献与资料》，莫斯科，苏联国家政治书籍出版社，1976 年，共 225 页。
61. 主编《远东国际关系史(1945—1977 年)》，哈巴罗夫斯克，1978 年，共 558 页。
62. 主编《18 世纪俄中关系：文献与资料》(两卷本)第 1 卷(1700—1725 年)，莫斯科，科学出版社，共 703 页。
63. 《中国资产阶级的民族主义——辛亥革命的思想体系》，载《近代现代史》，莫斯科，1980 年第 1 期，第 47—67 页。
64. 主编《苏联对外政策史(1917—1980 年)》(两卷本)，第 2 卷(1945—

1980年),第4版,增订版,莫斯科,科学出版社,1980年,共757页。

65.《论辛亥革命中民族与社会问题的关系》,载《近代和现代的中国(历史与历史文献)》,莫斯科,1981年,第7—17页。

66.《十月革命和中国革命运动》,载《远东问题》,1982年第1期,第12—21页。

67.《中国古代哲学与中华人民共和国的政治斗争——评佩列洛莫夫〈中国政治史中的儒家学说和法家学说〉》,载《新世界》,1982年第2期,第257—263页。

68.《评中国魔幻小说——吴承恩的〈西游记〉》,载《远东问题》,1983年第4期,第164—165页。

69. 主编《18—19世纪上半叶俄罗斯人对太平洋地区的研究》(六卷本),莫斯科,科学出版社,1984年,第1卷:《18世纪上半叶俄罗斯对太平洋北部地区的考察研究》(文献集),共320页。

70. 主编《亚洲和欧洲的鞑靼蒙古人》,乌兰巴托,1984年,共547页。

71.《孙中山——中国民主革命家》第二版序言,译自《孙中山选集》中文版,增订第2版,莫斯科,1985年,第5—44页。

72.《当代外国关于孙中山的历史文献》,载《历史问题》,1985年第12期,第31—48页。

73.《中国革命者遗嘱,孙逸仙的生活、斗争和政治观点演变》,莫斯科,苏联国家政治书籍出版社,1986年,共223页。

74. 主编《苏联对外政策史(1917—1985年)》(两卷本),第2卷(1945—1985年),第5版,修订版,莫斯科,科学出版社,1986年,共692页。

75.《亚太地区安全问题》,载《世界经济和国际关系》,1986年第5期,第34—44页。

76.《孙中山——伟大的中国民主革命家、苏联的朋友:纪念孙中山诞辰120周年》,载《远东问题》,1986年第3期,第106—125页,该文另载文选《孙中山(1866—1986年):纪念孙中山诞辰120周年》,回忆录,文献与资料,莫斯科,1987年,第5—32页。

77.《价值重大的词典学著作——评〈大汉俄辞典〉》(《汉俄大辞典》(四卷本),莫斯科,1983—1984年),载《苏联科学院通报》,1986年第1期,第136—140页。

78. 与沃洛霍娃合著《西方史学家论孙中山的社会活动》,载《孙中山(1866—1986年):纪念孙中山诞辰120周年文选》,载《回忆录、文献与资料》，莫斯科，1987 年，第 204—218 页。

79.《俄国和苏联文化现象中的中国文化研究》，载《苏联文化：70 年发展（纪念金院士诞辰 80 周年）》，第 339—344 页。

80.《中国共产党 1987 年 1 月中央政治局扩大会议与历史科学》，载《历史问题》，1987 年第 6 期，第 3—13 页。

81.《中国国际学术会议上的中国历史问题》，载《远东问题》，1987 年第 3 期，第 108—109 页。

82.《孙中山与苏联》，载《世界历史》，1987 年第 3 期，第 108—119 页。

83.《苏联汉学家著作中的中国中世纪历史——评拉宾的〈中世纪中国的国家治理学说〉》莫斯科，1985 年，共 384 页。

84. 主编《孙中山（1866—1986 年）——纪念孙中山诞辰 100 周年》文选；回忆录、文献与资料，莫斯科，科学出版社，1987 年，共 320 页。

85.《中国与世界历史》，莫斯科，科学出版社，1988 年，共 589 页。

86.《纳罗奇尼茨基院士的科研、教育、教研组织及社会活动》，载《阿列克赛·列奥基耶维奇·纳罗奇尼茨基》，莫斯科，1988 年，第 10—27 页（苏联学者传记材料，历史分卷，第 18 辑，与毕奥特洛夫斯基、杜宾斯基合著）。

87.《纪念周恩来诞辰 90 周年》，载《历史问题》，1988 年第 6 期，第 168—187 页。

88. 主编《俄国对外政策》（前言），文选，莫斯科，科学出版社，1988 年，共 294 页。

89.《论"五四"运动：浅析俄国对中国政治、文化等方面的影响》，载《历史研究》，1989 年第 4 期。

90.《齐赫文斯基院士回忆录》，载《苏联画报》，1989 年第 4 期。

91. 主编《18 世纪至 19 世纪上半叶太平洋地区的俄罗斯人研究》，（共 6 卷），莫斯科，科学出版社，1989 年。第 2 卷《俄罗斯人对 18 世纪中叶北太平洋地区的探究》编委，文献集，共 400 页。

92. 主编《17 世纪至 18 世纪中亚国际关系：文献与资料》，共 2 册，莫斯科，科学出版社，1989 年，第 1 册，共 375 页，第 2 册，共 340 页。

93. 主编麦利克谢托夫的《1945—1949 年中国革命的胜利》，莫斯科，科学出版社，1989 年，共 181 页。

94.《周恩来与苏联》，载《中外学者论周恩来》，南开大学出版社，1990 年，第 13—27 页。

95.《中国与 1789 年法国大革命》,载《亚非人民》,1990 年第 4 期,第 162－169 页。

96. 主编《18 世纪俄中关系》《19—20 世纪初俄罗斯旅行家在印度:文献与资料》(前言),莫斯科,科学出版社,1990 年,共 668 页。

97.《阿列克谢耶夫院士学术与教学活动简述》(瓦西里 · 米哈伊洛维奇 · 阿列克谢耶夫,1881—1951 年),莫斯科,1991 年,第 6－18 页,苏联学者生平及作品资料集,文学和语言丛书,第 19 辑。

98. 主编《中国历史人物与事件》,其中包括《周恩来》《他们是开创者:回忆与毛泽东、周恩来、朱德、刘少奇的会面》等文章。莫斯科,政治出版社,1991 年,共 254 页,见《周恩来》,第 17－60 页。

99.《我生命中的中国(30－90 年代)》,莫斯科,科学出版社,1992 年,共 159 页。中译本名为《我的一生与中国:30－90 年代》,陈之骅等译,1994 年,中国社会科学文献出版社。

100.《我的老师——曹靖华教授》,载《纪念曹靖华文集》,河南教育出版社,1992 年,第 390－399 页。

101.《费正清》,载《费正清对华回忆录》,柯文、哥德曼合编,剑桥,伦敦 1992 年,第 203－205 页。

102.《第 20 届东正教驻北京使团团长维克多》(苏联驻北京总领事回忆录),载《东正教在远东》:纪念俄罗斯宗教使团在中国 275 周年,圣彼得堡,1993 年,第 84－91 页。

103. 主编《时代的联系没有中断——纪念斯卡奇科夫诞辰 100 周年》,文选,莫斯科,科学出版社,1993 年,共 392 页。

104.《1949 年 1 月斯大林与毛泽东的通信》(俄罗斯联邦总统档案文献),整理出版前言、注解,载《近现代史》,1994 年第 4、5 期,第 132－140 页。

105.《论 1949 年 6 月周恩来及中国共产党与美国非正式谈判的"秘密条约"》,载《远东问题》,1994 年第 3 期,第 133－138 页。

106.《1937 年至 1939 年蒋介石与斯大林和伏罗希洛夫的通信》(俄罗斯联邦总统档案文献),整理出版的前言、注释,载《近现代史》,1995 年第 4 期,第 80－87 页。

107. 主编《19 世纪俄中关系:文献与资料》,第 1 卷:1803—1807 年,莫斯科,"历史思想文献",1995 年,共 1022 页。

108.《中国的独立和统一之路(1898—1949)》(根据周恩来生平资料),莫斯科，"东方文献"，1996 年，共 575 页，生平：第 542—559 页。人名索引：第 560—570 页。中译本名为《周恩来与中国的独立和统一》，何宏江等译，2000 年，中央文献出版社。

109.《长眠于中国的大地——1937—1956 年间在中国牺牲的苏联军人图片回忆集》，莫斯科，MAC 出版社，1996 年，共 237 页，1997 年第 2 版。

110. 主编别洛夫的《20 世纪初的俄罗斯与中国：1911—1915 年俄中矛盾》，莫斯科，俄罗斯科学院东方学研究所，1997 年，共 315 页。

111. 主编《俄国东正教驻北京使团的历史》(撰写前言，并撰写《杰出的俄罗斯汉学家——纪念比丘林诞辰 220 周年》(与别斯科娃合写)、《第 20 届俄罗斯东正教驻北京使团团长维克多》两篇文章)，文选，莫斯科，圣乌基米尔兄弟会出版社，1997 年，共 185 页。

112.《纪念献身学术的人——岳特金列传：东方学家维亚特金的命运》，莫斯科，1998 年，第 46—52 页。

113.《纪念俄罗斯老朋友》，《共和国传奇英雄——伍修权》，河北人民出版社，1998 年，第 342—346 页。

114.《纪念周恩来诞辰 100 周年》，载《近现代史》，1998 年第 5 期，第70—78 页。

115.《两代外交家的命运——评特罗亚诺夫斯基的〈穿越时间的距离：一个家庭的历史〉》，莫斯科，1997 年，共 384 页，载《近现代史》，1998 年第 6 期，第 170—179 页。

116.《公布俄中关系史档案的典范——评〈19 世纪俄中关系(1803—1807)〉》，莫斯科，1995 年，共 1021 页，俄罗斯人文科学基金会通讯，1998 年第 3 期，第 252—256 页。

117.《五十年以前：中国国民革命胜利前夕事件回忆》，载《1949—1999 年中国在现代化和改革的路上奋进》，莫斯科，1999 年，第 40—56 页。

118.《溥仪：我的前半生》(中国最后一个皇帝回忆录)第二版俄译本序言，修订版，圣彼得堡，1999 年，第 5—14 页。

119.《中国的改良与维新》，载《近现代史》，1999 年第 2 期，第 3—15 页。

120. 主编《外交家回忆录——外交老战士心目中的世界》(撰写书中的《发生在五十年以前：纪念中华人民共和国成立五十周年》)。第 2 卷，编委，莫斯科，俄罗斯联邦外交部，1999 年，共 259 页。

121. 主编《中国的现代化与改革之路(1949—1950)》，莫斯科，"东方文学”,1999 年,共 735 页。

122.《论美国的中国政策》(外交家的回忆录和历史学家札记),载《世界史问题》,纪念富尔先科文选,圣彼得堡,2000 年,第 387—395 页。

123.《纪念我的同事和朋友刘大年教授》,载《远东问题》,2000 年第 2 期,第 154—158 页。

124. 主编《20 世纪俄中关系史:文献与资料》,第 4 卷:1937—1945 年苏中关系。第 1 册:1937—1944 年,共 870 页,第 2 册:1945 年,共 704 页,莫斯科,“历史思想文献”,2000 年。

125.《外交:研究与回忆》,俄罗斯历史研究所,莫斯科,2001 年,共 317 页。

126.《我与戈宝权的交往》,《戈宝权纪念文集》,江苏教育出版社,2001 年,第 390—391 页。

127. 主编别洛夫的《1911 年至 1913 年辛亥革命简史》,教科书,莫斯科,“东方文献”,2001 年,共 160 页。

128. 主编《东方·俄罗斯·西方》(撰写书中的《祝福寿星:贺米亚斯尼科夫院士 70 寿辰》),莫斯科,“历史思想文献”,2001 年,共 799 页,第 33—45 页。

129.《回到天安门》,莫斯科,“历史思想文献”,2002 年,共 387 页。中译本《回到天安门》,马贵凡、刘存宽、陈春华译,2004 年,中共党史出版社。

130.《中国科学院第一任主席——郭沫若》,载“俄罗斯科学院通讯”,2002 年,第 72 卷,第 11 期,第 1001—1007 页,附收藏于俄国外交部国际学术与文化合作中心档案馆公布的通讯。

131.《我与郭沫若的交往——纪念中国科学院第一任主席郭沫若诞辰 110 周年》,载《远东问题》,2002 年第 5 期,第 143—147 页。

132. 主编阿列克谢耶夫的《中国文学研究论集》,共 2 册,丛书编委会主席,莫斯科,“东方文献”,2003 年(本国东方学经典)。第 1 册,共 574 页,第 2 册,共 511 页。

133. 主编巴托尔德的《突厥和蒙古民族的历史与语文学》,丛书编委会主席,莫斯科,“东方文献”,2002 年,共 757 页(本国东方学经典)。

134. 主编《俄罗斯外交部史概要》,共 3 卷,莫斯科,2002 年。

135.《评卡特科夫和楚多捷夫的〈中国与日本:爱还是恨〉》,莫斯科,2001 年,共 371 页,载《远东问题》,2003 年第 1 期,第 170—174 页。

136.《19 世纪到 20 世纪之交不同文明会通的经验——评鲍罗赫的〈19－20 世纪的儒家思想与欧洲思想：梁启超的国民改造论〉》，莫斯科，2000 年，共 287 页，载《近现代史》，2003 年第 1 期，第 192－199 页。

137. 主编巴托尔德的《伊朗历史地理与历史文集》，莫斯科，“东方文献”，2003 年，共 663 页。

138. 主编弗拉基米尔佐夫的《蒙古各民族文献研究》，莫斯科，“东方文献”，2003 年，共 607 页，（本国东方学经典）。

139.《阿列克谢耶夫院士及其学派》，“文明对话中的中国”，莫斯科，2004 年，第 810－819 页。

140.《1948 年到 1949 年中国东北地区情况》，《当代中国史国际高级论坛文集》，当代中国出版社，2004 年，第 424－432 页。

141.《苏联驻北京总领事谈 1948 至 1949 年苏中关系》，载《俄罗斯与中国——伟大的邻邦》，莫斯科，2004 年，第 34－39 页。中译文发表于《当代中国与它的外部世界：当代中国史高级论坛文集》，当代中国出版社，2006 年，第 443－452 页。

142.《我参加中国建国五十五周年典礼》，载《人物》，2004 年 10 月，第8－14 期。

143. 主编《20 世纪俄中关系：文献与资料》，第 5 卷：1946—1950 年 2 月苏中关系，共 2 册，莫斯科，“历史思想文献”，2005 年。

144.《齐赫文斯基选集》（五卷本），莫斯科，2006 年。

第一卷：20 世纪前中国历史。19 世纪末中国变法维新运动和康有为。共 682 页。

第二卷：20 世纪上半叶中国历史。孙中山为推翻满清和建立共和国而斗争。共 390 页。

第三卷：1919—1949 年中国历史。周恩来为新中国独立和统一而斗争。共 716 页。

第四卷：本国与世界史。伟大的卫国战争对政治和国际关系的影响。共 562 页。

第五卷：外交家的回忆录和历史学家札记。作者自述和史学界、外交界的同事。共 452 页。

145.《1956 年至 1960 年的苏联科学院汉学部》，载《远东研究所：岁月、人、著作》，莫斯科，2006 年，第 7－15 页。

146.《清代中国维新运动当代史料学》，载《近现代史》，2006 年第 1 期，第

65—72 页。

147. 主编《18 世纪俄中关系:文献与资料》第 3 卷，1727—1729 年，莫斯科，“历史思想文献”，2005 年，第 542 页。

148. 《远东研究所:岁月、人、著作》的学术顾问，莫斯科，“历史思想文献”，2006 年，共 413 页。

149. 《关于苏中关系史(1939—1950)回忆录》，载《近现代史》，2007 年第 3 期，第 109—126 页。

150. 主编《16 世纪下半叶至 20 世纪初俄国对外政策中的地缘政治因素——纪念纳罗奇尼茨基院士诞辰 100 周年》，莫斯科，科学出版社，2007 年，第 359 页。

151. 《纪念周恩来诞辰 110 周年——周秉德的〈我的伯父周恩来〉俄译本前言》，北京，2009 年，第 3—4 页。

152. 《中国历史科学发展现状与前景》，载《近现代史》，2008 年第 2 期，第 72—81 页。

153. 主编阿列克谢耶夫《中国诗人论中国诗歌——司空图的〈诗品〉》，修订(附有中文原文附录)，丛书编委会主席，莫斯科，“东方文献”出版社，2008 年，共 701 页(本国东方学经典)。

154. 《中国心目中的俄罗斯形象》，莫斯科，2008 年，共 244 页。

(安然、于萍编译)

附录 1

在齐赫文斯基院士诞辰 90 周年庆祝会上的祝词

李明滨

我是在 1987 年 9 月访问莫斯科大学期间，才有缘结识齐赫文院士的。当年为编一本庆贺曹靖华老师九十寿诞文集，特地去向他邀稿。我想在有限的一个月访问期内，能够办妥此事，所以一抵达莫斯科，就去苏联科学院拜访他。由于事先未约定，自然见不到人。我匆匆留下便简，请求改日再来。没想到，次日齐赫文院士便到我下榻在红场近旁的“俄罗斯宾馆”来了。这令我感到诚惶诚恐，那不仅因为他贵为科学院主席团委员，全苏史学家学会会长，且身居高位，外交部属外交学院院长，公务极为繁忙，更因为他已年届古稀，比我年长近 20 岁。一见面我便致歉，表示论理应该我去拜会他才对。哪知道他急忙热情地安慰我：“没关系，没关系，我们同是曹老的学生么！况且你又接替了系主任，也是曹老的接班人！”一席话顿时使我心里温暖，感到这是一位谦和的长者。事后我阅读了他亲笔签名题赠的著作《孙中山——苏联人民的朋友》(1966)，更确信他字里行间流露出对中国革命和中国革命者的关怀与感情。

此后，每逢元旦或春节，常接到他寄来的贺年卡，且已不限于例行的礼节，有时还加上一两句对我所著书中某个历史问题的看法，显示了对晚辈的关心和他史学家的观念。

进一步了解齐赫文，则是在我后来从事梳理俄苏汉学史资料的工作之后,了解他的学术经历,便更加敬仰他。后来,我请他为拙著《俄罗斯汉学史》(2008)写了序文。

谢尔盖·列昂尼多维奇·齐赫文斯基,1918年9月1日生于彼得堡一位军医之家。先后毕业于列宁格勒大学东方系(1938)和莫斯科东方学院中国科(1941)。依次获学位、学衔:史学副博士(1945)、史学博士(1953)、教授(1959)、通讯院士(1968)和院士(1981)。并被几个国家的科学院选为院士。参加过伟大卫国战争。他曾任苏联科学院中国学研究所所长,现为俄罗斯科学院主席团顾问、史学家学会会长,联合国教科文组织国际委员。长期在外交部任职,其间先后为驻华(1943—1950)、驻英(1953—1956)、驻日(1956—1957)使节。领特命全权大使衔(1966年起)。长期从事外事教育工作。多次获苏联和俄罗斯的勋章和奖章,以及国家奖金。据说,他的中文名齐赫文还是当年来华时曹靖华先生为他取的。

齐赫文一生共发表专著11部、论文500多篇。

齐赫文的学术生涯是令人钦佩的。他主要研究中国近、现代史并以此成名。当他在20世纪四五十年代先后以副博士论文《孙中山的民族主义原则及其对外政策》(1945)和博士论文《19世纪末叶中国的维新运动和康有为》(1953)走进学术界时,立刻在苏联史学界显得卓尔不群,也引起中国的史学同行之注意。尤其在两文修订成专著,即两部专著《19世纪末中国维新运动与康有为》(1959)和《孙中山的外交政策观点与实践》(1964)出版之后。前一部书迅速被译成中文,其特点是史料翔实,依据文档、同时代人的回忆和既往成果的梳理,有分析有批判,阐释在世界历史大背景下中国历史事件和事变的新义,其中鲜明的马克思主义立场、理论和观点,历史唯物主义的精神令中国同行刮目相看,在许多问题上能给人以新的启发。此两部书被认为是研究辛亥革命史的力作。

它们与后来发表的专著《周恩来与中国的独立和统一》(2000年在北京出版中译本)构成齐赫文中国近现代史研究成果的"三部曲"。同时,他还围绕着康有为、孙中山、周恩来这三位重要历史人物编辑出版了一系列历史资料和人物传记资料,包括专著,极为珍贵。如《孙中山选集》《1898—1949年中国的统一与独立之路·据周恩来生平资料》(1996)。齐赫文主编的《中国近代史》(1972)也显示了他本身学术研究的素养和功力。该书已被译成中、英、法、波兰等多种文字。

他从1963年起主持编纂多卷本的文献资料《17—19世纪中俄关系:

文献与资料》,几十年来继续不断出版,后来增编了20世纪。其中也有几卷已译成中文。同时他的研究领域也扩展至俄中关系、日本近代史以及俄国汉学史,其学术地位已上升为俄国汉学和史学界的领军人物。

齐赫文之所以能达到如此卓越的成就,与他师承俄国东方学前辈有关,如这些在中国学术界也广为知晓的克拉奇科夫斯基、司徒卢威、阿列克谢耶夫三位院士,以及鄂登堡、巴托尔德、弗拉基米尔佐夫等名家,另一个重要原因是他具有汉语和其他外语的深厚功底,以及本人锲而不舍的努力。

还有一个因素尤为重要,即他对中国社会有亲身的体验,亲自参与或见证重大事变的经历,可以说他自从进入汉语专业的青年时代起,一生与中国结下了不解之缘,关心中国的命运,对中国人民充满感情。他不仅从事学术研究,而且一生都用实践行动充当了两国文化交流的桥梁。

作为苏联驻北平的总领事,齐赫文见证了新中国诞生这样的历史大事。在参加开国大典之后,他立即将周恩来总理兼外长的快函传递莫斯科,促成了苏联政府在次日,即10月2日发表声明公开承认并与中华人民共和国建交。他随即被任命为大使馆临时代办,成为首任驻新中国的使节。他的名字已经和两国关系史联在一起了,这是他外交生涯中最为荣耀的经历。

他与新中国第一代领导干部有密切接触。记得1995年俄科院远东所授予我"荣誉博士"衔典礼之后,我应邀去他府上做客,来到位于莫斯科河畔的那座标志性高层建筑,即名人和高干居住的"滨河街公寓",给我印象深的不仅是那气派的大楼、宽敞的宅邸,以及室内有关中国的挂像和各种饰品,而且是他拥有的那一大摞相片卷册。他搬出来一本一本翻给我看,一边做解说。他作为驻北平的苏联外交官就已经与中国人民解放军将领结下深深的友谊和相互的信任。那一系列照片显示,齐赫文几乎像是摄影记者,从北到南纵横中国,于1949年紧随叶剑英部队之后进入刚解放的广州市。应该说,那一大堆相册就是一宗宝贵的历史资料。

齐赫文本人极为珍视其生平经历。在他家书房里挂着用镜框装的红色缎面、烫金汉字印成的"荣誉证书"。那是在1950年春他经周恩来总理推荐,到刚成立的中国人民大学为外交干部培训班讲授国际法课程,结业后当他要回国时,由人民大学校领导颁发的。毋宁说,那也是他同新中国结下"战斗友谊"的见证。当然更为详细的,还有描述在中国的经历和友谊的齐赫文本人两本著作:《我的一生与中国(20世纪30—90年代)》

(1992)和《回到天安门》(2002)。两本书均已译成中文,在北京出版。

2001年9月,我们在北京迎接他前来参加在北京外国语大学举办的海外汉学国际学术会议。齐赫文受到高规格的接待。我国《人民日报》(海外版)2001年9月7日头版以"世界著名汉学家聚会在北京研讨汉学"为题作了报导,特别指出:"从马可·波罗、利玛窦、雷慕沙、费正清、李约瑟,到齐赫文斯基等,这一连串名字,连接成'西学东渐'和'东学西渐'的桥梁",给予齐赫文院士崇高的评价。

齐赫文对于他的中国朋友感情也是淳厚而真挚的。新中国刚建立时,他和戈宝权先生互为派驻对方国家大使馆的"临时代办",同为首任外交使节,交谊甚笃。戈先生晚年患"帕金森"症,很让他惦念。1999年我到访莫斯科时,齐赫文再次向我询及戈先生的病况,同时赞叹地说:"我认识的三位中国文化名人,都因有一个年轻的女性悉心照顾,或者是妻子,或者是女儿,多亏有了他们的用心尽力整理,搜集,甚至挖掘资料,才能这样系统和完整的出版那几位名人的文集和遗著。像已故曹靖华教授的女儿曹苏龄,老朋友戈宝权的夫人梁培兰,还有已故张西曼先生的女儿张小曼。这几位女性有自我牺牲精神。请代我向他们致意,问候。"这样充满人情味的话语,让人甚感温馨。

9月1日是齐老90岁华诞。趁着俄国汉学家一行来我校俄罗斯学研究所访问的机会,我们提前在这里,北京大学外文楼,为他举行祝寿大会。有包括兄弟单位的两国学者和我校师生共襄盛举,在一起恭祝尊贵的寿星福如东海,寿比南山。今日前来与会的是俄科院远东所佩列洛莫夫(稽辽拉)、乌索夫、卢基扬诺夫、米连纽克,以及黄立良诸位朋友。

2008年4月18日

附录 2

齐赫文斯基与曹靖华

——祝贺齐赫文斯基诞辰 90 周年

曹苏龄

齐赫文斯基院士(我们都亲切地称呼他的中文名字齐赫文)是俄罗斯德高望重的老一辈汉学家,国际知名学者、杰出的外交家。但在这里我只想记述他和我父亲曹靖华近半个世纪的交往和他们之间终生不渝的友情。

齐赫文出生在彼得格勒,青年时代起就与中国结下了不解之缘。1935 年他考入列宁格勒大学时,就毅然选择了汉学专业,立志研究中国历史和中国文化,希望将来能成为一名汉学家。20 世纪二三十年代我父亲曾在列宁格勒大学执教 6 年,20 世纪初当齐赫文入学时,我父亲已于两年前的 1933 年回国。因此,他们无缘在这所学校里相识。

他们相识是 1943 年于抗战时期的重庆。早在 1939 年,在苏联驻华大使潘友新和苏联外交人民委员会支持下,在苏联驻重庆大使馆开办了中文学校,目的在于培养苏联在华工作的年轻外交官学汉语,提高汉语应用水平。我父亲 1939 年年初自西安来到重庆后,即由周恩来同志安排到中苏文化协会工作,翻译介绍苏联反法西斯文学并主编《苏联文学》丛书,同时应潘友新大使邀请到中文学校教授汉语。

1942 年年底,齐赫文被派到苏联驻重庆大使馆担任二秘。在这里齐赫文和我父亲有机会朝夕相处。齐赫文在他撰写的自传体回忆录《回到天安门》中有这样一段记述:

在汉语学习班的中国教员当中,最出众的是曹靖华教授。他非常敬业,认真地履行自己的教员职责。不论烈日炎炎的酷暑或寒风凛冽的严冬,不论大雾弥漫或秋雨连绵,每天清晨你都能看到他身穿一件中国传统的蓝布衣衫,手持一把黄油布雨伞,另一只手提着一个装有书本的蓝布包,徒步登上使馆所在地的枇杷山,去给年轻的苏联学生们上课。20 世纪二三十年代,他曾执教于列宁格勒东方学院,积累了丰富的教学经验;他对俄苏文学研究有很深的造诣,加之他有很高的文化素养,他身上有一种特殊的魅力,使他很快就成为学员们的偶像。年轻的学员们翻译中遇到疑难点都乐意向曹教授请教,每次都会从他那里等到热情的帮助。

当时齐赫文刚参加工作不久,他的勤奋好学给我父亲留下了很深的印象。课余时间他们促膝谈心,交流看法。他们有许多共同的话题,往常在一起谈中国历史,谈鲁迅,谈"五四"以来中国的新文学;谈列宁格勒,谈列宁格勒大学,谈他们共同相识的朋友阿翰林、王希礼(瓦西里耶夫)、休茨基、叶菲莫夫;等等……他们年纪相差 20 岁,即结下了忘年交。

在这所中文学校学习的学员中,有不少后来成为苏联著名的外交家和东方学学者。除齐赫文院士外,有后来出任外交部副部长的贾丕才、著名外交家克鲁季科夫,出任外交部远东司司长的卡拉布霍夫,出任天津总领事的季托夫,研究中国哲学史的著名学者谢宁等。

但齐赫文和我父亲在一起的时候并不长,齐赫文在《回到天安门》一书中写道:

1945 年秋,我离开重庆回国。直到 1983 年的秋天,时隔 39 年之后,我率苏中友协积极分子代表团来到北京。在北京我和时任苏中友协秘书长的库利科娃女士一起拜访了曹教授。他尽管年事已高,但记忆力很好。39 年没有见面了,他却一见面就立刻认出我来,他对我表示热情的欢迎,并十分急切地想知道他的一些苏联朋友们的近况。

也就是在这次见面时,父亲从齐赫文那里得知,1972 年苏联对外文化委员会和苏中友协在莫斯科举行了座谈会,祝贺他 75 周年诞辰。座谈会由齐赫文主持。父亲的老朋友费德林作题为"苏联人民的挚友"的发言。齐赫文说,当时正值中国的"文化大革命"时期,苏联汉学家,作家朋友们非常为我父亲的命运担忧。父亲听后,半晌没有说话,他想到自己当时正好被打成国民党和苏修"双料特务",还未得到"平反",想到自己一生积累的和苏联作家,汉学家朋友们交往的笔记、书信、照片等资料,竟被自己早年教过,此时也同样"为人师表"的一位学生带头洗劫一空,片纸无存，他沉默了许久……

齐赫文和库利科娃起身告辞时，见父亲拿过手杖，吃力地从沙发上站起来，齐赫文连忙上前搀扶并风趣地说："好好保养身体吧，把身体养好，甩掉拐杖，我们专门派一架大飞机接你去莫斯科、列宁格勒，旧地重游，会见老朋友。"他特别强调了这个大字，但父亲心里明白自己已经老了，身体也不行了，这一切都不可能实现了。

1986 年秋天，齐赫文应邀来北京出席孙中山先生诞辰 120 周年纪念活动。这时我父亲已住进北京医院。齐赫文带着他的两位年轻助手由高莽陪同前来看望。他们送来一大盆黄灿灿的矢东菊。谈话声、问候声给病房增添了生气。但谁能想到这竟是他们的最后一次会面。1987 年 9 月 8 日，我父亲就离世了。

父亲生命的最后一年即 1987 年，他先后获列宁格勒大学名誉博士学位和苏联最高苏维埃主席团授予的各国人民友谊勋章——当时他是国内获此殊荣的第一人。这两次齐赫文都发来热情洋溢的贺电。

父亲去世后，我们和齐赫文的联系并未就此中断。齐赫文对我的关怀一如既往，联系似乎反而更加频繁了。

父亲去世的第二年即 1988 年，我应苏联作协邀请来到莫斯科。这是阔别 60 年后重新踏上我出生的土地，自然百感交集。在这里我受到齐赫文和夫人的热情款待。他得知我准备整理出版父亲的遗著时，欣然表示赞同，并说这是一件很有意义的工作，勉励我一定要做好。

1989 年夏天，我和北京大学岳凤麟教授应邀出席由苏联对外文化委员会和苏中友协在莫斯科友谊之家举行的纪念曹靖华诞辰 90 周年座谈会，座谈会由齐赫文主持。会后，齐赫文说他计划约请我父亲生前好友撰写回忆文章，出版一本纪念集，并希望能在莫斯科和北京同时出版俄中两种文本。后来，中文本《远方的怀念》于 1992 年由河南教育出版社（今大象出版社）在郑州出版，收入 17 位苏联朋友的 21 篇文章，并由高莽作序，而俄文版则因苏联解体，未能面世。

也正是 1989 年，我从苏联科学院列宁格勒分院东方美术史研究家波斯特列洛娃处获悉苏联十月革命档案馆存有关于我父亲的资料。为此，我于 1990 年夏天再次来到莫斯科。当时齐赫文正在莫斯科近郊的乌斯科耶疗养院休养。我到达后即刻赶往疗养院看望他。那一天，风和日丽，我们在树林里漫步，边走边谈。他最关心的还是我父亲遗著整理出版工作的进展情况，他一再强调这项工作很重要，说做这件事不仅无利可图，还要付出巨大的劳动，因此需要顽强的毅力和自我牺牲精神。他希望我能排除万难，努力完成。他的一席话使我深受鼓舞，增强了我的信心，也使我感到安慰。回到他的住处，他还给十月革命档案馆负责人写信，请他们为我查阅资料提供方便和帮助。

这以后，齐赫文每次来北京，我们几乎都会见面。

2001 年 9 月，他应邀来北京出席海外汉学学术讨论会，我去他下榻的北京外国语大学宾馆看望他。

2004 年 10 月，他应邀来北京出席世界史大会，恰遇我因骨折卧床。他竟由孙儿尼基塔搀扶着来到木樨地我的住处，我感到很意外，见他步履蹒跚，又深感不安。临别时，他将刚刚由中共党史出版社出版的他撰写的回忆录《回到天安门》赠送给我。

2007 年 9 月，齐赫文应当代中国研究所邀请来北京出席"九·一八"事变纪念活动。我和北京大学李明滨教授去他下榻的国际饭店看望他。同年 10 月即将在北京大学举行曹靖华诞辰 110 周年纪念会，他为不能出席纪念活动深表遗憾，并将预先写好的致大会贺词交给我。他在贺词中指出："曹靖华教授不仅教育了整整一代俄罗斯汉学家，更为重要的是，他通过自己的文学翻译将俄罗斯文学作品介绍给中国读者。"他还说："在我国，不仅他的学生们(我有幸也是其中的一员)，而且所有对中国友好的人士，都一直怀念这位俄国人民的好朋友……"他对我父亲的一生给予了高度的评价。

父亲去世后，我在与齐赫文 20 余年的交往中，深切地感受到齐赫文院士与我父亲之间的友情经历了半个多世纪的风风雨雨，弥足珍贵；也感受到他对遗著整理出版工作的关心；感受到他给予我工作上的帮助和鼓励；这一切都令我终生难忘。齐赫文斯基院士是一位享有国际声誉的学者，外交家。他德高望重，身居高位，却没有丝毫官气。他平易近人，让人感到他是一位和蔼可亲的长者，一位慈祥的老人。我由衷地感谢他为我父亲所做的一切。

今年 9 月 1 日是齐赫文斯基院士 90 华诞。中俄比较文学研究会、北京大学外国语学院俄语系、北京大学出版社于 4 月 18 日在北京大学举行了祝贺齐赫文斯基院士 90 华诞座谈会。我谨在此遥祝他健康长寿，吉祥幸福！并祝中俄人民友谊万古常青！

跋

在俄罗斯汉学界当代五大院士当中，受中国学界关注最广泛、时间最为长久的，当属齐赫文斯基。与俄罗斯科学院有传统交流合作关系的中国社科院及其下属近代史研究所、世界史研究所、当代中国研究所等机构都和他有密切关系，很注意对齐老的研究。即便在高校，北京几所文科类的大学也都或设有专门的机构，或派有专人搜集、研究齐老的学术活动。中国人民大学清史所、北京外国语大学海外汉学中心，北京大学和北京师范大学的历史系和俄语系，都曾有人译介齐老的学术著作。北大俄语系和历史系，早在七十年代初就同北师大历史系合作翻译了齐赫文斯基主编的《中国近代史》(上、下册，北京：读书·生活·新知三联书店，1972年、1974年)。

至于中国社科院世界史研究所等机构，早与多家出版社、中央编译局、外文局等单位，对齐老的著述几乎达到了跟踪翻译，一有新作便会及时出版中文版的地步。例如齐赫文斯基1959年通过的博士学位论文《19世纪末叶中国的维新运动和康有为》，1962年就被译成中文版《中国维新变法运动和康有为》(生活·读书·新知三联书店)，另一部巨著——1996年出版的《中国的独立统一之路(1898—1949)——据周恩来生平资料》，2000年就被译出了中文本《周恩来与中国的独立和统一》(中央文献出版社)。

齐赫文斯基的两部重要回忆录也是如此。1992年他出版《我生命中的中国(1930—1990年代)》两年后，1994年便被译出中文版《我的一生与中国:1930—1990年代》(中国社会科学文献出版社)。他2002年出版的《回到天安门》于2004年被译出中文本《回到天安门》(中共党史出版社),同样也是仅时隔两年。还有一部于2017年刚完稿出齐的《中国通史》十卷本,虽系多人合著,但由于是齐老花了多年甚至后半生心血主编的,颇具分量,预计中国的相关单位不久也会有人开始加以译介的。

齐赫文斯基不但有自身的经历和著述,见证了中国近代史的变迁,还以他在俄国学界的显要地位,和对俄国汉学学科的深刻影响,而引起中国学人注目。是故我们在筹划俄罗斯汉学文库时,在和北大出版社编辑、原文史部主任乔征胜编审,在1999年赴俄访问时,就此问题拜访过他,获得他不少的建议,大有益于本文库的编纂。

事情的成功,有时候还看机缘。时隔十年,我们终于得到了启动汉学文库计划的机会。2010年我应孙玉华校长之邀来大连外国语学院参加俄国作家托尔斯泰逝世100周年纪念学术会议。孙教授是北大俄语系的一位老校友,阔别多年后相见,叙谈甚欢。她在新时期以来,各项工作成就杰出,筹建宏大新校区,开拓多种新学科,实现了由学院升格大学,佳绩频传。她受教育部和国家汉办聘请兼任要职,成为国内本专业的学科带头人,在国际也有了声誉。她得知本套汉学文库的规划,立即欣然同意鼎力赞助,欲承担项目,且表示优先编选齐赫文院士文集,邀其助手安然、李凡、于萍等同事开始行动,推进了文库项目,功莫大焉。

值此齐老文集成编之际,我想藉此简要介绍孙玉华教授情况,以志共盛:

孙玉华,大连外国语大学教授,博士生导师,留学俄罗斯并获得教育学博士学位。上合组织大学中方校长委员会主席、教育部外语专业教学指导委员会副主任、俄语专业教学指导分委会主任,享受国务院政府特殊津贴,全国优秀教师、全国三八红旗手。日本城西国际大学、俄罗斯新西伯利亚国立技术大学、亚美尼亚"布留索夫"埃里温国立语言与社会科学大学名誉博士。2009年,因对中国俄语教育事业的突出贡献,孙玉华荣获俄罗斯联邦政府颁发的"普京奖章";2013年11月,荣获俄罗斯普希金奖章;2013年12月,因在孔子学院建设和汉语国际推广领域做出的重要贡献,荣获孔子学院总部/国家汉办颁发的"孔子学院先进个人"奖。

李明滨
2017.11.28